Pragmatisches IT-Projektmanagement

Niklas Spitczok von Brisinski ist seit etlichen Jahren Mitarbeiter der adesso AG in München und dort als Managing Consultant tätig. Als Diplom-Betriebswirt (FH) mit Schwerpunkt Wirtschaftsinformatik arbeitet er in Softwareentwicklungsprojekten vor allem an der Schnittstelle zwischen Fachbereich und IT und hat seinen Fokus auf das Projekt- und Anforderungsmanagement in der Rück- und Erstversicherung gelegt.

Er ist vom PMI® zertifizierter Project Management Professional (PMP®), Mitglied im PMI® Chapter München und in der PMI® Information Technology and Telecommunications Special Interest Group. Außerdem ist er noch Certified Scrum Product Owner (CSPO) der Scrum Alliance.

Bei der adesso AG ist er verantwortlich für die Projektmanagementberatung, dort ist auch die Idee zum Buch entstanden.

Guy Vollmer ist seit 2009 Professor am Fachbereich Informatik der Fachhochschule Dortmund und lehrt im Bachelor- und Masterstudium. Von 2006 bis 2009 war er bei der adesso AG Dortmund als Senior Consultant beschäftigt und für unterschiedliche Kunden aus dem deutschen Gesundheitswesen tätig. Parallel zu seiner Promotion an der Ruhr-Universität Bochum arbeitete er von 2001 bis 2006 als Projektleiter und wissenschaftlicher Mitarbeiter am Fraunhofer-Institut für Software- und Systemtechnik (ISST) in Dortmund und war an zahlreichen öffentlichen, forschungsspezifischen und industriellen Softwareentwicklungsprojekten beteiligt. Vor und begleitend zu seinem Informatikstudium an der TU Dortmund war er zehn Jahre als Softwareentwickler am Fraunhofer-Institut für Materialfluss und Logistik (IML) Dortmund sowie am Simulations-Dienstleistungszentrum (SDZ GmbH) in Dortmund tätig.

Niklas Spitczok von Brisinski · Guy Vollmer

Pragmatisches IT-Projektmanagement

Softwareentwicklungsprojekte auf Basis des PMBOK® Guide führen

dpunkt.verlag

Niklas Spitczok von Brisinski
nspitczok@pitpm.net
Guy Vollmer
gvollmer@pitpm.net

Lektorat: Christa Preisendanz
Copy-Editing: Ursula Zimpfer, Herrenberg
Herstellung: Nadine Thiele
Umschlaggestaltung: Helmut Kraus, www.exclam.de
Druck und Bindung: Media-Print Informationstechnologie, Paderborn

Fachliche Beratung und Herausgabe von dpunkt.büchern im Bereich Wirtschaftsinformatik:
Prof. Dr. Heidi Heilmann · heidi.heilmann@augustinum.net

Bibliografische Information der Deutschen Nationalbibliothek
Die Deutsche Nationalbibliothek verzeichnet diese Publikation in der Deutschen Nationalbibliografie; detaillierte bibliografische Daten sind im Internet über http://dnb.d-nb.de abrufbar.

ISBN 978-3-89864-651-2

1. Auflage 2010

Ringstraße 19 B
69115 Heidelberg

5 4 3 2 1 0

Geleitwort

Erfolgreich verlaufende Softwareentwicklungsprojekte gelten als hohe Kunst des Software-Engineerings. Die vielfach komplexen Ziele und Kundenanforderungen an eine Individualsoftware termingerecht und im Rahmen des veranschlagten Budgets umzusetzen, sind eine große Herausforderung industrieller und ingenieurmäßiger Softwareentwicklung. Allerdings haben etliche Softwareentwicklungsprojekte große Mühen, diese Ziele zu erreichen.

Um also Softwareentwicklungsprojekte besser plan- und steuerbar zu machen, werden seit Jahrzehnten viele unterschiedliche Ansätze, Konzepte, Vorgehens- und Prozessmodelle entwickelt, die im praktischen Alltag der Softwareentwicklung mal mehr, mal weniger erfolgreich einsetzbar sind. Neben den bekannten sequenziellen und iterativen Modellen – mit ihren jeweiligen Vor- und Nachteilen – hat in den letzten Jahren insbesondere die agile Softwareentwicklung eine relativ breite und nachhaltige Erfolgsspur hinterlassen. Aus rein projektmanagementspezifischer Zielsetzung und Perspektive greifen solche Lösungen und Ansätze allerdings oftmals zu kurz, da Dauer, Gesamtkosten und Endprodukt deutlich schwieriger vorauszuplanen sind. Zudem sind die grundlegenden Voraussetzungen nicht in jedem Unternehmen herstellbar, wie etwa die Übernahme der Produktverantwortung durch einen Mitarbeiter des Fachbereichs.

Unabhängig davon hat es in den USA auf Basis zahlreicher Projekte aus Gewerbe und Industrie etliche Initiativen für eine fundierte Projektmanagementmethodik gegeben. Diese Erfahrungen, Erkenntnisse und darauf basierenden Methoden sind in den »Guide to the Project Management Body of Knowledge« (*PMBOK*® Guide) des Project Management Institute (PMI®) eingeflossen.

In diesem Kontext wird ersichtlich, dass Niklas Spitczok von Brisinski und Guy Vollmer im vorliegenden Buch einen neuen und äußerst pragmatischen Weg gehen, um komplexe Softwareentwicklungsprojekte erfolgreich managen und durchführen zu können. Im Rahmen ihres innovativen Lösungsansatzes schlagen sie vor, eine Vereinigung und pragmatische Ausprägung dieser beiden Entwicklungsstränge – zum einen die softwarespezifische, zum anderen die projektmanagementspezifische – vorzunehmen. Auf diese Weise wird eine äußerst pragmatische Mischung aus konkreten, softwarezentrierten Methoden, Sprachen und Werkzeugen zur effizienten und effektiven Softwareentwicklung mit den wichtigsten Erfahrungen, Best Practices und Lessons Learned aus dem Bereich des Projektmanagements integriert.

Vor dem Hintergrund ihrer langjährigen Erfahrung im Bereich industrieller Softwareentwicklungsprojekte erkennen die Autoren zudem, dass ein effizientes und effektives Management von Softwareentwicklungsprojekten nicht allein die technischen und ingenieurmäßigen Disziplinen in den Vordergrund zu stellen hat, sondern für den Projekterfolg auch soziale und psychologische Aspekte zu berücksichtigen sind. Durch ihren starken Fokus auf einen detaillierten und vollständigen Werkzeug- und Methodenkasten für ein pragmatisches Software-Engineering versetzen die Autoren Projektteams in die Lage, auch in unvorhergesehenen Projektsituationen der Softwareentwicklung adäquat, angemessen und methodisch fundiert vorzugehen.

Zur Durchführung erfolgreicher komplexer Softwareentwicklungsprojekte ist es somit wünschenswert, wenn Projektmanager, Anforderungsanalytiker, Softwarearchitekten und -entwickler, Tester, kurzum: alle in ein Projekt involvierten Informatiker und IT-Experten, das in diesem Buch vorgestellte innovative Vorgehensmodell einsetzen, um auf dieser fundierten Basis ihre Softwareentwicklungsprojekte erfolgreich durchführen zu können.

Prof. Dr. Volker Gruhn
Essen, im Juni 2010

Vorwort

Als wir Anfang 2009 dem Verlag, Kollegen und Vorgesetzten unser Buchprojekt vorgestellt haben, stießen wir auf zwei gegenläufige Meinungsbilder. Diejenigen, die mit dem *PMBOK®* Guide des PMI etwas anzufangen wussten, haben unser Vorhaben begrüßt und unterstrichen, dass das Werk eine Lücke füllen könne. Die anderen waren skeptisch: Softwareprojekte auf Basis des PMBOK Guide leiten – ist das sinnvoll? Das Werk über die Zusammenfassung der *Best Practices* des Projektmanagements hat systembedingt inhaltlich keinen Bezug zur Softwareentwicklung, bietet aber einen Werkzeugkasten an Prozessen und Verfahren, um ein Projekt methodisch sicher zu führen. Aber muss sich in der Softwareentwicklung nicht alles der Technologie unterordnen?

Das Gegenteil ist der Fall, und viele Gespräche, Diskussionen und Überlegungen später sind wir mehr denn je davon überzeugt, dass der PMBOK Guide sehr wohl dabei helfen kann, ein Softwareprojekt zu führen. Häufig mangelt es gerade in der Softwareentwicklung als recht junge Disziplin an methodischem Vorgehen. Es sollten aber zwei Punkte beachtet werden:

- Einige Unternehmen sprechen davon, den »PMBOK Guide einzuführen«. Das ist etwas zu kurz gedacht: Der Guide beinhaltet lediglich die Best Practices, nicht jedoch die Abbildung auf eine Branche oder gar das eigene Unternehmen. Die Prozesse des PMBOK Guide müssen angepasst werden, um sie betrieblich nutzbar zu machen. Das vorliegende Buch ist eine Anpassung für Softwareentwicklungsprojekte.
- Nicht jedes Projekt eignet sich für die in diesem Buch vorgestellte Vorgehensweise. Sie vereint zwar einige agile Ansätze in sich, ist aber für vollständig agile Projekte nicht oder nur bedingt geeignet. Einige Teilprozesse und einige der Vorlagen lassen sich dennoch auch in rein agilen Prozessen hervorragend einsetzen.

Unter Beachtung dieser Vorgaben bietet die Vorgehensweise einen methodisch sicheren und schnellen Einstieg in das eigene Projekt.

Was aber macht die ganze Sache pragmatisch? Der PMBOK Guide in seiner Urform ist in etwa so pragmatisch wie die häufig bemühte und mittlerweile dankenswerterweise abgeschaffte EU-Verordnung zum Krümmungswinkel von Bananen und Gurken: inhaltlich schwer nachvollziehbar und erst einmal ohne Relevanz für Leben und Job.

Neben der vorab erwähnten Interpretation des PMBOK Guide zur Verwendung in Softwareentwicklungsprojekten bedurfte es aus unserer Sicht daher weiterer Mittel, um ihn zu »pragmatisieren«: Uns fehlte ein Phasenmodell, die unmissverständliche Zuordnung von Prozessen zu Phasen, die Streichung nicht direkt wertschöpfender Prozesse und die vollständige Integration einfach zu benutzender Vorlagen in das Vorgehen.

Das alles bieten wir nun in diesem Buch an. Das daraus entstandene Vorgehen »PITPM« (sprich »Pitpim«) steht einfach für den Titel des Buches: »*P*ragmatisches *IT*-*P*rojekt*m*anagement«.

Wir hoffen, dass wir mit diesem Buch all denen aus der Seele sprechen, die den PMP (Project Management Professional) nicht nur gemacht haben, um ihn auf der Visitenkarte anzugeben, sondern auch die Inhalte in Softwareentwicklungsprojekten wirklich anwenden wollen. Und allen Lesern ohne jegliche Zertifizierungsambitionen sei gesagt, dass sämtliche Prozesse auch ohne PMP- und PMBOK-Guide-Hintergrund leicht zu verstehen und anzuwenden sind. Das gilt natürlich auch für die Vorlagen, die Sie im Internet unter *www.PITPM.net* finden.

Alles ganz pragmatisch. Wir sind beide Westfalen und verzichten gerne auf Schnörkel.

Danksagungen

Ein Buch wie dieses schreibt sich nicht von allein – uns haben viele Hände und Köpfe geholfen, die wichtigsten sind nachfolgend genannt:

Beim dpunkt.verlag gilt unser ganz besonderer Dank Christa Preisendanz für ihr äußerst umsichtiges Lektorat und Michael Barabas für seine freundliche Unterstützung.

Ein großes Dankeschön geht an Prof. Dr. Volker Gruhn, Michael Kenfenheuer, Dr. Rüdiger Striemer und Jens Spitczok von Brisinski für die großzügige Unterstützung seitens der adesso AG, ohne die dieses Buch nicht entstanden wäre.

Auf der letzten Wegstrecke hat Frau Prof. Dr. Heidi Heilmann mit ihrer schonungslosen, aber äußerst konstruktiven Kritik maßgeblich zur Qualität und Praktikabilität des Buches beigetragen.

Herbert Gonder, PMP und IPMA Level B, hat mit seinem fachlichen Hintergrund als Zertifikatsinhaber und Präsident des PMI Chapter München vor allem auf die Übereinstimmung mit den Grundlagen des PMBOK Guide hingearbeitet. Wolfgang Keller hat mit seinen Tipps und der fachlichen Überprüfung ebenso wertvolle Hinweise zur inhaltlichen Optimierung des Buches beigetragen.

Die Ursprünge des Modells gehen zurück auf die adesso AG, daher gilt unser besonderer Dank Joachim Seidler, Andreas Hartmann, Karsten Tinnefeld, Thomas Nötzold und Gregor Schwald sowie den vielen Kollegen, die sich schon zuvor um pragmatische Vorgehensweisen zur effizienten und effektiven Softwareentwicklung gekümmert haben. Besonders Alfred Broeckers hat mit seiner bedingungslosen Praxissicht maßgeblich zu schmalen Prozessen beigetragen. Michael Kemper hat mit seiner langjährigen Beratungserfahrung vor allem bei der Erstellung der Praxisbeispiele geholfen, und Michael Schmal (PMP) hat an einem großen Teil der Artefakte mitgewirkt. Ohne die grafische Unterstützung von Yvonne Kexel wäre das Buch nicht halb so schön anzuschauen, und Manuela Gruhn hat mit ihrer großen Erfahrung die gesamte Produktion enorm unterstützt.

Niklas Spitczok von Brisinski und Guy Vollmer,
Ottobrunn, Dortmund
Juni 2010

Inhaltsverzeichnis

1 Einleitung 1

2 PMBOK® Guide, PMI® und PMP® 7

2.1 Project Management Professional (PMP®) 9
2.2 Andere Projektmanagementzertifikate 12
2.3 PMBOK® Guide in »klassischen« IT-Projekten 13
2.4 PMBOK® Guide in agilen Projekten 16

3 Softwareentwicklungsprojekte mit dem PMBOK® Guide managen 21

3.1 PITPM: PMBOK®-Guide-basiertes Vorgehensmodell für Softwareentwicklungsprojekte 22
3.2 Aufbau von PITPM 23
3.3 PITPM-Knowledge-Areas 25
3.4 PITPM-Projektphasen 29
3.5 PITPM-Projektkontrollpunkte 31
3.6 PITPM Knowledge Areas und -Phasen im Überblick 32
3.7 Iterativ-agile Prozesse in PITPM 33
3.8 PITPM-Projektrollen 37
3.9 Vorlagen zum Download 39

4 Vorbereitungsphase (V) 43

4.1 Projektumfang bestimmen (V.1) 44

4.1.1 Leistungsumfang bestimmen (V.1.1) 45
4.1.2 Risiken identifizieren und bewerten (V.1.2) 47
4.1.3 Aufwand abschätzen (V.1.3) 48

4.2 Projekt beauftragen (V.2) 52

4.2.1 Projektauftrag entwickeln (V.2.1) 53
4.2.2 Projektauftrag genehmigen (V.2.2) 55
4.2.3 Kontrollpunkt 1: Projektauftrag erteilt 56

5 Planungsphase (P) 57

5.1 Projekt konfigurieren (P.1) 58

5.1.1 Projektorganisation festlegen (P.1.1) 58
5.1.2 Kick-off-Veranstaltung durchführen (P.1.2) 60
5.1.3 Projektmanagementplan entwickeln (P.1.3) 61

5.2 Anforderungsmanagement konfigurieren (P.2) 65

5.2.1 Anforderungsanalyse planen (P.2.1) 65
5.2.2 IT-Infrastruktur zum Anforderungsmanagement bereitstellen (P.2.2) 72
5.2.3 Prozess für Änderungsanforderungen bzw. Change Requests definieren (P.2.3) 73

5.3 Qualitätsplanung konfigurieren (P.3) 75

5.3.1 Qualitätsplan erstellen (P.3.1) 76
5.3.2 Testkonzept erstellen (P.3.2) 77

5.4 Kommunikationsplanung konfigurieren (P.4) 78

5.5 Risikoplanung konfigurieren (P.5) 79

5.6 Beschaffungsplanung konfigurieren (P.6) 81

5.7 Softwareentwicklung konfigurieren (P.7) 82

5.7.1 Auswahl des Prozessmodells für die Softwareentwicklung (P.7.1) 83
5.7.2 Bereitstellung der Softwareentwicklungswerkzeuge (P.7.2) 86
5.7.3 Kontrollpunkt 2: Projekt konfiguriert 87

5.8 Anforderungen spezifizieren (P.8) 88
5.8.1 Fragebogen für schriftliche Befragung erstellen (P.8.1) 89
5.8.2 Qualitätssicherung des Fragebogens durchführen (P.8.2) 93
5.8.3 Schriftliche Befragung durchführen (P.8.3) 94
5.8.4 Interviewleitfaden erstellen (P.8.4) 95
5.8.5 Qualitätssicherung des Interviewleitfadens durchführen (P.8.5) 98
5.8.6 Interviews durchführen und protokollieren (P.8.6) 99
5.8.7 Dokumente zu unternehmensspezifischen Arbeits- und Geschäftsprozessen analysieren (P.8.7) 101
5.8.8 Anforderungsdokument erstellen (P.8.8) 102
5.8.9 Qualitätssicherung des Anforderungsdokuments durchführen (P.8.9) .. 104
5.8.10 Testfälle erstellen (P.8.10) 106
5.8.11 Abnahmetestfälle erstellen (P.8.11) 107
5.8.12 Ersten Projektstrukturplan erstellen (P.8.12) .. 108
5.8.13 Anforderungsdokument abnehmen und freigeben (P.8.13) 110
5.9 Risikobewältigung starten (P.9) 111
5.9.1 Risiken identifizieren (P.9.1) 112
5.9.2 Risiken bewerten und priorisieren (P.9.2) 114
5.9.3 Maßnahmen zur Risikobewältigung planen (P.9.3) 116
5.10 Projektplan erstellen (P.10) 119
5.10.1 Aufgaben aufstellen und in PSP eingliedern (P.10.1) 120
5.10.2 Ressourcen planen (P.10.2) 121
5.10.3 Projektplan erstellen (P.10.3) 123
5.10.4 Projektteam aufstellen (P.10.4) 126
5.10.5 Projektteam formen und entwickeln (P.10.5) .. 128
5.11 Beschaffung planen (P.11) 129
5.11.1 Beschaffungsobjekte planen (P.11.1) 130
5.11.2 Anbieter auswählen (P.11.2) 132
5.12 Kostenplanung initialisieren (P.12) 134
5.12.1 Voraussichtliche Projektkosten ermitteln (P.12.1) 134
5.12.2 Kontrollpunkt 3: Projektplanung abgenommen 137

5.13 Iteration planen (P.13) 138
5.13.1 Anforderungen für Iteration aufstellen (P.13.1) 138
5.13.2 Projektplan für Iteration verfeinern (P.13.2) . . 140
5.14 Softwareentwicklung für aktuelle Iteration planen (P.14) 141
5.14.1 Spezifikation erstellen (P.14.1) 141
5.14.2 Qualitätssicherung der Spezifikation durchführen (P.14.2) 144
5.14.3 Spezifikation abnehmen und freigeben (P.14.3) 145
5.14.4 Entwurf erstellen (P.14.4) 145
5.14.5 Qualitätssicherung des Entwurfsdokuments durchführen (P.14.5) 147
5.14.6 Entwurf abnehmen und freigeben (P.14.6) 148
5.14.7 Kontrollpunkt 4: Planung der Iteration abgenommen 149

6 Durchführungsphase (D) 151

6.1 Projekt steuern (D.1) 152
6.1.1 Projekt führen (D.1.1) 153
6.1.2 Projektverlauf überwachen und steuern (D.1.2) 154
6.2 Projektumfang kontrollieren und anpassen (D.2) 155
6.2.1 Projektumfang verifizieren (D.2.1) 155
6.2.2 Change Request verfassen (D.2.2) 156
6.2.3 Change-Request-Prozess auslösen (D.2.3) 157
6.3 Produktqualität kontrollieren (D.3) 158
6.3.1 Testplan erstellen (D.3.1) 158
6.3.2 Tests durchführen und protokollieren (D.3.2) . 160
6.3.3 Test dokumentieren (D.3.3) 161
6.4 Projektkommunikation steuern (D.4) 161
6.4.1 Stakeholder einbeziehen und informieren (D.4.1) 162
6.4.2 Projektstatusbericht erstellen (D.4.2) 163
6.4.3 Informationen zur Verfügung stellen (D.4.3) . . 165
6.5 Risiken überwachen (D.5) 165
6.5.1 Bestehendes Risikoregister abgleichen und ergänzen (D.5.1) 165
6.5.2 Maßnahmen zur Risikobewältigung planen (D.5.2) 167

6.6 Projektteam steuern (D.6) 168
6.6.1 Zusammenstellen von Softwareentwicklungsteams (D.6.1) 168
6.6.2 Teammitglied ein- oder ausplanen (D.6.2) 169
6.6.3 Arbeitsaufträge für Teammitglieder erstellen (D.6.3) 170
6.7 Externe Leistungen kontrollieren (D.7) 172
6.7.1 Externe Lieferungen kontrollieren und bewerten (D.7.1) 172
6.7.2 Externe Leistung abrechnen (D.7.2) 174
6.7.3 Vertrag kündigen (D.7.3) 175
6.7.4 Dienstleister bewerten (D.7.4) 176
6.8 Projektkosten kontrollieren (D.8) 177
6.8.1 Projektkostendaten erfassen (D.8.1) 178
6.8.2 Projektkosten aktualisieren (D.8.2) 179
6.9 Softwareprodukt entwickeln (D.9) 188
6.9.1 Software implementieren (D.9.1) 188
6.9.2 Softwarekomponenten testen (D.9.2) 189
6.9.3 Softwarekomponenten integrieren (D.9.3) 190
6.9.4 Softwareprodukt testen (D.9.4) 191
6.9.5 Kontrollpunkt 5: Bereitstellung zur Abnahme . 192
6.10 Abnahmetest durchführen (D.10) 193
6.10.1 Abnahmetestbereitschaft erklären (D.10.1) . . . 193
6.10.2 Abnahmetest koordinieren (D.10.2) 194
6.10.3 Abnahmetest durchführen (D.10.3) 195
6.10.4 Abnahme erklären (D.10.4) 196
6.10.5 Liefergegenstand nachbessern (D.10.5) 197
6.10.6 Kontrollpunkt 6: Abnahme erteilt 198

7 Einführungsphase (E) 199

7.1 Einführung planen (E.1) 199
7.2 Produkt einführen (E.2) 202
7.2.1 Produkt einführen (E.2.1) 203
7.2.2 Produktverantwortung abgeben (E.2.2) 203
7.2.3 Kontrollpunkt 7: Produktionsstart 204

8 Abschlussphase (A) 205

8.1 Projekt abschließen (A.1) 205
8.2 Risikoregister schließen (A.2) 206
8.2.1 Projekterkenntnisse festhalten (A.2.1) 207
8.2.2 Risikoregister schließen (A.2.2) 207

8.3 Teammitglieder ausplanen (A.3) 208
8.3.1 Projektabschlussworkshop durchführen (A.3.1) 209
8.4 Verträge beenden (A.4) 210
8.5 Projektkostenrechnung abschließen (A.5) 211
8.5.1 Feedback zu den Projektkosten erstellen (A.5.1) 211
8.6 Abschlussbericht und Feedback erstellen (A.6) 212
8.6.1 Qualitätsmanagementprozesse bewerten (A.6.1) 212
8.6.2 Anforderungsprozesse bewerten (A.6.2) 215
8.6.3 Entwicklungsprozesse bewerten (A.6.3) 216
8.6.4 Abschließenden Projektbericht verfassen (A.6.4) 217
8.6.5 Kontrollpunkt 8: Projekt beendet 217

9 Implementierung eines Vorgehensmodells 219

9.1 Vorgehensweise 221
9.2 Phase 1: Untersuchen 223
9.3 Phase 2: Definieren 227
9.4 Phase 3: Testen 229
9.5 Phase 4: Implementieren 233
9.6 Phase 6: Betreiben und Optimieren 239
9.7 Weitere Aufgaben und Abgrenzung zum PMO 242

Anhang

A Überblick über die bekanntesten Projektmanagementzertifikate mit IT-Relevanz 247

A.1 IPMA 247
A.2 PRINCE2 249
A.3 iSQI, ISTQB und IREB 250
A.4 Scrum: CSPO und CSM 251
A.5 PMI®: CAPM®, PgMP® und andere 253
A.6 Andere Zertifikate 254

B Glossar 255

Literaturverzeichnis 259

Index 263

1 Einleitung

Kein Softwareprojekt ist wie das andere

Jedes Softwareentwicklungsprojekt hat ein individuelles Ziel und ist in seiner Form einmalig. Hierbei gilt es, die individuellen Vorstellungen, Wünsche und oftmals komplexen oder sich teilweise widersprechenden Anforderungen des Kunden mit strikten ökonomischen, zeitlichen oder technologischen Vorgaben in Einklang zu bringen. Zudem werden im Rahmen eines Softwareentwicklungsprojekts immer verschiedene Charaktere mit unterschiedlichen Erfahrungen, Kenntnissen und Fertigkeiten für einen begrenzten Zeitraum zusammengebracht, um ein kundenspezifisches Softwaresystem zu entwickeln.

Projektteams in der Softwareentwicklung sehen sich in diesem Kontext oftmals mit erheblichen Herausforderungen konfrontiert: Sie müssen unter anderem die Erwartungen des Fachbereichs mit den technischen und ökonomischen Möglichkeiten in Einklang bringen, Risiken früh erkennen, kontrollieren und im schlimmsten Fall Fehlentwicklungen ausbaden. Und das zu einem möglichst niedrigen Preis bei gleichbleibend hohen Qualitätsanforderungen.

Zahlreiche Projekte erreichen die gesteckten Ziele nicht

Zahlreiche Softwareentwicklungsprojekte haben große Mühe, dieses Spannungsfeld zwischen Anforderungen, Technologie, Risiken und Kosten erfolgreich zu meistern. Oftmals verzögern sich diese Projekte, liefern ein anderes, bisweilen funktional reduziertes Ergebnis oder werden teurer als ursprünglich geplant.

Auch wenn es seit etlichen Jahren eine Vielzahl von Vorgehens- und Prozessmodellen für die Softwareentwicklung gibt, die den oben genannten Fehlentwicklungen konstruktiv entgegenwirken wollen, sind doch immer wieder Fehlschläge zu konstatieren.

Vor diesem Hintergrund ist es hilfreich, sowohl neuere Entwicklungen wie Agilität in der Softwareentwicklung zu berücksichtigen als auch über den eigenen Tellerrand zu blicken und von bewährten internationalen Methodiken aus dem Bereich des Projektmanagements zu lernen. Hierbei fiel der Blick schnell auf den bewährten *PMBOK®* Guide des PMI.

PMBOK Guide des PMI

Der PMBOK Guide fokussiert in seiner Form als Sammlung von »Best Practices« allerdings keine Softwareentwicklungsprojekte und ist so auch nicht softwarespezifisch ausgeprägt. Er ist generisch konzipiert und kann auch beim Industrieanlagenbau oder in Organisationsprojekten eingesetzt werden. Folglich lässt er sich nicht ohne Anpassungen in konkreten Softwareentwicklungsprojekten anwenden. Zudem ist der Guide auf den anglo-amerikanischen Raum ausgerichtet, sodass er auch aus kulturellen und rechtlichen Erwägungen heraus nur mittelbar für Softwareentwicklungsprojekte aus dem deutschsprachigen bzw. europäischen Raum geeignet ist.

Um den PMBOK Guide des PMI auch in Softwareentwicklungsprojekten unmittelbar einsetzen zu können, ist neben einer entsprechenden Adaptierung die praktische Erprobung in mittleren und großen Softwareentwicklungsprojekten vonnöten.

Beide Voraussetzungen wurden im Rahmen dieses Buches geschaffen. Als Ergebnis wird ein praxiserprobtes Vorgehen auf Basis des PMBOK Guide präsentiert, das einige agile Anteile enthält, aber dennoch gelebte Praxis widerspiegelt und so pragmatisch in Softwareentwicklungsprojekten eingesetzt werden kann.

Pragmatisches IT-Projektmanagement

Etliche Beispiele zeigen, warum sich etwas mehr »pragmatische« Methodik auszahlen kann, um so die Erfolgswahrscheinlichkeit Ihres Projekts substanziell zu erhöhen. Auf Grundlage des PMBOK Guide wurde eine sehr gut nachvollziehbare, praxisnah anwendbare sowie höchst effiziente Vorgehensweise für das Management von Softwareentwicklungsprojekten entwickelt, die in diesem Buch vorgestellt wird. Hilfreiche Prozessillustrationen, zahlreiche Vorlagen für Ergebnisdokumente sowie eine PMBOK-Guide-Referenz gibt es inklusive.

Zielgruppe und Struktur des Buches

Zielgruppe

Zur Zielgruppe dieses Buches zählen Manager, IT-Leiter und Projektmanager von kleinen bis mittleren Softwareentwicklungsprojekten aus Industrie und Forschung. Zudem gehören System- und Anforderungsanalytiker, Softwarearchitekten und -entwickler, Organisationsberater sowie organisationsinterne Interessenvertreter, die ein Softwareentwicklungsprojekt planen, begleiten oder durchführen, zur Zielgruppe. Ein mittleres Projekt ist dabei wie folgt definiert:

- Teamgröße von vier bis max. zwölf Personen
- Laufzeit etwa drei bis zwölf Monate
- Projektbudget ca. von 75.000 € bis 500.000 €

Struktur des Buches

Das Buch besteht aus acht Kapiteln, wovon sich fünf unmittelbar mit dem Vorgehensmodell zur pragmatischen Softwareentwicklung beschäftigen.

Nach der Einleitung und der Einführung in das Modell in Kapitel 2 werden in Kapitel 3 die Struktur und Rahmenbedingungen geklärt, um mit dem PMBOK Guide Softwareentwicklungsprojekte zweckmäßig managen und durchführen zu können. In Kapitel 4 wird auf die Vorbereitungsphase von Softwareentwicklungsprojekten Bezug genommen. Hierzu zählen unter anderem die Bestimmung des Projektumfangs und die Erteilung des Projektauftrags zu den wichtigsten Aktivitäten.

In Kapitel 5 werden die Aktivitäten der Planungsphase eines Softwareentwicklungsprojekts detailliert beschrieben. Hierzu gehört neben der Projektkonfiguration mit größtenteils organisatorischen Aspekten auch der umfangreiche Prozess der Planung des Anforderungsmanagements. Zudem gibt es in dieser Phase eine Reihe von Konfigurationsprozessen, unter anderem die Konfiguration der Qualitäts- und Risikoplanung.

In der Durchführungsphase in Kapitel 6 werden neben der eigentlichen Erzeugung des Softwareprodukts weitestgehend Prozesse und Aktivitäten zur Steuerung, Lenkung und ggf. erforderlichen Anpassung des Projekts durchgeführt.

In Kapitel 7 wird die Einführungsphase des entwickelten Softwareprodukts beschrieben. Neben der vorbereitenden Einführungsplanung steht hier der zentrale Prozess der Softwareauslieferung und -einführung beim Kunden auf der Agenda.

Kapitel 8 beschäftigt sich mit der Abschlussphase. Hierbei werden unter anderem die Projektkosten abgeschlossen sowie der Abschlussbericht erstellt und ausgeliefert.

Die konkrete Implementierung eines Vorgehensmodells ist zentraler Gegenstand von Kapitel 9.

Im Anhang befinden sich ein kurzer Überblick über relevante Projektmanagementzertifikate, ein Glossar mit einer Erläuterung relevanter Fachbegriffe und das Literaturverzeichnis. Zudem ist dem Buch ein großformatiges Poster beigelegt, aus dem die Prozesse und Dokumentationsflüsse im Detail hervorgehen.

Notationen

PMBOK Guide Ed. 4

Als zentrale Referenz und Literaturquelle wird der PMBOK Guide (4. Ausgabe) in englischer Sprache referenziert (vgl. [PMI 2008]). Die deutsche Fassung war zum Zeitpunkt der Erstellung des Buches noch nicht verfügbar.

Tipp: PMBOK Guide als Referenz

Zwar ist der Besitz des PMBOK Guide Edition 4 nicht zwingende Voraussetzung, um die Inhalte des Buches nachvollziehen zu können. Dennoch sei der Erwerb all denen empfohlen, die punktuell tiefer in die Thematik einsteigen wollen.

Business Process Modeling Notation (BPMN)

Sämtliche Prozesse und Abläufe wurden auf Basis der Business Process Modeling Notation (BPMN) entworfen und modelliert, wobei stellenweise auf eine konforme Darstellung zugunsten besserer Lesbarkeit verzichtet wurde. Die BPMN ist eine grafische Modellierungssprache für Arbeits- und Geschäftsprozesse, die von der Object Management Group (OMG) kontinuierlich als De-facto-Industriestandard aktualisiert und versioniert wird. Die Notation verzichtet auf komplexe Konstrukte.

BPMN im Internet

Mehr Informationen zu BPMN finden Sie in [Weilkiens et al. 2010] oder im Internet, z.B. unter *http://www.omg.org/bpmn*.

Die grafischen Elemente der BPMN werden eingeteilt in (s. dazu auch Abb. 1–1):

Abb. 1–1
Die wichtigsten Elemente der BPMN

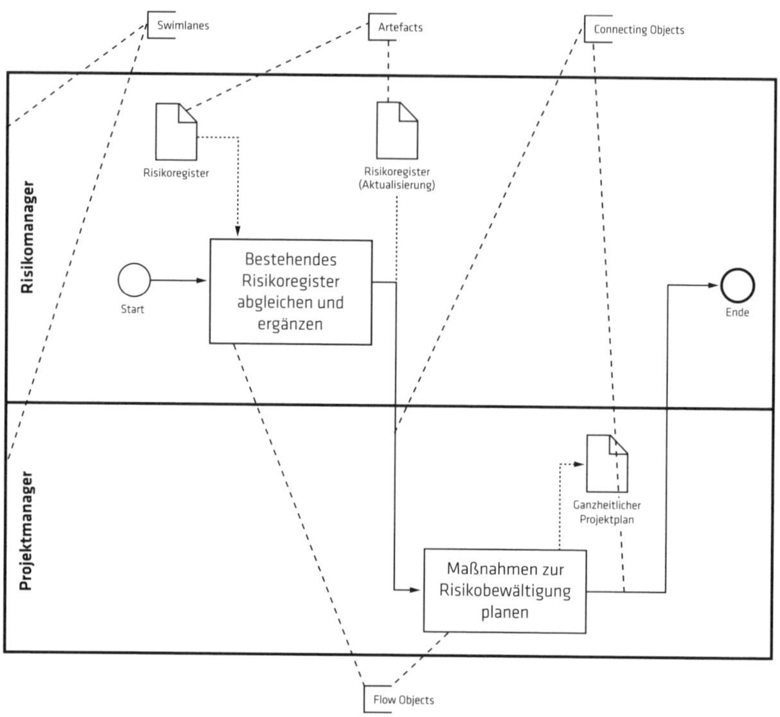

- **Flow Objects**, also Knoten oder einzelne Schritte im Diagramm,
- **Connecting Objects**, also die verbindenden Kanten zwischen den Schritten,
- **Swimlanes** als die organisatorischen Bereiche, in denen mehrere Akteure an einem Prozess beteiligt sind,
- **Artefacts**, also die Eingangs- oder Ausgangsdokumente aus einer Aktivität.

Mit diesen Mitteln können Prozesse einfach dargestellt werden. Auf eine detaillierte Einführung wird an dieser Stelle verzichtet, denn die Diagramme sind weitgehend selbsterklärend. Erwähnenswert ist, dass der Inhaber einer Swimlane einen Prozess oder eine Aktivität nicht zwingend selbst erbringen muss, jedoch für den Ausgang verantwortlich ist und sie daher anleitet. So ist beispielsweise für die Schätzung der Projektmanager verantwortlich, der diese jedoch für gewöhnlich nicht alleine durchführen wird.

Tipp: Alle Vorlagen im Internet

Sämtliche hier vorgestellten Vorlagen und Checklisten finden Sie auch im Internet unter *http://www.PITPM.net*. Die dort abgelegten Dateien werden laufend aktualisiert und können kostenlos heruntergeladen werden. Über Ihr Feedback freuen wir uns unter info@PITPM.net.

2 PMBOK® Guide, PMI® und PMP®

In den vergangenen 25 Jahren hat sich ein steigender personeller Bedarf für die Organisationsform »Projekt« entwickelt, wodurch ein eigener Qualifikationsweg hervorgebracht wurde: der »Projektmanager«. Vor diesem Hintergrund gibt es mittlerweile eine Vielzahl von Einrichtungen, Organisationen und Institutionen, die jeweils auf ihre eigene Art und Weise Projektmanagement lehren oder zertifizieren.

»Projektmanager« vs. »Projektleiter«

In diesem Buch sprechen wir durchgehend vom Projektmanager als höchste organisatorische Instanz im operativen Projekt. In der Literatur gibt es keine einheitliche Abgrenzung zwischen einem Projektmanager und einem Projektleiter. Aus unserer Sicht ist das »Managen« eines Projekts umfassender und aktiver als das »Leiten«. Der Projektmanager kann daher, je nach Organisationsform, fachliche oder technische Projektleiter in seinem Team haben. Unsere Definition kann durchaus von Definitionen in anderen Werken abweichen.

Project Management Institute (PMI)

Die weltweit größte und somit am weitesten verbreitete Projektmanagementorganisation ist das Project Management Institute (PMI). Es wurde 1969 in Atlanta (USA) mit dem Ziel gegründet, ein einheitliches Projektmanagementverfahren zu schaffen. Die stark amerikanisch geprägte Organisation nahm 2003 das 100.000 Mitglied auf, Ende 2008 waren es weltweit gut 280.000 Mitglieder.

Ein Überblick über weitere relevante Zertifizierungen anderer Organisationen im Umfeld des Projektmanagements findet sich im Anhang.

Standardisierung des Projektmanagements durch das PMI

Das PMI hat mit der Standardisierung der systembezogenen Inhalte und dem Aufbau eines weltweit einheitlichen Projektmanagementzertifikats zur globalen Vereinheitlichung des Projektmanagements beigetragen. Durch die weltumspannende Organisation mit einem einheitlichen Projektmanagementstandard ist ein stetig wachsendes Netzwerk entstanden, denn jedes Mitglied kann nur profitieren, wenn es das System selbst im positiven Sinne vertritt.

Die zwei wesentlichen Errungenschaften des PMI sind denn auch die Treiber des Erfolgs: zum einen die Erstellung des Methodenwerkes »A Guide to the Project Management Body of Knowledge«, kurz nur »PMBOK Guide« genannt, zum anderen das dazugehörige Zertifikat zum Project Management Professional (PMP).

PMBOK Guide

Der Titel des Werkes wird etwa »Pimbock Guide« ausgesprochen und kürzt den langen Titel so akzeptabel ab. Sprechen Sie in Anwesenheit eines PMP niemals nur vom »PMBOK« ohne »Guide« – er wird Sie darauf hinweisen, dass das Werk ja nur der »Guide« zum »Body of Knowledge« ist. Das »BOK« verleitet deutsche Muttersprachler gelegentlich, an ein »Book« als Buch zu denken. Das ist hier aber nicht gemeint.

PMBOK Guide

In der Einführung bezeichnen die Autoren das Werk als kollektive Zusammenfassung des Wissens der Fachrichtung Projektmanagement. Es ist also im Wesentlichen eine Sammlung solcher Vorgehensweisen, die insbesondere im angloamerikanischen Raum als bewährte Praxis anerkannt sind. Die beschriebenen Methoden sind auf Projekte aus verschiedenen Anwendungsbereichen anwendbar. Der PMBOK Guide ist prozessorientiert, und ein Projekt kann demnach nur durch die erfolgreiche Koordination vieler Prozesse durchgeführt werden.

PMBOK Guide unterliegt den Standards ANSI und IEEE

Das American National Standards Institute (ANSI) und das Institute of Electrical and Electronics Engineers (IEEE) erkennen den PMBOK Guide als Standard an. Der 1986 erstmals aufgelegte Guide wurde 1991 in den ANSI-Standard aufgenommen und obliegt damit regelmäßigen Aktualisierungen. Die erste offizielle Version vom PMBOK Guide wurde 1994 veröffentlicht, im Dezember 2008 wurde die Edition 4 freigegeben.

CAPM und PMP

Auf Basis des PMBOK Guide erfolgen die Prüfungen zum geringer qualifizierten »Certified Associate in Project Management« (CAPM) und vor allem zum umfangreicheren »Project Management Professional« (PMP). Die Zertifikate sind der zweite wesentliche Baustein im Konzept des PMI.

Im folgenden Abschnitt wird das Zertifikat PMP kurz vorgestellt.

2.1 Project Management Professional (PMP®)

Im Rahmen eines vierstündigen, computergestützten Multiple-Choice-Tests mit 200 Fragen werden die Inhalte des PMBOK Guide und der Exam Specification (vgl. [PMI 2005]) abgefragt. Wer den Test bestanden hat, darf anschließend drei Jahre den Titel PMP führen.

Das Zertifikat PMP gilt drei Jahre

Das macht sich nicht nur gut auf der Visitenkarte: Wer die Theorie auf sein Arbeitsumfeld überträgt, arbeitet in Projekten meist sicherer und zielstrebiger. Auch wenn nicht jeder Zertifikatsinhaber automatisch ein brillanter Projektmanager ist – und umgekehrt ein brillanter Projektmanager nicht zwangsläufig ein Zertifikat benötigt.

PMBOK Guide, PMP und alle damit verbundenen Aktivitäten haben maßgeblich den Erfolg des PMI bestimmt, sodass heute ein einheitlicher Standard die globale Kooperation in Projekten zwischen Unternehmen und Kulturen vereinfacht. Das PMI ist in Größe und Ausrichtung damit weltweit konkurrenzlos.

Allerdings: Eine Organisation wie das PMI mit einem Umsatz von über 80 Millionen US$ und einem Barvermögen von knapp fünf Millionen US$ (Stand Jahresende 2008) ist kein Wohltätigkeitsverein – es ist schlichtweg ein gewinnorientierter Wirtschaftsbetrieb, der wie jedes andere Unternehmen seine Angestellten bezahlen muss. Wer die Prüfung zum PMP bestehen will, muss neben Erfahrung vor allem über die nötigen Finanzen verfügen: Ohne Bücher zur Prüfung lässt sich schwerlich lernen, zudem muss ein Kurs belegt werden, bei dem die Inhalte dem Projektmanagementverständnis des PMBOK Guide entsprechen. Die Prüfung kostet aktuell 405 US$ für PMI-Mitglieder (Stand Januar 2010), die Mitgliedschaft liegt derzeit bei 129 US$ einmalig und 119 US$ für jedes Folgejahr. Mit Kurs, Material und allen Nebenkosten kommen so einmalig zwischen 2.500 und 5.000 € zusammen. Eine dennoch lohnenswerte Investition, auch wenn nicht jeder Arbeitgeber die Kosten übernimmt.

Ebenso wie der PMBOK Guide regelmäßig vom PMI zu aktualisieren ist, so muss ein PMP innerhalb der dreijährigen Laufzeit seines Zertifikats »Professional Development Units« (PDUs) sammeln und damit seine Weiterentwicklung dokumentieren.

Professional Development Units (PDUs) dokumentieren die Erhaltung des Zertifikats

Ähnlich wie bei den beliebten Bonusmeilenprogrammen bekommt ein PMP für die Teilnahme an Seminaren, Vorträgen oder Fachbeiträgen Punkte gut geschrieben. Hat er im Gültigkeitszeitraum genug Punkte gesammelt, darf er sich zwar nicht an den Petits Fours in der Business Class Lounge gütlich tun, aber gegen Zahlung von derzeit 60 US$ (für PMI-Mitglieder, alle anderen zahlen 150 US$) als Gebühr für die Anerkennung der »Continuing Certification Requirements« (CCR) wird ihm für weitere drei Jahre das Zertifikat verliehen.

Continuing Certification Requirements (CCR) beschreiben die Rahmenbedingungen zum Erhalt des Status

Alternativ kann auch die vierstündige Prüfung wiederholt werden, die prinzipiell ohne Lernaufwand bestanden werden müsste. Es soll tatsächlich einige Hartgesottene geben, die das tun. Schwierig wird es nur, wenn es zwischenzeitlich einen Editionswechsel des PMBOK Guide gegeben hat: Dann muss der Prüfling zumindest die neuen Inhalte lernen. Da durch den ANSI-Standard alle vier Jahre eine neue Edition vorgelegt werden muss, muss man spätestens bei der zweiten Wiederholung neuen Stoff lernen.

Einfacher wäre es, einen der (für gewöhnlich kostenpflichtigen) PDU-fähigen Kurse der vielen zertifizierten Anbieter zu besuchen.

Special Interest Group (SIG) werden sukzessive durch PMI Communities of Practice ersetzt

Oder man tritt einer (immer kostenpflichtigen) »Special Interest Group« (SIG) bei, die mittlerweile häufig einstündige Webseminare anbieten, die jeweils eine PDU bringen. Die zum größten Teil außerhalb des PMI organisierten SIGs werden vom PMI bis Ende 2010 durch die institutseigenen »PMI Communities of Practice« ersetzt, die ein vergleichbares Angebot bieten.

Es gibt auch ganz andere Möglichkeiten, um PDUs zu verdienen. Neben dem Selbststudium wird zum Beispiel Projektarbeit in Non-Profit-Organisationen ebenso honoriert wie die Mitarbeit an Fachartikeln oder Büchern zum Projektmanagement. Wer sämtliche Regeln kennt und unmittelbar nach der Zertifizierung damit beginnt, fleißig PDUs zu sammeln, kommt bequem und weitgehend ohne Zusatzkosten zum Ziel.

Eine bereits oben erwähnte Möglichkeit ist die Teilnahme an Seminaren in den SIGs oder den Communities of Practice.

Local Chapters sind weitestgehend autarke Lokalverbände des PMI

Zudem gibt es »Local Chapters«, also vom PMI autorisierte Vereine, die überregional agieren. Die Teilnahme an einem »Chapter Meeting«, auf dem es projektmanagementbezogene Vorträge und die Möglichkeit für einen persönlichen Austausch gibt, wird für gewöhnlich mit einer PDU je Stunde honoriert.

Für Einsteiger mag der ungewohnt hohe und relativ strikte Organisationsgrad der Chapter, SIGs und verwandter Einheiten abschreckend wirken: Da gibt es einen »Chair«, »Vice Chairs« und »Vice Presidents« für jedes erdenkliche Tätigkeitsfeld wie Mitgliederdienste, Marketing, Technologie usw. Das Konstrukt funktioniert aber recht gut, wie die kontinuierlich steigenden Mitgliedszahlen belegen. Das liegt auch daran, dass die Mitglieder aus verschiedenen Domänen stammen und ihre Lebens- und Berufserfahrung einbringen. So sind der Austausch und der Umgang miteinander meist von einer entspannten Atmosphäre geprägt. Zudem ist der Charity-Gedanke und damit die Bereitschaft, sich in Vereinen zu organisieren, in den USA wesentlich ausgeprägter als im deutschsprachigen Raum. Darüber hinaus haben Organisationen wie das PMI in den Vereinigten Staaten wirtschaftlich eine weitaus größere Bedeutung als bei uns.

PMI Chapter München: wachstumsstärkstes Chapter im deutschen Sprachraum

Daher gilt: Wer Spaß daran hat, sollte sich beteiligen. Davon lebt die Organisation. So sind zum Beispiel in Deutschlands wachstumsstärkstem Chapter München, das mit seinen zusätzlichen Local Groups in Nürnberg, Regensburg/Passau und Karlsruhe/Stuttgart den süddeutschen Raum abdeckt, bereits weit über 700 Mitglieder organisiert, und die Zahl wächst stetig.

Code of Ethics and Professional Conduct

Dennoch ist es immer angebracht, die Entwicklung kritisch zu beobachten. Zwar hat ein PMP den »Code of Ethics and Professional Conduct« unterschrieben, der recht hohe Maßstäbe an das eigene Verhalten im Beruf ansetzt. Darin steht jedoch nicht, dass die Handlungen des PMI kritiklos hinzunehmen sind.

PMBOK Guide Edition 4 ist kein Quantensprung

So ist zum Beispiel die PMBOK Guide Edition 4 kein Quantensprung in der Evolution der Projektmethodik. Die Änderungen sind minimal, der Zugewinn erst nach intensiver Recherche erkennbar. Das neue Werk kostet über 30% mehr, ist aber auch knapp 100 Seiten dicker. Vielen Lesern des PMBOK Guide fehlt zudem eine Einbettung der Prozesse in ein Phasenmodell. Der Guide unterteilt die Prozesse nur in Gruppen, deren Prozesse je nach Projektphase überlappend und mit unterschiedlicher Intensität durchgeführt werden.

PMBOK Guide ist »nur« eine Sammlung von Best Practices

Im Sinne der Sammlung von »Best Practices« wäre eine Einteilung in feste Phasen auch gar nicht sinnvoll, für den direkten Einsatz im Projekt ist die im PMBOK Guide dargestellte Sicht aber bei Weitem nicht explizit genug. Aus unserer Erfahrung ist die Anwendung eines einfachen Phasenmodells wesentlich pragmatischer, da andernfalls die Zusammenhänge nicht deutlich und nachvollziehbar werden. Zwar stellt der Guide folgende Forderung auf: »Each process occurs at least once in every project and occurs in one or more of the project phases, if the project is divided into phases« – dazu fehlen aber systembedingt die genauen Angaben, wie die Projektphasen aussehen können. Auch hier zeigt sich, dass ein Vorgehen nicht unmittelbar dem PMBOK Guide entnommen werden kann, sondern adaptiert werden muss.

Trotz einiger Kritik überwiegen die Vorteile von Methodik, Organisation und Zertifikat:

- Die gesamte **Methodik** ist trotz des umfangreichen PMBOK Guide immer noch recht praxisnah. Zumindest erschließt sich dem Aspiranten recht schnell die mögliche Anwendung in seinem persönlichen Arbeitsgebiet. Der modulare Aufbau erlaubt auch die Anwendung nur spezifischer Wissensgebiete oder Prozessgruppen.

- Wer sich in der **Organisation** beteiligen möchte, wird immer einen geeigneten Posten finden. Wer seine Passion auf anderen Feldern sucht, braucht aber auch kein schlechtes Gewissen zu haben. Ein PMP muss nicht zwingend Mitglied im PMI sein.
- Das **Zertifikat** ist weltweit anerkannt. Wer einen PMP im Titel führt, wird von relevanten Stellen meist als Fachmann eingestuft.

2.2 Andere Projektmanagementzertifikate

Seriöse Zertifikate müssen regelmäßig erneuert werden

Ein Zertifikat, gleich wofür und für wen es ausgestellt wurde, dokumentiert die Erfüllung vorgegebener Anforderungen zum Zeitpunkt der Erlangung. Es kann damit jedoch immer nur eine Momentaufnahme sein, die je nach Domäne und Anwendungsbereich eine befristete Haltbarkeit haben kann. Seriöse Zertifikate wie der PMP oder die Zertifikate der IPMA (International Project Management Association) erfordern daher ihre regelmäßige Erneuerung, meistens in einem Abstand von drei bis fünf Jahren.

Zudem korreliert in der Regel die Wertigkeit eines Zertifikats mit dem Aufwand, es zu erlangen. Ein Beispiel: Die Zertifizierung zum IPMA Level A setzt jahrelange Erfahrung in großen Projekten voraus, dazu ein Vorbereitungsvolumen im Umfang zwischen Diplomarbeit und Dissertation. Im Gegensatz dazu steht das Zertifikat der Scrum Alliance zum »Certified Scrum Product Owner« (CSPO, Stand April 2010): Jeder Teilnehmer eines zweitägigen Kurses wird anschließend ohne Prüfung zertifiziert. Das Gleiche gilt für die Zertifizierung zum »Certified Scrum Master« (CSM), sofern der Aspirant der englischen Sprache nicht mächtig ist. Wer kein Englisch versteht, bekommt das Zertifikat ohne Prüfung verliehen. Das ist nett, aber gegenüber denen, die der englischen Sprache mächtig sind, nicht ganz fair. Zudem ist ein Zertifikat ohne Prüfung nahezu wertlos, da kein vergleichender Maßstab angelegt werden kann.

Dennoch gilt: Unabhängig vom Zertifikat muss sich sein Inhaber zwangsläufig mit dem Thema auseinandergesetzt haben. Die Tiefe kann variieren, aber wenn Sie die Wahl zwischen zwei erfahrenen Projektmanagern hätten, und nur einer hat IPMA Level B – wen würden Sie zuerst wählen? Bis zum Vorstellungsgespräch hätte der Zertifikatsinhaber zumindest einen Qualifizierungsvorteil.

Zertifikate sorgen zudem global für ein einheitliches Verständnis. Wenn zwei PMPs von der »Project Charter« sprechen, dann meinen sie das gleiche Artefakt. Haben Sie einen PMP in Ihrem Team, dann können Sie erwarten, dass er die PMBOK-Guide-Prozesse und -Wissensgebiete beherrscht, die adäquaten Werkzeuge kennt und einem gewissen Verhaltenskodex folgt. Um sicherzugehen, dass ein Aspirant sein Handwerk wirklich versteht, sollte er vorab zu einigen projektbezogenen Situationen Stellung beziehen. Die Antworten lassen darauf schließen, welches Selbstverständnis und welchen Erfahrungsschatz das potenzielle Teammitglied mitbringt.

Zertifikate sind auch eine dauerhafte Einnahmequelle für den Herausgeber

Der nachfolgende Aspekt spielt aber fast immer eine Rolle: Bei entsprechender Akzeptanz garantieren Zertifikate dem herausgebenden Unternehmen mit wenigen Ausnahmen eine dauerhafte Einnahmequelle. Daher gilt: Zertifikate ersetzen zwar niemals die persönliche Bewertung, sie spiegeln aber den Erfahrungsschatz und die grundlegende Auffassung eines Kandidaten wider.

Ein Überblick über weitere relevante Zertifikate zum Projekt- oder Vorgehensmanagement wird im Anhang vermittelt (s. Anhang A).

2.3 PMBOK® Guide in »klassischen« IT-Projekten

IT- und im besonderen Softwareentwicklungsprojekte sind meist bestimmt durch Technologieeinsatz, hohe Komplexität und hohen Kommunikationsaufwand.

Individualsoftwareentwicklung ist der »Erlkönig unter den IT-Projekten«

Die Entwicklung von Individualsoftware ähnelt eher der Konstruktion eines »Erlkönigs« (Prototyp der Serienfertigung in der Automobilindustrie) als dem so häufig bemühten Bau eines Einfamilienhauses oder einer Brücke:

- Softwareprojekte sind überwiegend personal- und damit kostenintensiv. Das eingesetzte Material (Hardware, Software) nimmt dabei aus Kostensicht meist eine untergeordnete Rolle ein.
- Softwareprojekte unterliegen kontinuierlichen Änderungen während des Entwicklungsprozesses. Anders als bei Projekten mit einem materiellen Produkt sind die Konsequenzen einer Softwareänderung für Außenstehende oft nicht nachvollziehbar.
- Individualsoftware löst immer ein spezifisches Problem. Hierbei mag es zwar Analogien oder verwandte Lösungsmuster geben, aber es gibt kein Fertigprodukt aus dem Verkaufsregal. Je größer die Anteile der individuellen Entwicklung sind, desto höher fällt daher meist das Projektrisiko aus, was sich letztlich in den Projektkosten niederschlägt.
- Durch die Integration vieler Disziplinen, vorrangig der fachlichen Expertise (also die Domänenexperten des Bereichs, in dem das Produkt eingesetzt werden soll) mit der Softwareentwicklung, stoßen

häufig sehr verschiedene Persönlichkeiten mit unterschiedlichen Erfahrungshorizonten aufeinander, die letztlich anhand ihrer Produktivität bewertet werden. Das verlangt von beiden Seiten Verständnis und Interesse für die Belange der anderen und für das gesamte Vorgehen.

PMBOK Guide Extensions

Daher ist es verwunderlich, dass das PMI als Spezialisierung für besondere Branchen bisher nur sogenannte »Extensions« zum PMBOK Guide für die Domänen »Construction« (Baugewerbe, vgl. [PMI 2007]) und »Government« (Öffentliche Hand, vgl. [PMI 2006]) herausgegeben hat (Stand Mai 2010). Diese Extensions, die bisher zudem nur zur alten PMBOK Guide Edition 3 geschrieben wurden und für die Edition 4 noch nicht vorliegen, sind außerhalb der USA weitestgehend nutzlos, wohingegen eine Softwareentwicklungs-Extension zumindest global ausgerichtet sein könnte.

Teile der PMBOK-Guide-Prozesse im RUP

Dennoch finden sich Teile des PMBOK Guide in verwandten Konzepten wieder. Als eines der Unternehmen mit den meisten PMP-zertifizierten Mitarbeitern weltweit vertreibt IBM mit dem Rational Unified Process (RUP) eine sehr mächtige Softwareentwicklungsmethode, die wesentliche Teile und Prozesse beinhaltet, die auch Bestandteil des PMBOK Guide sind. Meist wird der RUP jedoch vor allem als Softwareprozess und weniger als Projektmethode eingesetzt. Der Softwareprozess wird als angepasstes Vorgehensmodell bei der »ingenieurmäßigen« Anwendungsentwicklung verstanden und dient dazu, die Komplexität der Softwareentwicklung beherrschbar zu machen. Eine Projektmethode hingegen betrachtet die Softwareentwicklung als im Rahmen des Projektmanagements zu integrierendes Wissensgebiet.

Der PMBOK Guide kann nicht ohne Anpassung eingesetzt werden

Wie eingangs in Kapitel 2 beschrieben, ist der unmittelbare Einsatz des PMBOK Guide in der Softwareentwicklung wenig vielversprechend. Erst ein davon abgeleitetes Vorgehensmodell lebt mit der Gestaltung und Beschreibung der Prozesse und wird durch die Bereitstellung von Vorlagen einsatzfähig. Dies bringt der PMBOK Guide standardmäßig nicht mit. Die Vorlagen aus dem im PMI-Verlag publizierten »Book of Forms« (vgl. [Stackpole 2009]) erweisen sich in der Praxis häufig als zu sperrig.

Zwar ließen sich die Prozesse aus dem Guide oder zumindest Teile davon direkt in Projekten einsetzen, jedoch ist der Guide selbst noch zu weit entfernt vom tatsächlichen Projektgeschäft. So heißt es denn auch im PMBOK Guide: »Project Management processes apply globally and across industry groups. Good practice means there is general agreement that the application of project management processes has been shown to enhance the chances of success over a wide range of projects. This does not mean that the knowledge, skill and processes described should always be applied uniformly on all projects. For any given project, the project manager, in collaboration with the project team, is always responsible for determining which processes are appropriate, and the appropriate degree of rigor for each process« (vgl. [PMI 2008, S. 4]). Mit anderen Worten: Der PMBOK Guide enthält eine Sammlung von Projektprozessen, die einen gewissen Standard darstellen. Sie sind aber so unspezifisch, dass sie ohne detaillierte Anpassung und Spezifikation nicht angewandt werden können.

PMBOK Guide kommt ohne Phasenmodell aus

Besonders auffällig ist dabei das Fehlen eines expliziten Phasenmodells, das im PMBOK Guide ganz bewusst nicht festgelegt wird. Die Prozesse sind in Gruppen organisiert, die gemäß dem Guide je nach Projektphase mit unterschiedlicher Intensität durchgeführt werden. Was genau eine Phase ist, wie sie aussehen könnte und aus welchen Phasen ein Projekt besteht, wird nicht explizit definiert. Das ist zwar im Zusammenhang mit dem restlichen Guide gesehen stringent, erschwert aber auch die direkte projektbezogene Anwendung.

PMBOK Guide und Projektphasen

So unspezifisch der PMBOK Guide an einigen Stellen auch ist, manchmal sind die Formulierungen auch sehr deutlich. Das gilt z.B. für die Abgrenzung von Projektphasen und Prozessgruppen: »The Process Groups are not project phases.«. Das ist für den PMBOK Guide auch korrekt – dennoch sind wir als Praxisanwender der Überzeugung, dass ein Phasenmodell die Prozesse und deren Abhängigkeiten wesentlich deutlicher macht. Auch wenn wir mit der Vorstellung eines Phasenmodells möglicherweise nicht von allen PMPs Zuspruch bekommen, es macht die Sache einfacher. Das hier vorgestellte Vorgehen basiert daher auf einem Phasenmodell, das wir in Abschnitt 3.6 im Detail vorstellen.

Darüber hinaus fehlen dem PMBOK Guide einige Themenbereiche, die in Softwareprojekten aber existenzielle Bedeutung haben.

Schwachstelle Anforderungsmanagement

Schwerwiegendste »Schwachstelle« ist das Anforderungsmanagement, das zwar im Rahmen der Edition vier verbessert wurde, dem in Softwareprojekten erforderlichen Umgang mit Anforderungen aber bei Weitem noch nicht gerecht wird. Zudem unterstützt der PMBOK Guide nur mittelbar die Prozesse der Softwareentwicklung, da ihm die dazu notwendigen Bestandteile verständlicherweise fehlen. Ohne wichtige Elemente eines Softwareprozesses würde die Anwendung in einem Softwareentwicklungsprojekt jedoch oberflächlich bleiben.

Die Übertragung erfolgt daher auf einer Metaebene: In der Annahme, dass ein zertifizierter Projektmanager den PMBOK Guide verinnerlicht hat, ihn also »lebt«, sollte er das Projekt in einer beliebigen Methodik führen können, sofern sie nicht grundsätzlich dem Guide widerspricht.

Fazit: Mit dem PMBOK Guide lassen sich theoretisch auch Softwareprojekte durchführen; ohne eine spezifische Anpassung fällt eine pragmatische, effiziente und effektive Umsetzung jedoch sehr schwer. Zudem ist das Werk mit knapp 500 Seiten zu umfangreich, um in Projekten unmittelbar eingesetzt zu werden.

Die im PMBOK Guide beschriebene Methode enthält jedoch alle wesentlichen Elemente des Projektmanagements. Mit der Adaption für Softwareentwicklungsprojekte und einer damit einhergehenden Anpassung an den deutschsprachigen Kulturraum kann das hier vorgestellte Vorgehensmodell direkt in Softwareentwicklungsprojekten eingesetzt werden. Es ist damit deutlich pragmatischer als der reine PMBOK Guide. Die einfach zu benutzenden Vorlagen erlauben eine schnelle Organisation von Softwareentwicklungsprojekten ohne umfangreichen Vorbereitungsaufwand.

Tipp: Alle Vorlagen im Internet

Sämtliche Vorlagen finden Sie im Internet unter *http://www.PITPM.net* (mehr dazu in Abschnitt 3.9).

2.4 PMBOK® Guide in agilen Projekten

Agile Projektmethoden berücksichtigen in höherem Maße als »klassische« Methoden, dass die fachliche und technische Durchdringung nicht mit dem Projektstart beendet ist, sondern dort häufig erst ihren verwertbaren Anfang nimmt. Sie tragen zudem der Erkenntnis Rechnung, dass die Vorstellungskraft der Fachbereiche für das Endprodukt ebenso endlich ist wie die Vorhersagbarkeit technischer Komplikationen im Rahmen der Entwicklung.

Das soll andersherum kein Freibrief sein, »einfach mal loszulegen«. Denken und Planen sind auch in agilen Projekten die zwei wichtigsten Tugenden.

Paradigma agile Softwareentwicklung

Agile Softwareentwicklung ist ein in den USA initiiertes Paradigma. Was in Extreme Programming die ersten sinnvollen Ansätze fand, wurde in Scrum weitergeführt. Wer etwa das Buch »Scrum« von Roman Pichler (vgl. [Pichler 2007]) gelesen oder eines seiner Seminare zum Certified Scrum Prodct Owner (CSPO) oder Certified Scrum Master (CSM) besucht hat (s. Anhang A.4), kann durchaus nachvollziehen, warum Projekte so aufgestellt werden: Die Logik, dass man durch kleine, integrierte Teams und kurze »Sprints« (so etwas wie Iterationen, auch wenn die exakte Definition davon leicht abweicht) bessere Qualität liefern kann als mit wasserfallartiger Entwicklung, ist durchaus überzeugend. Ohne Zweifel hat Scrum die agile Welt umgekrempelt. Dass mittlerweile große deutsche Erstversicherungen erfolgreich Scrum oder Elemente davon in Softwareprojekten einsetzen, ist ein Indikator dafür, dass die Methode *in bestimmten Umgebungen* herkömmlichen Verfahren überlegen ist. Gestützt wird diese Annahme durch die Verbreitung verwandter agiler Methoden wie etwa »Agiles Projektmanagement – APM« (vgl. [Oestereich & Weiss 2008]): Die beiden Autoren Bernd Oestereich und Christian Weiss belegen, wie nahtlos sich agiles Vorgehen mit strukturiertem Projektmanagement verbinden lässt, um zu hochwertigen und nachhaltigen Ergebnissen zu kommen.

Stehen Agilität und PMBOK Guide im Widerspruch?

Widersprechen sich nun agile Methoden und der PMBOK Guide? Fokussiert der Guide nicht eher das klassische wasserfallartige Vorgehen? Oder steht Scrum gar im diametralen Gegensatz zum PMBOK Guide?

Um diese Fragen zu beantworten, ist es hilfreich, das wohl bekannteste agile Vorgehen Scrum mit dem PMBOK Guide zu vergleichen. An diesem Beispiel wird schnell deutlich, dass die Rahmenbedingungen sehr unterschiedlich sind. Während Scrum exakte Angaben zu den Zeiträumen, Artefakten und Phasen eines Projekts macht, also sehr spezifisch ist und eher einer Checkliste bzw. einem Fahrplan gleicht, ist der PMBOK Guide systembedingt relativ vage. Ein direkter Vergleich ist daher nur bedingt möglich und sinnvoll – letztlich würde dabei herauskommen, dass ein Großteil der Prozesse auf die eine oder andere Weise doch auch im Guide beschrieben ist. Nur wurden die Prozesse im PMBOK Guide nicht unter agilen Aspekten betrachtet, sodass der Kontext völlig fehlt. Bemerkenswert: Der Begriff »agil« kommt in der aktuellen vierten Ausgabe des englischsprachigen PMBOK Guide nicht vor.

Der PMBOK Guide kommt ohne das Wort »agil« aus

Zudem unterliegen agile Vorgehensweisen einem gänzlich anderen Paradigma: Inhalt und Umfang werden nicht initial festgelegt und dann sukzessive umgesetzt, sondern von einem Sprint zum nächsten geplant (vgl. [Bleek & Wolf 2008]).

Nicht jedes Projekt kann agil aufgesetzt werden

Es gibt zahlreiche Projekttypen, bei denen dieses Vorgehen wesentlich sinnvoller als die klassische Projektplanung ist. Dazu können beispielsweise Projekte mit Forschungscharakter oder die Weiterentwicklungen bestehender Systeme gehören, wobei solche Projektaufträge häufig im Innenverhältnis vergeben werden. Bei diesen Projekttypen ist das zeitliche Ende schwer absehbar oder wird gar nicht erst vorgegeben (womit es genaugenommen kein Projekt mehr wäre). So könnte z.B. die Weiterentwicklung einer bestehenden Auktionsplattform als Projekt verstanden werden – wird sie jedoch dauerhaft durch ein festes

Team umgesetzt, so handelt es sich genaugenommen um einen kontinuierlichen Pflege- und Wartungsprozess.

Was aber, wenn agiles Projektmanagement nicht eingesetzt werden kann? Zum Beispiel im Rahmen eines Festpreisprojekts, bei dem der Auftraggeber ganz bewusst das Risiko an den Auftragnehmer abgibt: Hier muss jede Änderung eine zu bezahlende Anforderungsänderung (Change Request) sein, da sonst das Modell nicht funktioniert. Zudem widerspricht das agile Manifest (vgl. [Bleek & Wolf 2008]) den Vertragsgrundlagen: Unter anderem wird hier gefordert, dass die Zusammenarbeit mit dem Kunden höher bewertet wird als Vertragsverhandlungen. Das funktioniert auch in einem Festpreisprojekt prima – solange sich beide Seiten daran halten.

Niemals ohne Vertrag

Häufig genug ist das Verständnis im Rahmen eines Festpreisprojekts aber ein anderes, und ganz davon abgesehen sollte man auch und gerade in Festpreisprojekten vertrauensvoll mit dem Kunden zusammenarbeiten. Auf einen Vertrag sollte man dennoch niemals verzichten. Was passiert z.B., wenn beim Auftraggeber die verantwortlichen Personen wechseln? Wenn der agile Befürworter durch einen ausgesprochenen Gegner ersetzt wird? Ein entsprechender Vertrag sollte in jeder Kunden-Lieferanten-Beziehung die Grundlage des Schaffens sein.

Wo agile Projekte zwar nicht funktionieren, aber dennoch den eingangs beschriebenen sich ändernden Anforderungen Rechnung getragen werden muss, ist eine iterative Vorgehensweise empfehlenswert. Hier wird zu Beginn »klassisch« verfahren, z.B. mit der Anlage eines Projektauftrags, der Projektumfangsbeschreibung und der möglichst vollständigen Spezifikation der Anforderungen. Nach der Schätzung sind Zeitrahmen und Aufwände weitestgehend bekannt. Änderungen können dann über ein Change-Request-Verfahren eingesteuert werden, das in der Anwendung nicht komplexer als z.B. die Führung des in Scrum enthaltenen »Product Backlog« ist (vgl. dazu die Beschreibungen der wichtigsten in Scrum genutzten Artefakte in Anhang A.4).

Das hier vorgestellte Vorgehen ist iterativ ausgelegt und integriert zudem einige agile Elemente. Die im Folgenden vorgestellte Vorgehensweise ist daher weder klassisch noch agil: Sie reflektiert erfolgreich gelebte Praxis.

Scrum Alliance und PMI

Die Scrum Alliance als Organisation um die wichtigste agile Vorgehensweise und das PMI als anerkannte Projektmanagementinstitution pflegen derzeit ein friedliches Nebeneinander. Auf der einen Seite Scrum, das binnen kürzester Zeit eine große Anhängerschaft gefunden hat, auf der anderen Seite der über Jahrzehnte gewachsene PMBOK Guide: zwar umfassend, aber dadurch auch immer an der Grenze zur Beliebigkeit. Es gibt erste Annäherungsversuche, die jedoch keine erkennbare Richtung vorgeben. Wohlgemerkt, weil es auch ein wenig ignorant wirkt: Der aktuelle PMBOK Guide kommt ohne den Begriff »agil« aus.

Fazit: PMBOK Guide und agile Softwareprozesse widersprechen sich nicht, wurden bisher aber auch noch nicht auf breiter Ebene praktisch anwendbar zusammengeführt. Auch für die Führung agiler Projekte benötigt der Projektmanager einen stabilen methodischen Unterbau. Das hier vorgestellte Vorgehen berücksichtigt agile Elemente, ist aber grundsätzlich iterativ ausgelegt und daher kein rein agiles Vorgehen.

3 Softwareentwicklungsprojekte mit dem PMBOK® Guide managen

Macht es Sinn, ein Softwareentwicklungsprojekt mit einem Vorgehensmodell zu führen, das der Technologie keinen besonderen Raum gewährt? Der PMBOK Guide ist auf keine Branche und keine Technologie spezialisiert. Einige Unternehmen sprechen davon, den »PMBOK Guide einzuführen«. Das ist sinnlos: Wie vorab dargestellt, beinhaltet der Guide lediglich die Best Practices, nicht jedoch die Abbildung auf eine Branche oder gar das eigene Unternehmen. Die Prozesse des PMBOK Guide müssen angepasst werden, um sie betrieblich nutzbar zu machen. Das vorliegende Buch ist eine Anpassung für Softwareentwicklungsprojekte.

Jedes Projekt braucht ein Vorgehensmodell

Ein Vorgehensmodell zum Projektmanagement ist in naturgemäß risikobehafteten Technologieprojekten unerlässlich. Häufig scheitert der Einsatz jedoch an der Komplexität und Praktikabilität der Methodik. Notwendig ist daher ein Modell, das auf sicheren und anerkannten Verfahren basiert, die Disziplinen Softwareentwicklung und Projektmanagement integriert und zudem einfach anzuwenden ist.

Diese Lücke wird mit der in diesem Buch vorgestellten Vorgehensweise geschlossen. Die Softwareentwicklung ist dabei integraler Bestandteil, unterstützt durch die wesentlichsten Prozesse und Wissensgebiete des Projektmanagements nach dem PMBOK Guide. Das so entstandene Vorgehen ist einfach anzuwenden und kann mit wenig Vorwissen eingesetzt werden. Wir nennen es analog zum Titel des Buches »Pragmatisches IT-Projektmanagement« schlicht PITPM (ausgesprochen »Pitpim«).

3.1 PITPM: PMBOK®-Guide-basiertes Vorgehensmodell für Softwareentwicklungsprojekte

PITPM verbindet praxisrelevante Aspekte und Elemente der Softwareentwicklung mit den bewährten Prozessen des PMBOK Guide. Es gliedert die Prozesse des PMBOK Guide in ein Phasenmodell, das auch iterativ eingesetzt werden kann. Zudem verfeinert es die teilweise groben Prozessbeschreibungen in Bezug auf die konkrete Softwareentwicklung und macht sie so im betrieblichen Umfeld praktisch anwendbar. Allerdings eignet sich nicht jedes Projekt für diese Vorgehensweise. Wie vorab dargestellt, vereint das Vorgehen zwar einige agile Ansätze in sich, ist aber für vollständig agile Projekte nicht konzipiert. Einige Teilprozesse und einige der Vorlagen lassen sich dennoch auch in rein agilen Prozessen hervorragend einsetzen. Irrelevante oder im deutschen Wirtschaftsraum nicht anwendbare Prozesse wurden entfernt oder angepasst. So wurden z.B. die amerikanischen Vertragsformen der Beschaffungsprozesse adaptiert.

Verbessertes Anforderungsmanagement

Das Scope Management (Projektinhalt und -umfang) berücksichtigt in besonderem Maße das Anforderungsmanagement, was in Softwareprojekten häufig zu kurz kommt. Zudem wurde ein Wissensgebiet Sofwareentwicklung ergänzt und integriert, wodurch das Vorgehensmodell, ähnlich den vorab beschriebenen »Extensions« (vgl. Abschnitt 2.3), einer domänenspezifischen Interpretation des PMBOK Guide ähnelt.

Alle vorgestellten Artefakte werden kostenlos im Internet zum Download angeboten – schließlich steht das erste P in »PITPM« für »pragmatisch«.

Erweiterung des PMBOK Guide

Durch die Integration der bekannten Wissensgebiete aus dem PMBOK Guide mit einem auf Softwareprojekte spezialisierten Anforderungsmanagement und dem neuen Wissensgebiet Softwareentwicklung, die so beide im herkömmlichen PMI-Kontext keine Rolle spielen, wird sich der Einsatz des Vorgehens vor allem in Softwareentwicklungsprojekten rentieren. Artverwandte IT-Projekte können – von den Prozessen der reinen Softwareentwicklung abgesehen – große Teile der verbleibenden Wissensgebiete nutzen.

Pragmatische Werkzeuge

PITPM gibt Projektmanagern pragmatische Werkzeuge zum Führen von Projekten und zur effizienten Organisation ihrer Kernaufgaben an die Hand. Vorgezeichnete Prozesse und Aktivitäten, die Unterteilung in Projektphasen und Wissensgebiete sowie die Bereitstellung von Checklisten und Vorlagen sollen die Arbeit beschleunigen und die Ergebnisqualität verbessern. Durch die Integration von Management- und Entwicklungsprozessen wird zudem eine höhere Transparenz geschaffen, die Projektmitarbeitern einen schnelleren Einstieg in ihr Projekt ermöglicht.

Langjähriger Einsatz bei der adesso AG

Die Idee zum Vorgehensmodell entstammt unserem beruflichen Arbeitsfeld. So wurde bei der adesso AG ein ähnliches Modell über Jahre entwickelt und verfeinert. Es hat sich mittlerweile in zahlreichen Kundenprojekten und unterschiedlichen Branchen bewährt.

Das hier vorgestellte Vorgehensmodell ist universeller ausgelegt. Pragmatisch wird es im Besonderen dadurch, dass ein Prozess durch die im Internet zur Verfügung gestellten Vorlagen unmittelbar eingesetzt werden kann. Außer dem Austausch des Logos in den Dokumenten sind keine umfangreicheren Vorarbeiten nötig. Nur das Projekt müssen Sie auch mit diesem Vorgehensmodell noch selbst leiten und führen.

3.2 Aufbau von PITPM

Auf einer höheren Abstraktionsebene betrachtet verlaufen Projekte grundsätzlich sehr ähnlich. Andernfalls hätten Werke wie der PMBOK Guide keine Praxisrelevanz, sondern würden reines Theoriewissen wiedergeben.

PITPM hat sechs Phasen und neun Wissensgebiete

PITPM teilt ein Projekt zeitlich in fünf Phasen und organisatorisch in neun »Project Management Knowledge Areas« bzw. Wissensgebiete auf. Die **Wissensgebiete** entstammen dabei weitgehend dem PMBOK Guide, sind aber wie in Tabelle 3–1 dargestellt nicht vollständig kongruent (die Wissensgebiete werden im PMBOK Guide erst ab Kapitel 4 beschrieben, daher bleiben die Nummern 1 bis 3 vakant).

Tab. 3–1 *Zuordnung der Wissensgebiete des PMBOK Guide zu PITPM*

PMBOK-Guide-Wissensgebiete (Knowledge Areas)	Verwendung in PITPM
4. Project Integration Management	1. Integrationsmanagement
5. Project Scope Management	2. Inhalts- und Umfangsmanagement
6. Project Time Management	6. Zeit- und Teammanagement (Zusammenlegung der Wissensgebiete 6 und 9 aus dem PMBOK Guide)
7. Project Cost Management	8. Kostenmanagement
8. Project Quality Management	3. Qualitätsmanagement
9. Project Human Resource Management	6. Zeit- und Teammanagement (s.o.)
10. Project Communications Management	4. Kommunikationsmanagement
11. Project Risk Management	5. Risikomanagement
12. Project Procurement Management	7. Beschaffungsmanagement
Im PMBOK Guide nicht vorhanden	9. Softwareentwicklungsmanagement

Die Wissensgebiete »Project Time Management« und »Project Human Resource Management« wurden in PITPM aus Gründen der Praktikabilität zusammengelegt, und das Wissensgebiet »Softwareentwicklungsmanagement« wurde ergänzt. Sämtliche Gebiete wurden den Erfordernissen von Softwareprojekten angepasst.

Knowledge Areas sind Wissensgebiete aus dem PMBOK Guide

Da wir im Buch den englischsprachigen PMBOK Guide referenzieren, werden die Wissensgebiete im Folgenden als »Knowledge Areas« bezeichnet.

Die einzelnen **Phasen** geben den typischen Ablauf eines Projekts über Vorbereitung, Planung, Durchführung, Einführung und Abschluss wieder. Wie vorab in Abschnitt 2.3 erläutert, kennt der Guide diese Phasen nicht, sondern unterteilt die Prozesse lediglich in Gruppen. Das hat sicherlich Vorteile, da einzelne Prozesse universeller verwendet werden können. Jedoch leidet der Praxiswert des PMBOK Guide erheblich darunter, da es die Anwendung deutlich komplizierter gestaltet. In diesem Werk wird daher jeder Prozess einer Phase zugeordnet.

Ein Prozess besteht aus n Aktivitäten

Dabei besteht jeder **Prozess** aus einer oder mehreren **Aktivitäten**:

- Ein **Prozess** ist eine meist sequenzielle oder nebenläufige Abfolge von Aktivitäten.
- Jeder Prozess besteht aus einer Anzahl von **Aktivitäten**, die in der jeweiligen Beschreibung des Prozesses abgebildet und beschrieben sind. Jede Aktivität wird mit einer im Buch einheitlichen Gliederung beschrieben.

In Abbildung 3–1 und 3–2 (s. Seite 26 u. 27) sind des besseren Verständnisses wegen nur die Prozesse ohne ihre einzelnen Aktivitäten dargestellt. Zu jeder Aktivität gehören Eingangsartefakte, Methoden, Techniken und Werkzeuge sowie Ergebnisartefakte.

- **Eingangsartefakte** sind die Dokumente, die für den Start einer Aktivität vorliegen sollten. Mithilfe der darin beschriebenen Informationen kann der Prozess durchlaufen werden.
- Im Rahmen der Aktivität werden die beschriebenen **Methoden, Techniken und Werkzeuge** eingesetzt, um das Produkt zu erstellen. Dabei kann es sich um Methoden, Softwareplattformen, Verfahrensweisen usw. handeln. Nicht jede Aktivität benötigt spezifische Werkzeuge.
- Die **Ergebnisartefakte** dokumentieren schließlich das Ergebnis einer Aktivität. Sie sind entweder Projektergebnis oder werden in einem nachgelagerten Prozess verwendet oder verfeinert.

Die Darstellung der Prozesse ist auf dieser Ebene an BPMN angelehnt, jedoch aus Vereinfachungsgründen nicht durchgehend konform. Die Grafik finden Sie zusammenhängend und in einem größeren Format auch auf dem beigelegten Poster als Anlage zum Buch.

Tipp: Poster verloren? Noch eins für den Kollegen nachbestellen?

Unter *http://www.PITPM.net* können Sie das Poster auch als PDF kostenlos herunterladen oder eine gedruckte Version bestellen.

Organizational Process Assets

Der PMBOK Guide legt großen Wert auf die Beachtung von »Organizational Process Assets«, also von organisatorischen oder unternehmensinternen Prozessen und Vorgaben. Das ist zwingend erforderlich, manifestiert sich in PITPM aber vorrangig nur durch die Integration von Hilfsmitteln (wie z.B. Richtlinien zu einer Festpreisschätzung), da faktisch jeder Prozess durch Vorgaben beeinflusst wird oder andersherum der Prozess die Vorgaben beeinflussen kann. Organisatorische Vorgaben innerhalb eines Unternehmens sind grundsätzlich zu beachten, auch wenn sie nicht in PITPM beschrieben seien können. Daher sollten Sie ggf. auch dieses Vorgehensmodell vor Gebrauch an die Bedürfnisse Ihres Unternehmens anpassen.

Organisatorischer Lernprozess

Außerdem sieht der PMBOK Guide einen organisatorischen Lernprozess vor, der sich nicht nur in der individuellen Weiterentwicklung der Mitarbeiter ausdrückt, sondern auch in der Ableitung genereller Anleitungen, Hilfestellungen und Ratschläge für kommende Projekte in der Projektauswertung. Diese Prozesse finden, abgesehen von denen des Projektabschlusses (vgl. Kap. 8), keine Verwendung in PITPM.

3.3 PITPM-Knowledge-Areas

Wie im vorangegangenen Abschnitt beschrieben, umfasst PITPM neun Projektmanagement-Knowledge-Areas, die im Folgenden erläutert werden. In Klammern steht jeweils der Name der Knowledge Area aus dem englischsprachigen PMBOK Guide.

Integrationsmanagement (»Project Integration Management«)

Das Stakeholder-Management ist eine der Kernaufgaben des Projektmanagers

Die Kernaufgabe des Projektmanagers ist die Integration aller Knowledge Areas und damit sämtlicher Anforderungen, Bedürfnisse und anderer Faktoren. Wesentliche Aufgabe ist das Stakeholder-Management, also die Zusammenführung und Koordination aller Personen, die Einfluss auf das Projekt und Produkt haben können oder vom Projekt oder Produkt beeinflusst werden können.

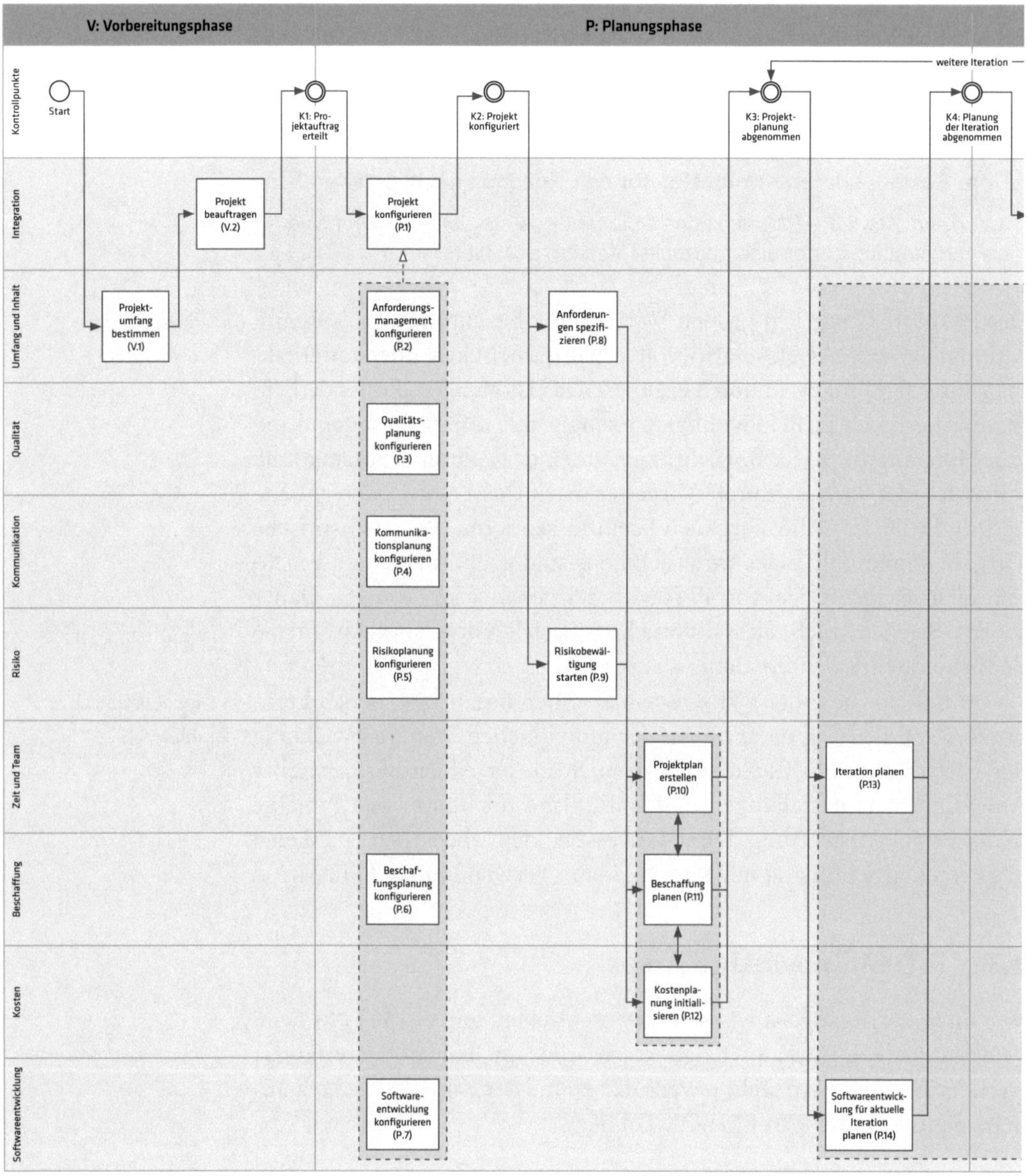

Abb. 3–1

Überblick über die PITPM-Projektprozesse (erster Teil: Vorbereitungsphase und Planungsphase)

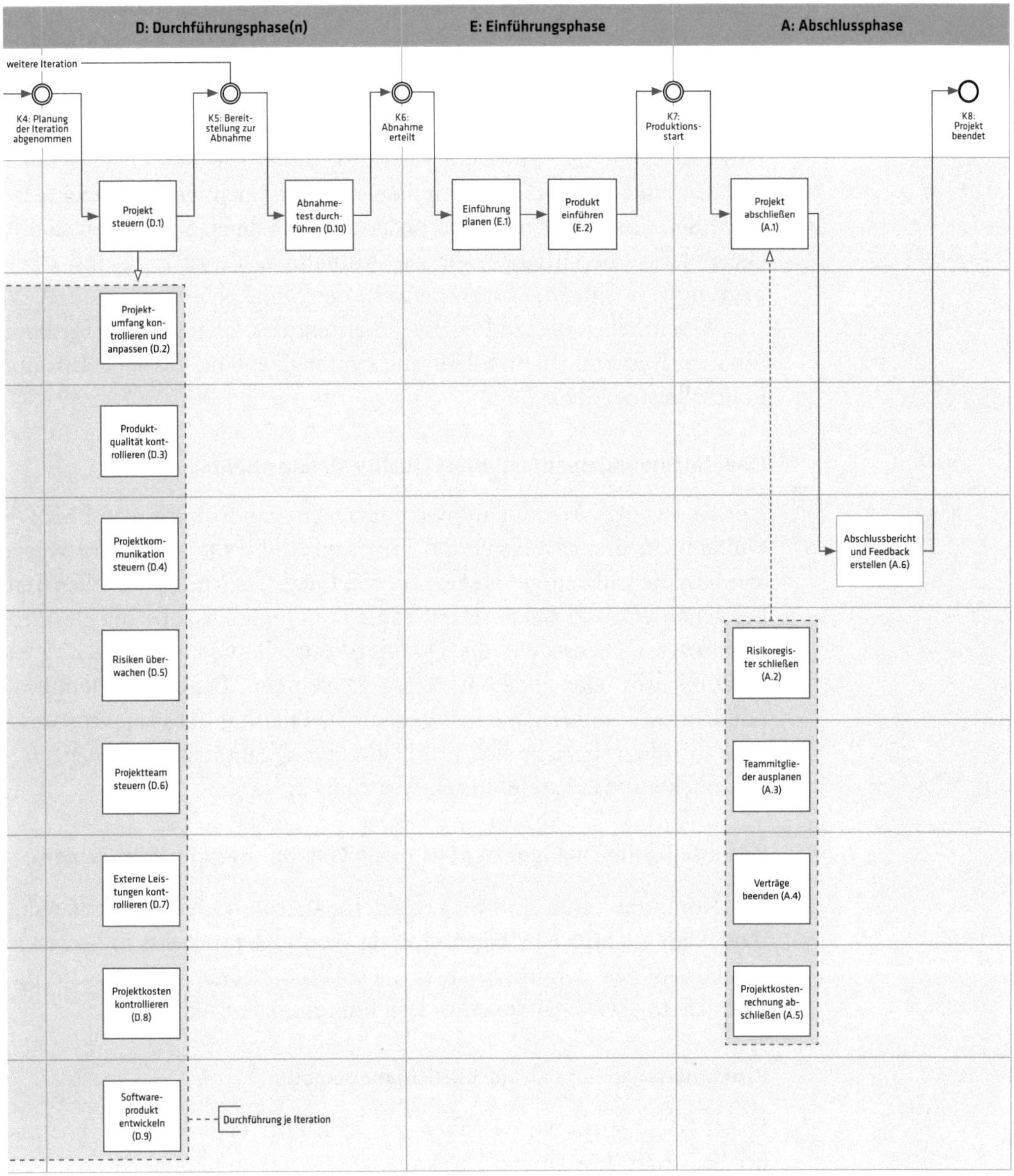

Abb. 3–2

Überblick über die PITPM-Projektprozesse (zweiter Teil: Durchführungsphase, Einführungsphase, Abschlussphase)

Inhalts- und Umfangsmanagement (»Project Scope Management«)

Erweitert um Anforderungsmanagement

Diese Knowledge Area wurde im Rahmen von PITPM umfangreich auf die Erfordernisse von Softwareentwicklungsprojekten angepasst.

Durch die frühzeitige Festlegung und Begrenzung des Projektumfangs ist es möglich, projektirrelevante Aufgaben und Themen abzugrenzen und die Projektergebnisse und -erwartungen rechtzeitig zu umreißen. Im Rahmen des Anforderungsmanagements werden sämtliche Prozesse beschrieben, die zur Aufnahme, Verwaltung und Überprüfung von Anforderungen im weitesten Sinne gehören.

Wesentlicher Bestandteil ist außerdem das Change Management, mit dem Änderungen an Inhalt und Umfang geplant, durchgeführt und kontrolliert werden.

Qualitätsmanagement (»Project Quality Management«)

Kontrollpunkte und Softwaretests

Zur Knowledge Area Qualitätsmanagement gehört nach dem PMBOK Guide nicht nur das Testen des Projektproduktes (also der Software), sondern die frühzeitige Integration von Qualitätsaspekten in allen Teilbereichen eines Projekts. Dazu zählt die Qualitätssicherung der Projektprozesse ebenso wie die Qualitätskontrolle von Artefakten, Zwischenreleases oder anderen Liefergegenständen. Durch die Definition von Kontrollpunkten, die maßgeblich die Qualität der Projektprozesse sichern sollen, bezieht sich in PITPM das Qualitätsmanagement vornehmlich auf das Produkt (vgl. Abschnitt 3.5).

Kommunikationsmanagement (»Project Communications Management«)

Die Kommunikation mit Stakeholdern, Partnern und Projektbeteiligten ist ein wichtiger Erfolgsfaktor, da sie als Metaprozess in den meisten Disziplinen verankert ist. In dieser Knowledge Area wird festgelegt, wie mit welchen Stakeholdern kommuniziert wird.

Risikomanagement (»Project Risk Management«)

Das Management von Risiken ist gerade in IT-Projekten aufgrund hoher Gesamtkosten von Relevanz. Die Vermeidung von Risiken bzw. deren Bewältigung ist eine der wichtigsten Knowledge Areas, um die vor Projektbeginn nicht klar bewussten Rahmenbedingungen und ihre Auswirkung auf das Projekt steuern zu können.

Zeit- und Teammanagement (»Project Human Resource Management« und »Project Time Management«)

Durch die Zusammenlegung dieser beiden PMBOK Guide Knowledge Areas wird frühzeitig eine integrierte Planung ermöglicht. Die umfassende Betrachtung berücksichtigt die häufig enge Personalsituation in Softwareprojekten, da ein großer Teil der notwendigen Rollen personengebunden besetzt werden muss und nicht mit austauschbaren, unerschöpflichen Ressourcen versehen werden kann.

Zur Erstellung eines Projektplans und zur Erzeugung der Liefergegenstände müssen Ressourcen im Rahmen eines Zeitplans zur Verfügung gestellt werden.

Beschaffungsmanagement (»Project Procurement Management«)

Es können externe Zukäufe notwendig sein, die in dieser Knowledge Area behandelt werden. Dabei geht es nicht ausschließlich um Personen, sondern um sämtliche Ressourcen und Materialien, die auf einem meist externen Markt projektbezogen erworben werden sollen oder können.

Kostenmanagement (»Project Cost Management«)

Die Einhaltung des Projektbudgets ist wesentlicher Gradmesser für den Erfolg oder Misserfolg eines Projekts. Zum Kostenmanagement gehört die Schätzung der Projektkosten ebenso wie das regelmäßige Reporting.

Softwareentwicklungsmanagement (keine Entsprechung im PMBOK Guide)

Zusätzliche Knowledge Area

Diese Knowledge Area hat kein Äquivalent im PMBOK Guide. In ihr werden die Prozesse der Softwareentwicklung nahtlos in das Projektmanagement eingebunden. Die aus PITPM-Sicht erforderlichen Projektprozesse werden dafür technologieunabhängig integriert.

3.4 PITPM-Projektphasen

PITPM besteht aus fünf Projektphasen, die im Folgenden beschrieben werden.

V: Vorbereitungsphase

Projekt schätzen und aufsetzen

Die Vorbereitung dient dem Aufsetzen des Projekts mittels Projektauftrag und vorläufiger Beschreibung des Projektumfangs sowie einer ersten Risikoeinschätzung. Hier wird die Basis für das gesamte Projekt gelegt. Wenn Prozesse dieser Phase mit einem unbefriedigenden Ergebnis abgeschlossen werden, kann das den gesamten Projektverlauf negativ beeinflussen.

In den meisten Fällen sind vor dem Start eines Projekts Vorarbeiten erforderlich, die streng genommen noch nicht zum Projekt gehören oder ein eigenes (Vor-)Projekt darstellen. Das können eine Vorstudie zur Machbarkeit oder etwa die Vorarbeiten zu einem Angebot sein. In beiden Fällen sind die Ergebnisse der Prozesse der Vorbereitungsphase für die Folgephasen des Projekts relevant, weshalb PITPM sie nicht grundsätzlich als eigenes Projekt definiert.

P: Planungsphase

Zentrales Artefakt: Projektmanagementplan

Die Planungsphase ist aus Sicht des Projektmanagements die intensivste Phase. In erster Linie wird hier in den Prozessen P.1 bis P.9 (Abschnitte 5.1 bis 5.9) das Projekt konfiguriert.

Projektkonfiguration

Dafür wird für fast alle Projektmanagement-Knowledge-Areas ein Managementplan entwickelt, der maßgeblich für die Führung des Projekts ist und damit das zentrale Bindeglied zwischen allen Wissensgebieten und Phasen bildet. Dieser Plan wird häufig auch »Projekthandbuch« genannt, die Bezeichnung Projektmanagementplan entstammt dem PMBOK Guide.

Detailplanung

Im zweiten Teil erfolgt mit den Prozessen P.10 bis P.12 (Abschnitte 5.10 bis 5.12) die Detailplanung des Projekts, also die Umsetzung der Anforderungen in einen reellen Plan.

Iterationsplanung

Nach Erstellen des groben Plans wird im dritten Teil in den Prozessen P.13 und P.14 (Abschnitte 5.13 und 5.14) die aktuelle Iteration im Detail geplant. Die zwei zugehörigen Prozesse der Planungsphase werden vor jeder Iteration durchgeführt. Planen Sie nur eine Iteration, so wird die Planung von vornherein detailliert durchgeführt.

D: Durchführungsphase(n)

Die Durchführungsphase beschäftigt sich mit der praktischen Umsetzung des Projekts und der Steuerung aller Prozesse. Sie besteht also im Wesentlichen in der Umsetzung der Anforderungen im Rahmen des Projektmanagementplans. Die Durchführungsphase wird mit Prozess D.1 gesteuert. Die Prozesse D.2 bis D.9 (Abschnitte 6.2 bis 6.9) bilden jeweils eine Iteration, diese Prozesse können beliebig oft durchlaufen werden und werden durch D.1 iterationsübergreifend gesteuert (s. dazu auch Abschnitt 3.7, in dem die Planung und die Durchführung einer Iteration im Detail beschrieben wird). Vor jeder Iteration sind die Feinplanungsprozesse wie im vorigen Abschnitt beschrieben zu durchlaufen. Nach Abschluss einer Iteration sind drei Varianten möglich:

1. Es folgt eine weitere Iteration.
2. Es wurde ein Release erstellt, parallel folgt eine weitere Iteration.
3. Das Endprodukt wurde erstellt und das Projekt wird beendet.

Die Phase endet mit der Abnahme des Liefergegenstands (Release oder Endprodukt) durch den Auftraggeber.

E: Einführungsphase

Mit dem Eintritt in die Einführungsphase ist die Entwicklungsarbeit abgeschlossen, und es werden die Planungen für den Produktivbetrieb vorgenommen. Der zentrale Prozess in dieser Phase ist der Rollout des Produktes.

A: Abschlussphase

Jedes begonnene Projekt sollte die Abschlussphase durchlaufen

In der Abschlussphase werden alle Arbeiten zu Ende geführt. Dazu gehört der formelle Abschluss des Projekts und aller damit verbundenen Verträge. Das Projekt wird abschließend dokumentiert, um die Erkenntnisse für folgende Projektmanager und -teams festzuhalten und der Organisation eine Optimierung zu ermöglichen.

3.5 PITPM-Projektkontrollpunkte

Der PMBOK Guide sieht einen Prozess zur Kontrolle der Projektqualität vor (Prozess »8.2 Perform Quality Assurance«). In diesem Rahmen wird für gewöhnlich die Einhaltung der Projektprozesse ebenso überprüft wie die Übereinstimmung mit den Vorgaben aus dem Projektmanagementplan.

Fixe Kontrollpunkte zur Qualitätssicherung

Da die Durchführung von Quality-Audits in den wenigsten Fällen einen Mehrwert für ein laufendes Projekt mittlerer Größe bringt – schließlich bewertet ein Audit vorrangig die bereits erbrachte Leistung und konzentriert sich damit auf die Vergangenheit –, sondern in erster Linie Ressourcen kostet, werden anstelle des Meta-Prozesses Kontrollpunkte (»Quality Gates«) eingesetzt. Eine Weiterführung des Projekts ist nur möglich, wenn alle Kriterien des Kontrollpunkts eingehalten werden. Setzt sich ein Projektmanager über die Kontrollpunkte hinweg, so bringt er möglicherweise den Projekterfolg in Gefahr. Abweichungen sollten vom Projektsteuerungsgremium genehmigt werden.

Durch acht Kontrollpunkte soll sichergestellt werden, dass das Projekt zielgerichtet und sicher durchgeführt wird (s. Tab. 3–2).

Tab. 3–2
Übersicht über die Projektkontrollpunkte in PITPM

Kontrollpunkt	Phase	Bedingung
K1: Projektauftrag erteilt	Übergang Vorbereitung zu Planung	Die Planungsphase kann erst begonnen werden, wenn die Projektinhalte geklärt und festgelegt wurden. Nur dann kann der Projektauftrag explizit erteilt werden. Wird der Projektauftrag nicht erteilt, so wird das Projekt beendet. Dazu sollte die Abschlussphase zumindest rudimentär durchlaufen werden.
K2: Projekt konfiguriert	Planungsphase	Der Projektmanagementplan mit seinen Unterplänen wurde erstellt.
K3: Projektplanung abgenommen	Erstellung der Gesamtplanung vor dem Start der ersten Iteration	Die Gesamtprojektplanung mit Berücksichtigung der Release-Termine wurde erstellt und vom Auftraggeber abgenommen.
K4: Planung der Iteration abgenommen	Nach Abschluss der Planung der Iteration	Die Planung für die Durchführungsphase der Iteration wurde verabschiedet. Dieser Kontrollpunkt wird in jeder Iteration wiederholt.
K5: Bereitstellung zur Abnahme (BzA)	Durchführung	Das Release oder das Endprodukt ist aus Sicht des Auftragnehmers bereit zur Abnahme mit allen vertraglich vereinbarten Nebenprodukten (etwa Dokumentation, Schulungsunterlagen usw.).
K6: Abnahme erteilt	Übergang Durchführung zu Einführung	Der Liefergegenstand (Release oder Endprodukt) ist frei von abnahmeverhindernden Fehlern und wird vom Auftraggeber abgenommen.
K7: Produktionsstart	Übergang Einführung zu Abschluss	Der Liefergegenstand (Release oder Endprodukt) kann in den Produktivbetrieb übernommen werden.
K8: Projektende	Ende Abschlussphase	Das Projekt wurde gemäß PITPM dokumentiert und vollständig abgeschlossen.

3.6 PITPM Knowledge Areas und -Phasen im Überblick

Abbildung 3–1 und 3–2 zeigen die PITPM-Projektprozesse. Nicht alle Prozesse laufen sequenziell ab. Ihre Abhängigkeiten lassen sich, gute Lesbarkeit vorausgesetzt, grafisch nicht verlustfrei wiedergeben. Beispiele dafür sind die Planungsprozesse zwischen den Kontrollpunkten 2 (Projekt konfiguriert) und 3 (Projektplanung abgenommen). Die Erstellung des Projektplans, die externe Beschaffung sowie die Kostenplanung sind direkt voneinander abhängig. Lässt sich etwa eine bestimmte Rolle nicht intern besetzen, so müssen externe Beschaffungsprozesse angestoßen werden, die dann auch Einfluss auf den Kostenverlauf haben können. Wie viele Iterationen notwendig sind, bis die Planung letztlich abnahmebereit ist, lässt sich nicht generell festlegen.

Auch bei einem Projektabbruch sollte die Abschlussphase durchlaufen werden

Selbst im Projektverlauf kann es durch tiefgreifende Änderungen erforderlich werden, Teilprozesse der Planung erneut zu durchlaufen. Daher ist die Prozesssequenz grundsätzlich nicht als bindend zu verstehen, sondern als Rahmenwerk, an dem man sich orientieren sollte. So ist es zudem jederzeit möglich, ein Projekt abzubrechen. Es wäre aber verwirrend, eine Kante aus jedem Prozess zur Abschlussphase zu ziehen. Wird ein Projekt tatsächlich abgebrochen, so kann unmittelbar bei Abschnitt 8.1 die Arbeit fortgesetzt werden.

Jeder Phasenabschluss, also alle Projektkontrollpunkte mit Ausnahme von »K2: Projekt konfiguriert« und »K5: BzA«, sollte durch ein Projektsteuerungsgremium freigegeben werden. Die Freigabe sollte möglichst schriftlich erfolgen, um so auch eine belegbare Entscheidung zu dokumentieren.

3.7 Iterativ-agile Prozesse in PITPM

Wie in Abschnitt 2.4 erläutert, gibt der Guide keine klaren Handlungsanweisungen für agile Projekte vor. Alles andere wäre systembedingt auch gar nicht sinnvoll: Schließlich ist der Guide nicht auf Softwareprojekte ausgerichtet, und die meisten agilen Methoden wie etwa Scrum werden vorrangig für Softwareprojekte eingesetzt, auch wenn der Einsatz in vielen anderen Branchen und Bereichen möglich ist.

Entwicklung in Iterationen

Um jedoch dem grundsätzlichen Gedanken der agilen Entwicklung zu folgen, also z.B. Änderungen in den Anforderungen während der Projektlaufzeit noch berücksichtigen zu können, sollte jedes Projekt in Iterationen durchgeführt werden. Ein weiterer Vorteil der Entwicklung in Iterationen sollte jedem Projektmanager bewusst sein: Je öfter der Kunde, gleich ob intern oder extern, »sein« künftiges Produkt »anfassen« und dadurch beurteilen kann, desto zufriedener werden alle Beteiligten sein. Das gilt zum einen für das Entwicklungsteam, das wesentlich öfter und vor allem früher Feedback zum Entwicklungsstand bekommt. Das gilt aber insbesondere für den Kunden, der rechtzeitig gegensteuern kann, falls das Produkt eine andere Ausprägung als von ihm erwünscht annimmt. Zudem kann er während des Projekts Änderungsanträge (Change Requests) stellen, wenn sich z.B. die Rahmenbedingungen geändert haben. Seriöse Partner räumen dabei ihren Kunden ein, noch nicht umgesetzte Anforderungen kostenfrei gegen Change

Requests zu tauschen, sofern die Implementierung der ursprünglich geplanten Anforderungen nicht technisch unabdingbar ist.

Iteration: So kurz wie möglich, muss aber prüfbare Ergebnisse liefern

Die Dauer einer Iteration sollte möglichst kurz sein, muss aber dennoch sicht- und prüfbare Ergebnisse liefern (vgl. [Bleek & Wolf, 2008]). Es ist also Aufgabe des Projektmanagers, Dauer und Inhalte einer Iteration mit Unterstützung des technischen Projektleiters oder des gesamten Teams zu definieren. Dabei muss nicht jede Iteration gleich lang sein, und je nach Vertragsform sind bestimmte Meilensteine für den Kunden gar nicht relevant (z.B. Aufsetzen der Entwicklungsplattform, Bereitstellen der Deployment-Umgebung). So kann die erste Iteration durchaus länger laufen, sobald jedoch fachlich relevante Teile umgesetzt werden, können die Iterationen kürzer werden. Besonderen Wert auf möglichst kurze Iterationen ist bei der Entwicklung von Oberflächen zu legen, da sich hier häufig die Vorstellungskraft des Kunden über das Endprodukt manifestiert.

Jede Iteration liefert ein sicht- und prüfbares Ergebnis. Es muss nicht notwendigerweise testbar sein, häufig genügt auch eine Präsentation des Entwicklungsstands, ohne vorher allzu viel Aufwand für ein testbares System betreiben zu müssen. Letztlich ist das abhängig von den Erwartungen des Kunden und den vertraglichen Vereinbarungen.

Ist das Iterationsergebnis ein lauffähiger Zwischenstand, so bezeichnen wir es in PITPM als ein eigenes »Release«. Ein Release wurde meist vorab inhaltlich vertraglich vereinbart und sollte der Spezifikation gemäß vollumfänglich nutzbar sein. Es wird beim Kunden installiert und dort nach erfolgten Tests möglichst auch produktiv eingesetzt.

Tipp: Anzahl Releases begrenzen

Sie sollten die Anzahl Releases in Ihrem Projekt so gering wie möglich und die Anzahl Iterationen so hoch wie möglich planen. Jede Iterationspräsentation ohne Releaseerstellung gibt Ihnen ohne großen Zusatzaufwand früh und häufig Feedback und erlaubt einen regelmäßigen Kontakt mit dem Kunden. Jedes Release bedeutet dagegen zusätzlichen Aufwand, da Sie z.B. Entwicklungsstände parallel führen müssen und zudem verpflichtet sind, Fehler anzunehmen und zu korrigieren. Dennoch sollten Sie regelmäßig Releases einplanen, denn sonst bemerken Sie bestimmte Fehler unter Umständen erst viel zu spät. Typische Hürden stellen sich häufig erst bei einem vollen Releasedurchlauf über alle Instanzen ein. Dazu gehören z.B. geblockte Ports, abweichende Firewalleinstellungen, inkonsistente Datenbankkonfigurationen usw.

Jede Iteration durchläuft eine Planungs- und eine Durchführungsphase wie in Abbildung 3–3 dargestellt. In der **Planungsphase** werden in P.13 »Iteration planen« die Inhalte der folgenden Iteration aufgestellt. Auf Basis des »Product Backlog«, einer Wortschöpfung aus der Begriffswelt des Scrum, die sämtliche noch umzusetzenden Anforderungen in einer Liste beschreibt, werden die Inhalte für die kommende Iteration gemäß der Anforderungsspezifikation definiert. Das Ergebnis nennt sich im Scrum »Sprint Backlog« und umfasst nur die Anforderungen für eine Iteration.

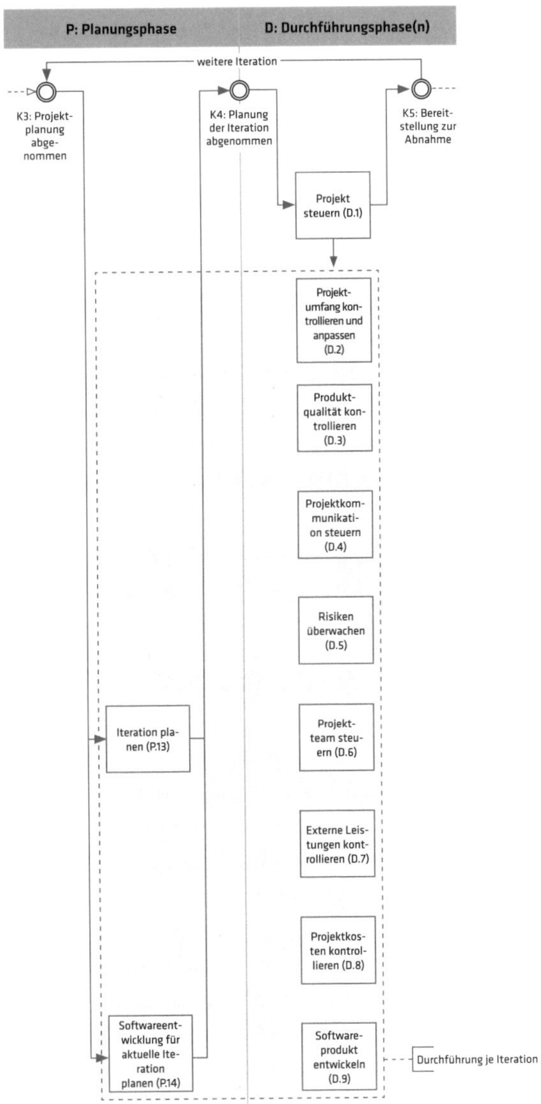

Abb. 3–3
Ablauf einer Iteration in PITPM

In jeder Iteration sollten die wichtigsten Anforderungen nur 80% der Kapazität ausmachen

Für jede Iteration sollten die umzusetzenden Anforderungen priorisiert sein, wobei die mit höchster Priorität nur etwa 80% der in der Iteration zur Verfügung stehenden Kapazität ausmachen sollten. Läuft eine Iteration besser als geplant, so werden niedriger priorisierte Anforderungen zusätzlich umgesetzt. Läuft sie schlechter als geplant, so entfallen nicht zwangsläufig solche Anforderungen, die als geschäftskritisch für eine laufende Iteration eingestuft wurden.

Die Planung der Iteration sollte so spät wie möglich erfolgen, um die Ergebnisse der vorgelagerten Iteration berücksichtigen zu können. Sie muss aber auch so früh eingeplant werden, dass kein Leerlauf im Entwicklungsteam entsteht. In der Praxis sollte sich die Planung der folgenden mit den letzten Arbeiten der laufenden Iteration überschneiden, um einen reibungsarmen Übergang zu ermöglichen.

In P.14 »Softwareentwicklung für aktuelle Iteration planen« wird die Umsetzung der Spezifikation im Detail geplant. Der Prozess ist quasi die »technische Antwort« auf den Planungsprozess P.13 und wird häufig parallel durchgeführt. Die Planung der folgenden Iteration wird im Kontrollpunkt K4 abgenommen – entweder vom Steuerungsgremium des Kunden selbst, wenn es das Vertragsverhältnis erlaubt, sonst vom eigenen Management.

Keine Änderungen in einer laufenden Iteration akzeptieren

Eine einmal begonnene Iteration sollte sich terminlich nicht mehr verändern, das Iterationsende gilt als fix. Auch die Inhalte sollten keinen Änderungen mehr unterliegen, Change Requests können erst in der Folge-Iteration berücksichtigt werden.

Tipp: Häufen sich Change Requests innerhalb einer laufenden Iteration?

Wenn sich die Change Requests zu den Inhalten einer laufenden Iteration häufen, so ist davon auszugehen, dass die Anforderungsspezifikation nicht sorgfältig durchgeführt wurde. Wenn möglich, sollten Sie in so einem Fall »einen Schritt zurück« gehen und die bestehenden Anforderungen mit Ihrem Kunden überprüfen.

Lediglich in den in einer Iteration umzusetzenden Anforderungen kann es wie vorab beschrieben eine gewisse Variabilität geben. Läuft die Entwicklung besser, so werden auch niedriger priorisierte Anforderungen umgesetzt, die nicht zwingend für die Iteration geplant waren.

Die geplanten Inhalte einer Iteration werden anschließend in den Prozessen der **Durchführungsphase** implementiert. In jedem Fall erfolgt zum Abschluss der Entwicklung einer Iteration mit Kontrollpunkt K5 die »Bereitstellung zur Abnahme«, die das Ergebnis dem Kunden zur Verfügung stellt. Handelt es sich lediglich um eine Ergebnispräsentation, so ist folgerichtig keine explizite Abnahme erforderlich. Das Team steigt anschließend unmittelbar wieder in die Planungsarbeit für die folgende Iteration ein, sofern die Planung nicht bereits vorgenommen wurde.

Parallele Projektstränge bei einem Release

Wird jedoch ein Release bereitgestellt, so müssen der Projektmanager und damit das gesamte Team für einen gewissen Zeitraum zwei parallele Projektstränge unterstützen:

- Der Rollout des Release über die Kontrollpunkte K5 bis K7 muss vom Team unterstützt werden (K5: Bereitstellung zur Abnahme, K6: Abnahme erteilt, K7: Produktionsstart). Zwar müssen die Prozesse der Abschlussphase nicht durchlaufen werden, dennoch kann ein Release eine an anderer Stelle erforderliche Kapazität binden. Es ist auch deswegen in jedem Fall in der initialen Projektplanung vorzusehen.
- Parallel muss die Planung der folgenden Iteration wie oben beschrieben durchgeführt werden. Es hat sich als zweckmäßig erwiesen, einen gewissen Prozentsatz der zur Verfügung stehenden Kapazität der Folge-Iteration (etwa 10–15%) für die Gewährleistung des frischen Release einzuplanen.

Timeboxing

Da anders als im herkömmlichen Sinne die Zeit der limitierende Faktor der Iteration ist, und nicht in erster Linie der vorab definierte Umfang, spricht man auch von »Timeboxing«. Die zugrunde liegenden Konzepte sind sehr klar und verständlich im Buch »Agiles Projektmanagement – APM« (vgl. [Oestereich & Weiss 2008]) beschrieben.

Die Gestaltung der hier beschriebenen Prozesse sollte Sie in die Lage versetzen, auch Ihr Projekt iterativ zu führen. »Agil« im aktuellen Sinne des Wortes ist Ihr Projekt damit nicht – »pragmatisch« aber schon.

3.8 PITPM-Projektrollen

Nicht jedes Projektmitglied kann jede Projektrolle einnehmen. Dafür ist das Aufgabenfeld auch viel zu umfangreich: Ein begnadeter IT-Architekt ist nicht zwingend auch eine Koryphäe im Projektmanagement (was natürlich auch andersherum gilt).

Die Definition von Projektrollen erleichtert später die Zuordnung von Personen

Ziel ist es, für jede Aufgabe die am besten geeignete Besetzung zu finden. Das Ergebnis ist letztlich in der Ressourcenplanung des Projektplans ablesbar: Dort steht hinter jedem Planungselement ein konkreter Name. Der Weg dorthin führt über die Definition von Rollen, die im Rahmen der Feinplanung durch Namen ersetzt werden. PITPM arbeitet ebenfalls mit Rollen, die für die fristgerechte Fertigstellung ihnen zugewiesener Aufgaben verantwortlich sind. Zu den hier vorgestellten

Rollen kann es je nach Projekttyp sinnvolle Abweichungen geben, die sich nur auf die Bezeichnung beziehen können, die Aufgabe leicht abweichend definieren oder die Rollen weiter unterteilen. Die vorgegebenen Rollen sind jedoch universell einsetzbar und haben sich im praktischen Einsatz als zweckmäßig erwiesen. Zudem ist es je nach Größenordnung des Projekts durchaus akzeptabel, Rollen in Personalunion bzw. nur zu gewissen Prozentsätzen zu besetzen: Bei einem Projektvolumen von 50.000 € werden Sie vermutlich keinen eigenen Risikomanager in das Projekt aufnehmen – wohingegen z.B. bei einem Volumen von 1.000.000 € der Risikomanager nicht mehr in Personalunion mit einer anderen Rolle gestellt werden sollte, auch wenn die Aufgabe nicht in Vollzeit wahrgenommen werden muss.

Die Zuordnung der Rollen zum Auftraggeber (s. Tab. 3–3) und Auftragnehmer (s. Tab. 3–4) soll lediglich verdeutlichen, welcher Partei eine Rolle grundsätzlich zuzuordnen ist. Das wird von Projekt zu Projekt zwar unterschiedlich ausfallen, dennoch gibt die Unterteilung eine grobe Orientierungshilfe. Zudem ist es sinnvoll, auch bei unternehmensinternen Projekten klar zwischen Auftraggeber und Auftragnehmer zu unterscheiden. Zwar wird ein Projektmanager vermutlich nicht verklagt, wenn ein internes Projekt in Schieflage gerät (solange er sich dabei nicht strafbar gemacht hat). Dennoch schafft die klare Trennung deutlich mehr Transparenz.

Tab. 3–3
Rollen des Auftraggebers

Rolle	Beschreibung
Projektsponsoren	Beauftragen das Projekt, stellen das Budget, erteilen die Freigaben für umfassende Änderungen und sind die wichtigsten Stakeholder.
Fachlicher Projektleiter	Projektleiter des Fachbereichs, im Zweifel Eskalationsinstanz zwischen Fachbereich und Projektmanager.
Betriebsmanager	Verantwortet den späteren Betrieb des Softwareprodukts.
Fachbereich, fachlicher Teilprojektleiter	Anforderungsgeber aus dem Fachbereich, oft auch vertreten durch den fachlichen Projektleiter. Der Fachbereich ist hier sehr abstrakt beschrieben und kann unterschiedliche Formen annehmen.
Projektsteuerungsgremium	Häufig auch Lenkungskreis und Lenkungsausschuss. Setzt sich zusammen aus den Sponsoren des Projekts und weiteren fachlich oder technisch relevanten Mitgliedern. Das Projektsteuerungsgremium nimmt alle Kontrollpunkte ab und erteilt den Auftrag für die Folgephase. Es wird außerdem involviert, sobald sich Abweichungen zum geplanten Inhalt, dem Budget oder der Zeit ergeben.

Tab. 3–4 *Rollen des Auftragnehmers*

Rolle	Beschreibung
Projektmanager	Wird vom Sponsor beauftragt, das Projekt durchzuführen und erfolgreich abzuschließen. Wir sprechen in diesem Buch durchgehend vom Projekt*manager*, nicht vom Projekt*leiter*. Zwar gibt es keine klare Abgrenzung zwischen beiden Begriffen, in der Literatur hat der Projektmanager meist jedoch die umfassendere Kompetenz. Leitet ein Mitarbeiter im Projekt ein dem Projekt zugehöriges Team, so ist er in unserer Definition (Teil-)Projektleiter.
Technischer Projektleiter	Verantwortet die technische Umsetzung und somit die Erstellung des Liefergegenstandes.
Anforderungsmanager	Verantwortet die Prozesse und inhaltliche Erfassung der Anforderungen sowie die Kommunikation der fachlichen Inhalte zu den Entwicklern. Er sammelt, erhebt, verwaltet und beschreibt die Anforderungen und berät den Fachbereich inhaltlich an der Schnittstelle zwischen Fachlichkeit und IT.
Qualitätsmanager	Verantwortet die Einhaltung definierter Projektprozesse, die im Projektmanagementplan fixiert sind, und sorgt daher vor allem für die Einhaltung der Kontrollpunkte. Häufig in Personalunion mit dem Projektmanager.
Testmanager	Leitet und koordiniert alle Testaktivitäten, also in erster Linie die Erstellung von Konzepten und die spätere Durchführung der Tests.
Risikomanager	Verantwortet das Management der Risiken, vornehmlich durch regelmäßige Risikoworkshops und Pflege des Risikoregisters. Häufig in Personalunion mit dem Projektmanager.
Teilprojektleiter	Alle unter dem Projektmanager angelegten Teilaufgaben, die durch eigene Projektleiter vertreten werden.
Tester	Führt die vom Anforderungsmanager spezifizierten Testfälle vor der Auslieferung durch.
Softwareentwickler	Entwickelt das Softwareprodukt gemäß den Spezifikationen.
Architekt	Macht architektonische Vorgaben für die Softwareentwickler, plant die Umsetzung und berät den technischen Projektleiter.

3.9 Vorlagen zum Download

Sämtliche Vorlagen finden Sie im Internet unter *http://www.PITPM.net*. Tabelle 3–5 gibt einen Überblick über die in den einzelnen Prozessen verwendeten Vorlagen und deren Anwendung in den Projektprozessen. In den Zeilen stehen die Hauptprozesse, in den Spalten die wichtigsten Artefakte. An den Schnittpunkten zwischen Prozess und Artefakt lässt sich der Zusammenhang ablesen. Dabei bedeutet

- I: Initialisiert: Das Artefakt wurde aufgesetzt, aber noch nicht abgeschlossen.
- Ü: Überarbeitet: Das Ergebnis wurde überarbeitet.
- W: Weiterverarbeitet: Das Ergebnis des Artefakts wird in diesem Prozess weiterverarbeitet.
- F: Fertiggestellt: Das Ergebnis ist fertiggestellt und ggf. abgenommen.

Mithilfe dieser Matrix können Sie den Lebenszyklus eines Artefakts verfolgen. Die Artefakte werden in den Prozessen detailliert beschrieben.

Tipp: Vorlagenmatrix

Die Vorlagenmatrix ist in größerem Format auch auf dem beigelegten Poster zu finden.

Die Vorlagen, deren Benutzung kostenlos ist, erkennen Sie auch an dem in Abbildung 3–4 dargestellten Logo.

Abb. 3–4
PITPM-Logo

P!TPM

I	**Initialisiert**: Das Artefakt wird aufgesetzt, aber noch nicht abgeschlossen
Ü	**Überarbeitet**: Das Ergebnis wird überarbeitet
W	**Weiterverarbeitet:** Das Ergebnis des Artefakts wird in diesem Prozess weiterverarbeitet
F	**Fertiggestellt**: Das Ergebnis ist fertiggestellt und ggf. abgenommen

	Projektumfangsbeschreibung	Aufwandschätzung	Checkliste Projektinitialisierung	Projektauftrag	Beauftragung	Checkliste Kick-off-Meeting	Projektorganisationschart	Kick-off-Feedback	Projektmanagementplan	Qualitäts-Checklisten	Testkonzept	Checkliste Risikomanagement	Fragebogen schriftl. Befragung u. Ergebnis	Interviewleitfaden	Projektstrukturplan	Anforderungsdokument	Anforderungen für Iteration	Testfälle	Risikoregister	Arbeitskalender/Verfügbarkeiten	Rollen- und Aktivitätenmatrix	Ganzheitlicher Projektplan	Kostenplan	Spezifikationsdokument	Entwurfsdokument	Checkliste Projektmanagement	Offene-Punkte-Liste	Testplan	Testdokumentation	Statusbericht	Arbeitsauftrag	Mitarbeiterbewertung	Leistungsnachweis	Dienstleisterbewertung	Vertragsdokumentation	Leistungsreport	Change Request	Bereitschaft zur Abnahme	Mängelliste	Abnahmeerklärung	Einführungsplan	Bestätigung Produktverantwortung	Projektbericht
Vorbereitungsphase (V)																																											
V.1 Projektumfang bestimmen	F	F																																									
V.2 Projekt beauftragen			W	F	F																																						
Planungsphase (P)																																											
P.1 Projekt konfigurieren				W		W	F	F	I																																		
P.2 Anforderungsmgmt. konfig.	W			W					Ü																																		
P.3 Qualitätsplanung konfig.	W			W					Ü	F	F																																
P.4 Kommunikationsplan. konfig.	W								Ü																																		
P.5 Risikoplanung konfigurieren	W								Ü			W																															
P.6 Beschaffungsplanung konfig.	W								Ü																																		
P.7 SE konfigurieren	W			W					Ü																																		
P.8 Anforderungen spezifizieren	W			W							W		F	F	I	I		F																									
P.9 Risikobewältigung starten	W								W						Ü				I																								
P.10 Projektplan erstellen	W								W						Ü				Ü	W	F	I																					
P.11 Beschaffung planen	W								W						Ü				Ü		Ü	Ü																					
P.12 Kostenplanung initialisieren		W							W										Ü			W	I																				
P.13 Iteration planen																W	I					W																					
P.14 SE für akt. Iteration planen									W						W	W	W	W						F	F																		
Durchführungsphase (D)																																											
D.1 Projekt steuern									W										W							W	Ü									W							
D.2 Projektumfang kontrollieren																																											
D.3 Produktqualität kontrollieren									W		W							W										Ü	I														
D.4 Projektkommunikation steuern									W														W						W	I						W							
D.5 Risiken überwachen																			Ü																								
D.6 Projektteam steuern																					W	W									I	F											
D.7 Ext. Leistungen kontrollieren									W																								W	F	I								
D.8 Projektkosten kontrollieren									W													W	Ü							W						F	I						
D.9 Softwareprodukt entwickeln																W								W	W																		
D.10 Abnahmetest durchführen	W								W									W																				I	I	I			
Einführungsphase (E)																																											
E.1 Einführung planen																																								W	I		
E.2 Produkt einführen																																									W	F	
Abschlussphase (A)																																											
A.1 Projekt abschließen																																											I
A.2 Risikoregister schließen																																											Ü
A.3 Teammitglieder ausplanen																					W																						Ü
A.4 Verträge beenden																																	W										Ü
A.5 Projektkostenrechn. abschl.																																	W										Ü
A.6 Abschlussbericht erstellen																																											F

Tab. 3–5

Vorlagenmatrix

4 Vorbereitungsphase (V)

Die Vorbereitungsphase gehört an sich nicht zum Projekt und ist somit »weder Fisch noch Fleisch«. Ohne sie würde es jedoch nie zu einem Projekt kommen (vgl. [Kerzner 2008]). Wenn die Vorbereitungen sehr umfangreich sind und zum Beispiel Software-Prototypen, umfangreiche Konzepte oder Angebote *vor dem eigentlichen Projektstart* erstellt werden müssen, kann es sinnvoll sein, ein eigenes Projekt nur für die Vorbereitungsphase aufzusetzen.

In dieser Phase sind Schätzungen schwierig, häufig aber unvermeidbar

Häufig ergibt sich diese Situation bei der Erstellung von Angeboten – im schwierigsten Fall auf Basis eines Projekts, das zum Festpreis angeboten wird. Hier darf die Schätzung nur eine sehr geringe Varianz aufweisen, obwohl zu diesem frühen Zeitpunkt nicht immer alle Eckdaten bekannt sind. In einem meist sehr eng gesteckten Zeitrahmen muss die Umsetzung der nicht immer eindeutig formulierten Anforderungen geschätzt werden. Das Ergebnis ist bindend für das gesamte Projekt und muss daher den zu diesem Zeitpunkt bekannten Kenntnisstand umfänglich spiegeln.

Tipp: Betrachten Sie die Vorbereitungsphase als ein eigenes, kleines Projekt

Auch wenn die Vorbereitungsphase in Ihrem Unternehmen nicht als eigenes Projekt verstanden wird, sollten Sie es ab einem gewissen Umfang als Projektmanager in spe so behandeln. Ab welchem Aufwand eine Vorbereitungsphase ein eigenes Projekt sein sollte, ist von etlichen Unternehmensfaktoren abhängig. Verantwortlich für die Phase ist der Sponsor, der in den meisten Fällen einen Großteil der Aufgaben dennoch an Sie abgeben wird. Handeln Sie daher entsprechend: Zwar ist der Kreis der Teammitglieder meist noch überschaubar, dennoch sollten Sie einen groben Projektplan erstellen, die Aufwände schätzen und verfolgen und das Projekt auch sauber dokumentieren. Das dankt Ihnen vor allem der Projektmanager, der anschließend die Planung und die Durchführung übernimmt. Wenn Sie es selber sind – umso besser!

Da die Vorbereitungsphase und damit die in ihr erstellten Artefakte sehr individuell ausfallen können, ist der Prozess allgemein beschrieben. Die Phase endet mit dem Kontrollpunkt »K1: Projektauftrag erteilt«.

4.1 Projektumfang bestimmen (V.1)

Im ersten Prozess der Vorbereitungsphase werden drei wichtige Artefakte erstellt, die in Inhalt und Qualität den Verlauf des Projekts nachhaltig bestimmen. Abbildung 4–1 zeigt den Prozess V.1 »Projektumfang bestimmen«. In Aktivität V1.1 »Leistungsumfang bestimmen« werden die Anforderungen in die Projektumfangsbeschreibung aufgenommen. Basierend auf diesem Artefakt und den Rahmenbedingungen des Projekts wird in der Aktivität »Risiken identifizieren und bewerten (V.1.2)« das erste Risikoregister erstellt. Auf Basis des Projektumfangs und der festgestellten Risiken wird in der Aktivität »Aufwand abschätzen (V.1.3)« eine Gesamtschätzung für die Projektaufwände erstellt.

Abb. 4–1
Prozess V.1 »Projektumfang bestimmen«

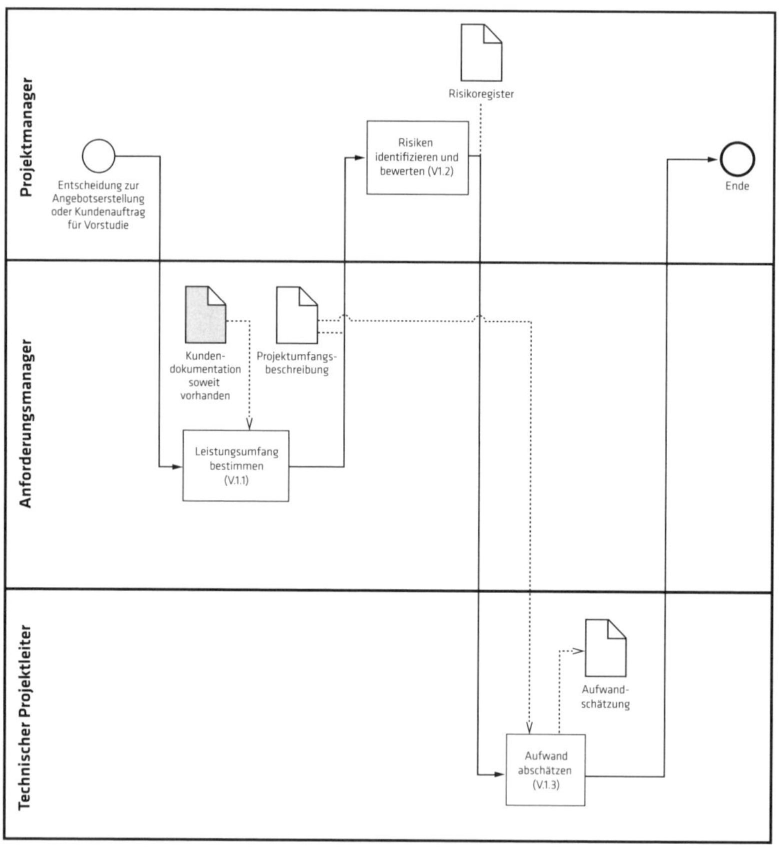

4.1.1 Leistungsumfang bestimmen (V.1.1)

Anforderungserhebung

Der erste Schritt in der Vorbereitung ist die Erhebung der Anforderungen, um den Leistungsumfang zu bestimmen. Je konkreter sich die erwarteten Leistungen ermitteln lassen, desto sicherer kann im nächsten Schritt der Aufwand geschätzt werden. Dabei ist jedes legale Mittel erlaubt, solange es dabei hilft, den Leistungsumfang einzugrenzen und eindeutig zu beschreiben. Die saubere Definition des Projektumfangs (»Scope«) ist elementar für den Erfolg des Projekts, da nur anhand der Vorgaben kontrolliert werden kann, ob am Ende alle Aufgaben erfüllt wurden.

Projektumfangsbeschreibung

Die so erstellte Projektumfangsbeschreibung wird evolutionär entwickelt, sodass zu diesem Zeitpunkt noch nicht zwingend alle Kapitel gefüllt werden müssen. In der ersten Fassung werden daher maßgeblich folgende Kriterien beschrieben:

- Projekt- und Produktziele (also auch einzelne Anforderungen, soweit bekannt)
- Produktannahmekriterien, die definieren, unter welchen Bedingungen ein Produkt abgenommen werden muss und wann die Abnahme verweigert werden kann
- Projektgrenzen, -anforderungen und -liefergegenstände
- Für das Projekt getroffene Annahmen und Einschränkungen

Die Definition des Projektumfangs wird in der Planungsphase verfeinert. Das Dokument dient in der Vorbereitungsphase im Wesentlichen der Kostenschätzung, daher sollte es die bekannten Anforderungen so detailliert wie möglich schildern.

Prozessverwandtschaft im PMBOK Guide

- Knowledge Area »Project Scope Management«
- Prozess »5.1 Collect Requirements« beschreibt, wie Anforderungen grundsätzlich gesammelt werden. Neu in der Edition vier ist hier die Erstellung der Traceability Matrix (s. dazu auch Abschnitt 5.2).
- Prozess »5.2 Define Scope« umfasst die Definition von Umfang und Inhalt und damit auch die Erstellung des »Project Scope Statement«

Eingangsartefakte

- Sofern vorhanden, ist jede durch den Auftraggeber zur Verfügung gestellte Dokumentation zu sichten. Das kann eine Aufforderung zur Angebotsabgabe (auch als »Tender« bezeichnet) ebenso sein wie PowerPoint-Präsentationen, halbfertige oder bereits abgenommene Spezifikationen oder jedes andere relevante Dokument.

Methoden, Techniken, Werkzeuge

- Der Erhebung des Umfangs im Rahmen der Vorphase sind häufig enge Grenzen gesteckt. Die Rahmenbedingungen werden meist durch den Auftraggeber bestimmt.
- Im Rahmen einer Angebotsaufforderung können meist nur schriftliche Fragen gestellt werden, auf die eine nicht immer klare Antwort folgt.
- Gestalten Sie diesen Prozess selbst, so sollten Sie im Rahmen der Vorgaben und Möglichkeiten sämtliche Prozesse des Anforderungsmanagements integrieren (Workshops, Befragungen usw.).

Ergebnisartefakte

- Erste Fassung der Projektumfangsbeschreibung (s. dazu auch Abb. 4–2)

Abb. 4–2 *Teilansicht der Projektumfangsbeschreibung*

P!TPM

2 Projekt- und Projektproduktziele

In diesem Kapitel werden die Projekt- und Projektproduktziele genauer beschrieben. Sofern im Projektauftrag bereits detaillierte Angaben gemacht wurden, können diese hier einfach übernommen oder auf das Dokument referenziert werden. Eine klare Strukturierung der Ziele ermöglicht später die leichtere Prüfung des Erfüllungsgrades.

#	Ziel
ZIEL01	Beschreibung des Ziels mit kurzen, aber klaren Angaben
ZIEL02	
ZIEL03	

3 Produktannahmekriterien

Die frühe Beschreibung von Produktannahmekriterien sorgt zum einen für Klarheit über die erwarteten Liefergegenstände, zum anderen können sie bestimmte Prozesse im Projekt erfordern, die andernfalls nicht vorgegeben ist. Dürfen in einem Produkt beispielsweise keine betriebsverhindernden Fehler auftreten, so ist das ein klares Abnahmekriterium, das auf den Projektverlauf maßgeblich Einfluss hat.

#	Kriterium
KRIT01	Beschreibung des Kriteriums mit kurzen, aber klaren Angaben
KRIT02	
KRIT03	

4.1.2 Risiken identifizieren und bewerten (V.1.2)

Erstes Risikoregister

Nach Möglichkeit sollte vor der Schätzung ein erstes Risikoregister zusammengestellt werden, das die rein projektbezogenen Risiken beschreibt und finanziell bewertet. Das Ergebnis kann eine unmittelbare Auswirkung auf die Schätzung haben, denn Risiken müssen im geschätzten Gesamtaufwand entsprechend berücksichtigt werden.

Risiken müssen in der Schätzung berücksichtigt werden

Die erstmalige Identifizierung von Risiken erfolgt möglichst mit dem gesamten Projektteam oder sogar weiteren Experten von außerhalb des Projekts, wenn erforderlich und sinnvoll. Je nach Größe des Projekts bzw. des Teams kann ein eigener Risikomanager eingesetzt werden, der für das gesamte Risikomanagement im Projekt verantwortlich zeichnet. In den meisten Fällen wird, zumindest zu diesem frühen Zeitpunkt, der Projektmanager auch die Rolle des Risikomanagers übernehmen. Wenn Sie die Möglichkeit haben, sollten Sie diese Rollen jedoch trennen, um nicht in einen Zielkonflikt zu geraten. Denn im Zweifelsfall entscheidet in einer Konfliktsituation der Projektmanager.

P!TPM

Das Ergebnis der Aktivität ist eine erste Version des Risikoregisters, das jedes Risiko mit dessen Eintrittswahrscheinlichkeit beschreibt, mögliche Gegenmaßnahmen nennt und das Risiko finanziell bewertet.

Prozessverwandtschaft im PMBOK Guide

- Knowledge Area »Project Risk Management«
- Prozess »11.2 Identify Risks« beschreibt den Prozess zur Identifikation von Risiken.
- Prozess »11.3 Perform Qualitative Risk Analysis« beschreibt den Prozess zur fachlichen Bewertung von Risiken.
- Der PMBOK Guide unterscheidet zwischen der qualitativen und der quantitativen Analyse von Risiken. Der Einfachheit halber wurden in PITPM beide Schritte zusammengefasst, da die Einschätzung von Eintrittswahrscheinlichkeit, Auswirkung und monetärem Wert meist vom gleichen Personenkreis vorgenommen werden kann.

Eingangsartefakte

- Projektumfangsbeschreibung

Methoden, Techniken, Werkzeuge

Kollaborative Kreativtechniken

Jegliches Instrument zur *Identifizierung* von Risiken ist angebracht, wobei die komplexeren häufig erst durch kollaborative Kreativtechniken ermittelt werden. Dazu gehören z.B. Brainstorming, Delphi, Root-Cause-Analysen oder Diagrammtechniken wie Ursache-Wirkung o.Ä.

Der PMBOK Guide listet zahlreiche Werkzeuge zur *Erkennung und Einschätzung* von Risiken auf, darunter

- Kostenschätzung für den Fall des Risikoeintritts,
- *Expected Monetary Value Analysis* (EMV) zur Einschätzung finanzieller Folgen eines Risikos (vgl. PMBOK Guide Abschnitt 11.4.2),
- Entscheidungsbäume zur Einschätzung von alternativen Gegenmaßnahmen im Fall des Risikoeintritts.

Ergebnisartefakte

- Risikoregister

4.1.3 Aufwand abschätzen (V.1.3)

Im dritten Schritt der Umfangsbestimmung wünscht sich der technische Teilprojektleiter als Verantwortlicher für die Schätzung meist eine Schlotterbecksche Kristallkugel (vgl. [Preußler 1962]). In Ermangelung selbiger setzt er seinen gesunden Menschenverstand ein und versucht, die einzelnen Anforderungen aus der Projektumfangsbeschreibung und die bekannten Risiken zu bewerten.

Die erste Schätzung ist eines der größten Probleme in Softwareentwicklungsprojekten

Die erste Schätzung ist eine der größten Herausforderungen in Softwareentwicklungsprojekten, da sich häufig viele Punkte nicht abschließend klären lassen und somit zu unvorhergesehenen Kosten führen können. Dennoch fordert der Auftraggeber vor dem Projektstart (und damit häufig vor der detaillierten Anforderungsdefinition) eine Schätzung der Gesamtkosten. Möglicherweise wird es bei einer zu hohen Summe gar nicht erst zu einem Projekt kommen, oder es wird nur ein bestimmtes Budget bereitgestellt. Nicht alle Unternehmen vertrauen bereits zu diesem Zeitpunkt der agilen Entwicklung, da sie noch nicht wissen, ob der geforderte Endzustand überhaupt im geschätzten Rahmen umsetzbar ist. In einem Festpreisprojekt ist die anfängliche Schätzung ein wichtiges Artefakt, da Schätzfehler im Nachhinein nur schwerlich korrigiert werden können.

P!TPM

Das Schätzergebnis, für dessen Qualität der künftige Projektmanager verantwortlich ist, ist im Wesentlichen durch drei Größen bestimmt:

1. **Erwartungshaltung des Auftraggebers:** Wie genau muss die Schätzung sein? Grobschätzungen rechtfertigen später eine Bandbreite von max. +/-50%, Feinschätzungen sollten nicht mehr als 5-10% abweichen. Klären Sie die Erwartung Ihres Auftraggebers möglichst früh.
2. **Informationslage:** Welche schätzrelevanten Informationen stehen Ihnen zur Verfügung? Dazu gehört neben der Projektumfangsbeschreibung alles, was Sie zur Planung nutzen können. Wie zum Beispiel ein grober Projektstrukturplan (PSP), sofern Sie oder Ihr Auftraggeber bereits einen erstellt haben.
3. **Eingesetzte Schätztechnik:** Wie kommen Sie auf eine verlässliche Zahl? Der PMBOK Guide listet in »7.1.2 Estimate Costs: Tools and Techniques« einige Möglichkeiten auf. Die Dreipunktschätzung (auch PERT-Dreipunktschätzung für »Program Evaluation and Review Technique«) ist daraus das wohl relevanteste Verfahren. Nicht explizit im PMBOK Guide genannt ist die »Schätzklausur«, die weiter unten in diesem Abschnitt erläutert wird.

Die erste Zahl, die Sie dem Auftraggeber nennen, wird sich ihm ins Gedächtnis brennen. Dummerweise wird er zudem alle daran geknüpften Bedingungen vergessen. Das klingt ein wenig polemisch, kommt in der Praxis aber durchaus vor. Dennoch müssen Sie sämtliche Rahmenbedingungen beschreiben, zudem sollten Sie die Zahl nie ohne Ihre Bedingungen publizieren.

Tipp: Schätzungen und ihre Haltbarkeit

Wenn nicht eine abgenommene, vollumfänglich verständliche und absolut lückenlose Leistungsbeschreibung mit Anforderungsdefinition vorliegt (was wir in der Praxis bisher noch nicht erlebt haben), befindet sich der Projektmanager in einem ersten Dilemma. Die erste veröffentlichte Zahl gilt, da hilft auch kein Fingerkreuzen hinterm Rücken. Die Schätzung ist daher nicht nur eine Zahl, sondern ein Dokument, in dem die dazugehörigen Rahmenbedingungen detailliert geschildert werden. Achten Sie bei der Übernahme der Schätzung in ein Vertragswerk darauf, dass auch die von Ihnen gesetzten Rahmenbedingungen integriert werden. Je sorgfältiger Sie hier arbeiten, desto leichter fällt später die bezahlte Aufnahme und Umsetzung von Änderungen.

Die in diesem Schritt aufgestellte Schätzung muss sämtliche zu diesem Zeitpunkt bekannten Posten enthalten, die einen monetären Gegenwert haben. Einzelne Risiken werden aus dem zuvor erstellten Risikoregister übernommen. Für das Restrisiko wird ein geeigneter Zuschlag erhoben, der sich an der Projektkonstellation orientiert (Technologie, Team, Auftraggeber, Vertragsform usw.).

Die Schätzung ist mehr als nur eine Zahl

Es ist wichtig, die Schätzung nachweislich zu führen. Dazu müssen also nicht nur die reinen Zahlen ermittelt werden, sondern die Berechnungsbasis, mögliche Annahmen und Einschränkungen sowie weitere Faktoren bedürfen einer Dokumentation innerhalb des Schätzdokumentes. Aus der Schätzung entsteht später die Kostenvorgabe für das Gesamtprojekt, auch als Kostenplan bezeichnet.

PERT-Dreipunktschätzung

Für die Erstellung der Schätzung einzelner Arbeitspakete (eine logische Zusammenfassung mehrerer Aufgaben auf unterster Ebene im PSP) sollte ein Verfahren eingesetzt werden, das möglichst zuverlässige Zahlen liefert.

Die Dreipunktschätzung ist ein einfaches und effektives Verfahren zur Schätzung des Aufwands für jedes Arbeitspaket und damit auch die Grundlage für die Schätzung der Gesamtprojektkosten. Bei einfachen Schätzungen fällt das Ergebnis meist zu optimistisch aus. Die Stärke der Dreipunktschätzung liegt nicht in der wissenschaftlichen Fundierung, sondern eher in psychologischen Faktoren. Alleine mit der gezielten Frage pro Arbeitspaket nach Werten für eine

- pessimistische Schätzung,
- wahrscheinliche Schätzung und
- optimistische Schätzung

fordert man dazu auf, die Aufgaben und Ergebnisse eines Arbeitspakets oder einer Anforderung zu durchdenken. Auf den ersten Blick ist das Verfahren aufwendig. Wenn sich aber die Projektmitarbeiter daran gewöhnen, können auf dieser Basis sogar Restwertschätzungen unkompliziert durchgeführt werden.

Die drei ermittelten Werte pro Anforderung bzw. Arbeitspaket (je nachdem, was Sie zur Verfügung haben) werden in der PERT-Formel verwandt, um den zu erwartenden Schätzwert zu erhalten (s. Formel 4–1).

Formel 4–1
PERT-Dreipunktschätzung

$$\frac{\text{pessimistische Schätzung} + 4 * \text{wahrscheinliche Schätzung} + \text{optimistische Schätzung}}{6}$$

Gewichtung nicht verändern

Die Gewichtungen dürfen in einer PERT-Schätzung nicht verändert werden, da das Ergebnis mit einer Normalverteilung plus/minus 3 Sigma statistisch ausgewertet wird. Höhere Risiken müssen daher mit entsprechend höheren Schätzwerten für die pessimistische Zahl einkalkuliert werden.

Zudem gibt es etliche Verfahren, um die Sicherheit einer Schätzung zu erhöhen. Dazu gehört, das Schätzergebnis noch einmal auf eine Normalverteilung zu legen, eine zweite Schätzung von einem unabhängigen Team parallel durchführen zu lassen oder eine Simulation zu nutzen. Letztere könnte zum Beispiel den Projektverlauf im Rahmen der Grenzen der PERT-Werte simulieren. Nach einer statistisch signifikanten Anzahl von Durchläufen hätte man so einen recht sicheren Vorgabewert.

»Pragmatisch« ist das jedoch alles nicht: Der wahre Vorteil von PERT liegt darin, die Arbeitspakete in der Schätzphase tatsächlich zu »durchdenken«, sie also früh in kleine Komponenten zu zerlegen. Da reicht oft auch die PERT-Schätzung in MS Project, die mit wenig Aufwand verlässliche Ergebnisse liefert. Der ermittelte Schätzwert muss berücksichtigen, dass die Dreipunktschätzung ressourcenunabhängig erfolgt und für Beschaffungskosten nur vorläufige Werte angenommen werden.

Schätzklausur

Nicht explizit im PMBOK Guide genannt ist die »Schätzklausur«, die vor allem im agilen Bereich Anwendung findet. Zu jedem Arbeitspaket wird von jedem Teammitglied eine verdeckte Schätzung abgegeben. Aus allen so abgegebenen Schätzungen wird der Durchschnitt ermittelt, nachdem Ausreißer eliminiert wurden. Das Verfahren liefert Schätzwerte, die in ihrer Qualität abhängig von der Detaillierungsebene der Arbeitspakete und den Erfahrungshorizonten der Teilnehmer sind.

Unabhängig vom Schätzverfahren dient die in dieser Aktivität erstellte Schätzung als Ausgangsbasis für die Projektkosten. Sie sollte daher mit entsprechender Sorgfalt erstellt werden.

Häufig wird im Anschluss an diese Aktivität zur Entscheidung über die Beauftragung eine Kosten-Nutzen-Analyse durchgeführt. Da sie zugleich unternehmens- und projektspezifisch ist und sehr individuelle Kennzahlen benötigt, ist sie nicht Bestandteil des Vorgehens. Interessierten Lesern sei an dieser Stelle aber das Werk »Businesspläne für IT-basierte Geschäftsideen« (vgl. [Kubicek & Brückner 2010]) empfohlen.

Prozessverwandtschaft im PMBOK Guide

- Knowledge Area »Project Cost Management«
- Vorrangig Prozess »7.1 Estimate Costs«

Eingangsartefakte

- Projektumfangsbeschreibung
- Je nach Umfang der Vorbereitungsphase jedes weitere Artefakt, was der Schätzung dienlich sein kann, z.B. ein erster Projektstrukturplan, Anforderungsspezifikationen oder weitere Dokumente

Methoden, Techniken, Werkzeuge

- Schätzverfahren wie PERT-Dreipunktschätzung, Schätzklausur, Function Points, Analogieschätzungen usw.
- Bei Bedarf komplexere Simulationen nach PERT

Ergebnisartefakte

- Aufwandschätzung

4.2 Projekt beauftragen (V.2)

Im Rahmen dieses Prozesses wird in der ersten Aktivität der Projektauftrag erstellt und in der zweiten – hoffentlich – genehmigt. Abbildung 4–3 verdeutlicht den Prozess V.2 »Projekt beauftragen«. Ohne einen genehmigten Auftrag kann das Projekt nicht fortgesetzt werden. Wird das Projekt nicht genehmigt, so wird unmittelbar der Prozess »Projekt abschließen (A.1)« ausgeführt.

Die einzelnen Aktivitäten werden in den folgenden Abschnitten beschrieben.

Abb. 4–3
Prozess V.2 »Projekt beauftragen«

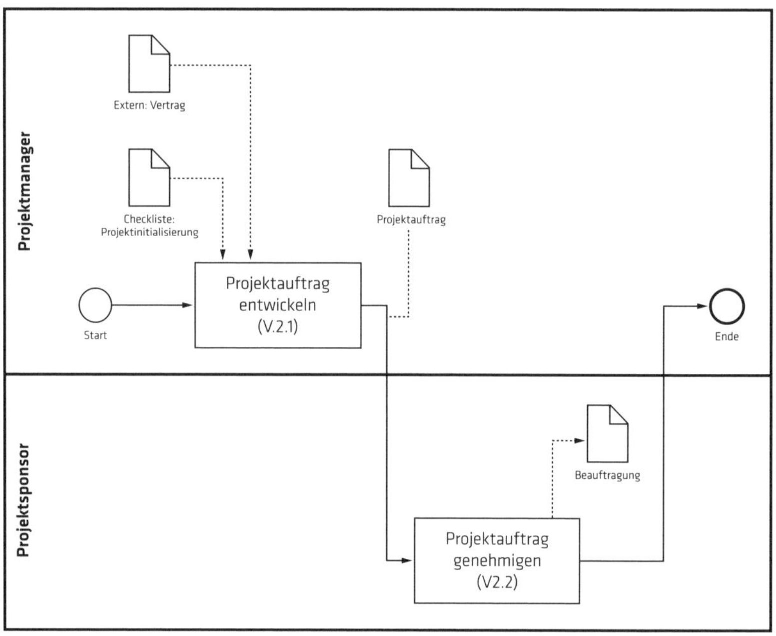

4.2.1 Projektauftrag entwickeln (V.2.1)

Durch den Projektauftrag wird ein Projekt offiziell autorisiert. Er ermöglicht in erster Linie dem Projektmanager, auf Ressourcen zuzugreifen und die Projektarbeit zu beginnen. Der Projektmanager wird möglichst innerhalb dieser Aktivität bestimmt oder steht schon vorher fest.

Herausgeber des Auftrags und damit verantwortlich für das Dokument und seinen Inhalt sind die Projektsponsoren. Verfasst wird das Dokument dennoch meistens vom angehenden Projektmanager, der dabei folgende Themen abdecken sollte:

- Motivation für das Projekt, z.B. aus wirtschaftlichen, rechtlichen oder sonstigen Anforderungen heraus
- Bestehende Anforderungen, Wünsche und Vorstellungen an den Projektverlauf und das Produkt
- Benennung des Projektmanagers und der Teile der Organisation, die zur Umsetzung beitragen: zum Beispiel Beratungs- und Entwicklungsbereiche, verschiedene Dienste wie Controlling, Travel-Management etc.
- Sehr grobe Meilensteinplanung, in erster Linie Wunschtermine des Kunden, auch um die Kontrollpunkte im Projektverlauf zu terminieren
- Stakeholder, die das Projekt beeinflussen können bzw. auf deren Interessen Rücksicht zu nehmen ist
- Organisatorische Rahmenbedingungen, etwa die verpflichtende Nutzung von Shared Services des Kunden, Einschränkungen in der Rollenbesetzung usw.
- Gesamtbudget des Projekts

Der Projektauftrag ist ein integraler Bestandteil von PITPM, da sich letztlich jede Entscheidung innerhalb des Projekts an diesen Vorgaben orientieren muss.

Wird bereits vor der Erstellung des Projektauftrags ein Vertrag zwischen Auftraggeber und Auftragnehmer geschlossen (was in der Praxis häufig passiert), so sollten sich die relevanten Inhalte des Vertrags im Projektauftrag wiederfinden. Sofern Sie nun noch weitere Rahmenbedingungen ermitteln, die nicht im Vertrag beschrieben wurden, sollten Sie den Projektauftrag ergänzen. Im Idealfall wird der Projektauftrag im Vertrag als Bestandteil desselbigen definiert.

Prozessverwandtschaft im PMBOK Guide

- Knowledge Area »Project Integration Management«
- Prozess »4.1 Develop Project Charter«

Eingangsartefakte

- Vertrag (von extern, optional): Vertrag mit einem Kunden oder einem anderen Dienstleister, der das Projekt initiiert

Methoden, Techniken, Werkzeuge

- Einrichtung einer zentralen Dateiablage, sofern bereits jetzt erforderlich (z.B. MS Sharepoint, Netzlaufwerk oder DeskNow)
- Checkliste Projektinitialisierung. Abbildung 4–4 zeigt einen Teil einer ausgefüllten Checkliste.

Abb. 4–4 *Checkliste Projektinitialisierung*

			Projektname	CMS 2.0
			Projektmanager	Karl Auer
#		**Vorbereitung**	**Erledigt am**	**Bemerkungen**
1	✓	Benennung Projektmanager	17.3.10	Karl Auer
2	✓	Benennung stellvertretender Projektmanager	17.3.10	Ragnar Schandroff
3		Projekt im Verbuchungssystem anlegen		
4	✓	Projektlaufwerk oder -plattform aufsetzen (Sharepoint, DeskNow o.Ä.)		Beantragt, noch nicht freigegeben. Zugriffe Mitarbeiter noch freischalten.
5	✓	Falls noch kein Vertrag existiert, ist die Aufgabe des Projektmanagers, dafür zu sorgen	18.3.10	nicht erforderlich, Verträge liegen vor
6	✓	Sofern ein Vertrag existiert, alle Verträge in Kopie anfordern	22.3.10	Im Projektlaufwerk abgelegt
7		Absprachen mit dem Reisemanagement treffen, ggf. feste Hotels oder Zimmer vor Ort buchen		
8	✓	Interne Kommunikationswege klären, insbesondere Erwartungshaltung des Verantwortlichen aus der Geschäftsführung bzgl. Reporting	24.3.10	Stehen im ersten Rumpfdokument des Projektmanagementplans, Kapitel 2
9		Räume buchen und belegen, Mitarbeiter möglichst zusammensetzen		
10		PCs für die Mitarbeiter mit den entsprechenden Software-Paketen bestellen bzw. bereitstellen		
11		Rechnungsstellung mit Kunden klären (aus dem Vertrag ableiten)		

Ergebnisartefakte

- Projektauftrag. Abbildung 4–5 zeigt eine Teilansicht auf die Vorlage.

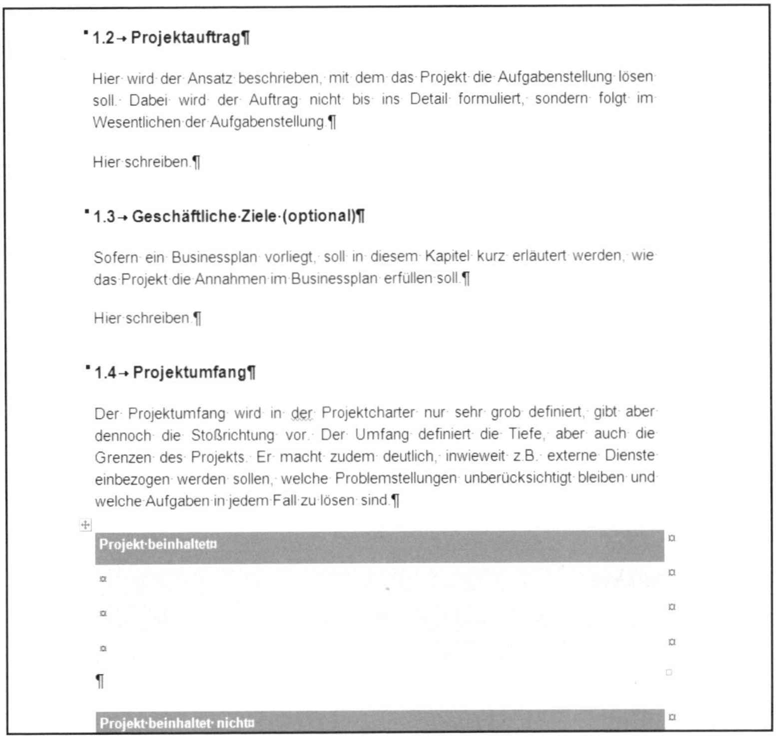

1.2→ Projektauftrag¶

Hier wird der Ansatz beschrieben, mit dem das Projekt die Aufgabenstellung lösen soll. Dabei wird der Auftrag nicht bis ins Detail formuliert, sondern folgt im Wesentlichen der Aufgabenstellung.¶

Hier schreiben.¶

1.3→ Geschäftliche Ziele (optional)¶

Sofern ein Businessplan vorliegt, soll in diesem Kapitel kurz erläutert werden, wie das Projekt die Annahmen im Businessplan erfüllen soll.¶

Hier schreiben.¶

1.4→ Projektumfang¶

Der Projektumfang wird in der Projektcharter nur sehr grob definiert, gibt aber dennoch die Stoßrichtung vor. Der Umfang definiert die Tiefe, aber auch die Grenzen des Projekts. Er macht zudem deutlich, inwieweit z.B. externe Dienste einbezogen werden sollen, welche Problemstellungen unberücksichtigt bleiben und welche Aufgaben in jedem Fall zu lösen sind.¶

Projekt beinhaltet

¶

Projekt beinhaltet nicht

Abb. 4–5
Teilansicht Projektauftrag

4.2.2 Projektauftrag genehmigen (V.2.2)

Der Projektauftrag ist die Autorisierung des Projektmanagers

Der Projektauftrag ist bindend für das gesamte Projekt und dessen Laufzeit. Er ist die Autorisierung des Projektmanagers, daher sollten Sie die Genehmigung auch einfordern. Wer den Auftrag unterschreibt, ist damit Ihr Auftraggeber. Wenn Sie also Schwierigkeiten haben, eine Unterschrift unter Ihren Projektauftrag zu bekommen, so kann es sein, dass tatsächlich niemand die Verantwortung übernehmen möchte. Ein Projekt ohne diese Autorisierung zu starten wäre aber sehr riskant: Denn das hieße, dass Sie bei auftretenden Problemen möglicherweise keine »Rückendeckung von oben« bekommen, sondern immer auf die Kooperationsbereitschaft der im Projekt beteiligten Parteien angewiesen sind.

Nutzen Sie die Stellung, die Sie in diesem Prozess haben, und führen Sie das Projekt erst dann fort, wenn der Projektauftrag abgenommen wurde. In internen Projektverhältnissen muss es nicht immer eine Unterschrift sein, eine E-Mail als Bestätigung ist dann meist auch ausreichend.

Denkbar ist auch, dass es nicht zu einer Beauftragung kommt. Offiziell hat das Projekt ja noch nicht begonnen, daher müssten Sie es auch nicht ordnungsgemäß abschließen. Dennoch sollten Sie in diesem Fall die wichtigsten Prozesse der Abschlussphase durchlaufen und die Entscheidung dokumentieren. Schließlich haben Sie ja einige Zeit in die Erstellung des Projektauftrags investiert.

Prozessverwandtschaft im PMBOK Guide

- Keine Entsprechung. Die Vorgabe ist im PMBOK Guide implizit.

Eingangsartefakte

- Projektauftrag

Methoden, Techniken, Werkzeuge

- Keine

Ergebnisartefakte

- Beauftragung

4.2.3 Kontrollpunkt 1: Projektauftrag erteilt

Der Phasenabschluss ist erst mit der verbindlichen Erteilung des Projektauftrags erreicht. Auch wenn die folgenden Phasen nicht immer absolut trennscharf sind: Starten Sie die Planungsphase niemals ohne Auftrag: Sie sind dazu nicht autorisiert! Wenn Sie Ihre oder sogar die Zeit anderer ohne Auftrag für nicht genehmigte Aufgaben verwenden, verschwenden Sie wertvolle Ressourcen Ihres Unternehmens. Auch wenn es etwas kleinlich klingt: Machen Sie den nächsten Schritt erst dann, wenn Ihnen – möglichst schriftlich – der Auftrag dazu erteilt wurde.

Der Phasenabschluss stattet Sie zudem mit entsprechenden Kompetenzen aus: Es ist jetzt an Ihnen, noch unklare Inhalte des Projektauftrags zu klären.

Tipp: Sind Sie sicher?

Ein offener Punkt, den Sie jetzt erkennen und nicht beheben, wird später mit großer Wahrscheinlichkeit in unliebsamer Form wieder auftauchen. Arbeiten Sie so lange am Projektauftrag, bis Sie sich sicher fühlen.

5 Planungsphase (P)

Prima – Sie haben die Vorbereitungsphase erfolgreich abgeschlossen. Der unterschriebene Projektauftrag liegt auf Ihrem Tisch, es kann also losgehen.

Nun treten Sie in die Planungsphase ein. Sie ist aus Projektmanagementsicht die intensivste Phase im gesamten Projektverlauf und bildet die Basis für die Durchführung des Projekts. Mit entsprechender Sorgfalt sollten Sie daher sämtliche Prozesse mit Ihren Teams durcharbeiten, denn Fehler, die Sie jetzt machen, haben in der Regel gravierenden Einfluss auf die Folgephasen. Wichtigstes Ergebnisartefakt dieser Phase ist der Projektmanagementplan.

Der Projektmanagementplan als zentrales Bindeglied zwischen den Prozessen

Damit ist nicht das Gantt-Diagramm gemeint, das Sie in einer ersten Version auch in dieser Phase erstellen, sondern die vollständige Definition der Projektprozesse. Sie beantworten hierbei u.a. folgende Fragen:

- Wie werden Anforderungen erhoben, bestimmt und analysiert?
- Wo und wie werden Dokumente abgelegt?
- Wer wird zum wöchentlichen Jour fixe eingeladen?
- Wie werden Risiken beobachtet und wer ist dafür verantwortlich?
- Wie müssen die Beschaffungsprozesse organisiert und gestaltet werden?

Die hier aufgelisteten Fragen sind nur Beispiele, den kompletten Umfang finden Sie in Abschnitt 5.1 beschrieben. Das Artefakt wird in vielen Organisationen auch schlicht »Projekthandbuch« genannt.

Nach der Definition der Projektprozesse müssen zwei weitere Prozesse angestoßen werden, ohne die der Projektstrukturplan (PSP) und das später daraus zu entwickelnde Gantt-Diagramm nicht erstellt werden können:

1. Prozess Anforderungen spezifizieren (P.8). Die volle Spezifikation des Endproduktes muss noch in der Planung durchgeführt wer-

den. Je nach Tiefe der Vorbereitungsphase liegt entweder bereits eine Spezifikation vor, oder sie muss noch im Detail erstellt werden (s. Abschnitt 5.8).

2. Prozess Risikobewältigung starten (P.9). Der zweite Prozess befasst sich mit der Identifikation möglicher Risiken, da sich Gegenmaßnahmen in zusätzlichen Arbeitspaketen im PSP niederschlagen können (s. Abschnitt 5.9)

Erst anschließend wird in den Prozessen P.10 bis P.12 das Projekt mit der Erstellung des Projektplans, der Planung der Beschaffung sowie der Initialisierung der Kostenplanung im Detail geplant.

Je Iteration werden anschließend die umzusetzenden Inhalte aus dem Anforderungsdokument generiert, worauf die zu erstellende Detailplanung für die jeweilige Iteration erfolgt (P.13). Zum Abschluss werden auf Basis des Plans die Vorgaben für die Softwareentwicklung für die laufende Phase definiert.

Die Planungsphase hat drei Kontrollpunkte: In »K2: Projekt konfiguriert« wird festgestellt, ob der Projektmanagementplan die Projektprozesse ausreichend detailliert beschreibt. Erst dann kann in die Feinplanung für das Projekt eingestiegen werden. »K3: Projektplanung abgenommen« wird durchlaufen, nachdem der Projektplan und damit die Planung für das gesamte Projekt erstellt und vom Auftraggeber abgenommen wurde. Letzter Kontrollpunkt ist »K4: Planung der Iteration abgenommen«. Dieser Kontrollpunkt wird in jeder Iteration durchlaufen.

5.1 Projekt konfigurieren (P.1)

Die Konfiguration des Projekts wie in Abbildung 5–1 dargestellt ist die umfangreichste planerische Aufgabe des Projektmanagers. Nach der Festlegung der Projektorganisation wird die Kick-off-Veranstaltung durchgeführt. Parallel widmet sich der Projektmanager mit seinem Team der Erstellung des Projektmanagementplans, der Handlungsanweisungen für die Führung des Projekts vorgeben soll. Die einzelnen Aktivitäten des Konfigurationsprozesses werden in den folgenden Abschnitten beschrieben.

5.1.1 Projektorganisation festlegen (P.1.1)

Anhand des erteilten Projektauftrags erarbeitet der Projektmanager einen Vorschlag für die Projektorganisation, etwa wie in Abbildung 5–2 dargestellt. Dabei wird in diesem Schritt noch keine Rücksicht auf die

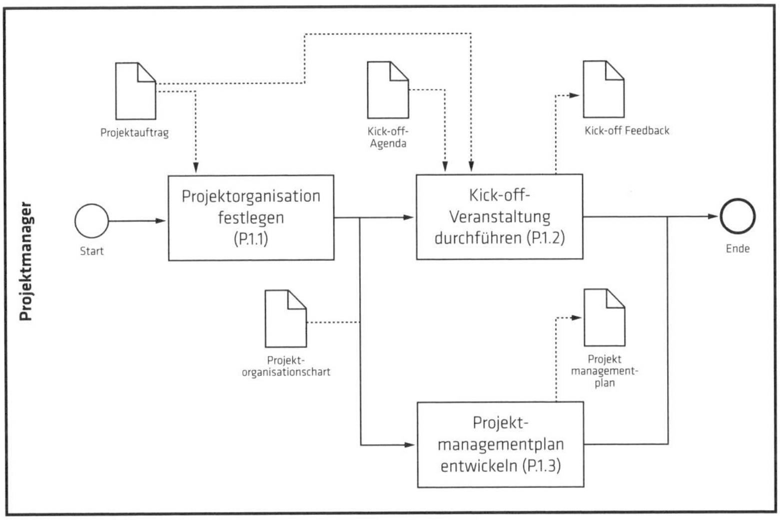

Abb. 5–1
Prozess P.1 »Projekt konfigurieren«

Verfügbarkeit von Ressourcen genommen, es werden lediglich die Rollen festgelegt, die im Projekt besetzt werden müssen. Das Diagramm soll frühzeitig darlegen, welche Fähigkeiten im Projekt benötigt werden und wie sie eingesetzt werden sollen.

Abb. 5–2
Beispiel einer Projektorganisation

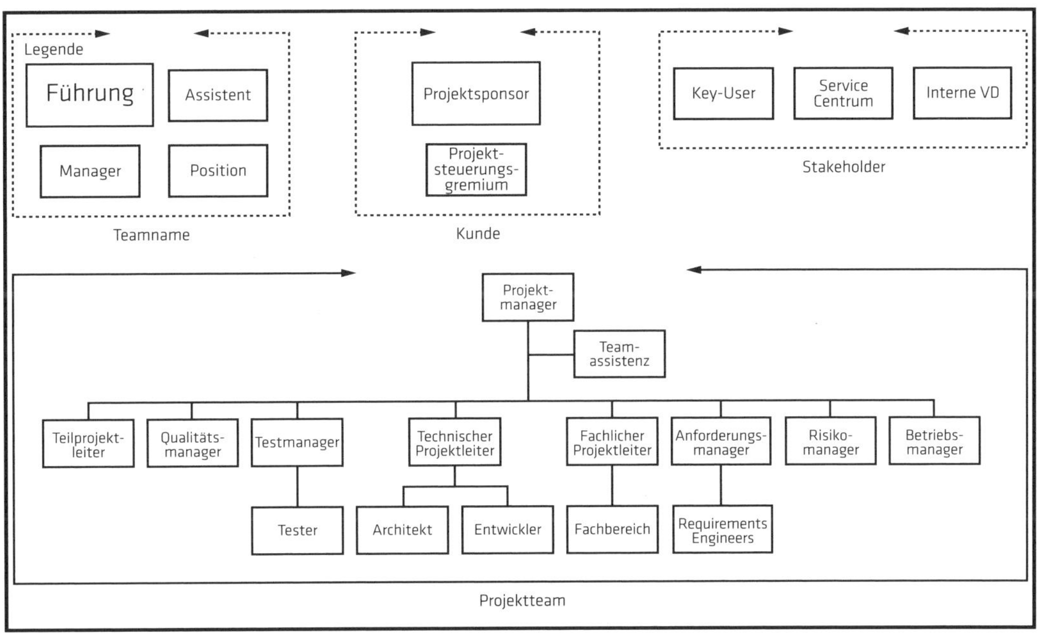

Prozessverwandtschaft im PMBOK Guide

- Die Festlegung der Projektorganisation erfolgt implizit während der Aufstellung der benötigten Ressourcen, ein Organigramm ist jedoch nicht explizit vorgesehen.

Eingangsartefakte

- Projektauftrag

Methoden, Techniken, Werkzeuge

- Mindmap oder Organisationschart

Ergebnisartefakte

- Projektorganisationschart

5.1.2 Kick-off-Veranstaltung durchführen (P.1.2)

P!TPM

Im Kick-off-Workshop werden alle bislang feststehenden Projektteilnehmer zusammengeführt. Da es zu diesem Zeitpunkt noch keine verlässlichen Planungen über den Ressourceneinsatz gibt, sollten neben den bereits gesetzten Mitarbeitern die Entscheider aus der Linien-, Projekt- bzw. Serviceorganisation dazu eingeladen werden, da sie ggf. über den Personaleinsatz (mit) zu entscheiden haben.

Zusätzlich zum Sponsor oder den Sponsoren sollten auch sämtliche zu diesem Zeitpunkt bekannten Stakeholder oder deren Sprecher vertreten sein, sei es aus den Fachbereichen, der IT oder anderen Bereichen. Neben dem Kennenlernen ist in diesem Prozess das Ziel des Projektmanagers vor allem die Erreichung der Beteiligung aller. Gleich welche Aufgaben anstehen: Sie sind nur gemeinsam zu bewältigen. Daher sollte sich die Veranstaltung nicht auf eine reine Frontalpräsentation beschränken, sondern die Teilnehmer aktiv einbinden und mindestens folgende Inhalte abdecken:

- Projektziel und -zeitraum
- Grobe Meilensteine, sofern bereits bekannt
- Vorstellung der Sponsoren
- Vorstellung der Stakeholder, Teams und Teammitglieder
- Kurze Vorstellung und Erwartungshaltung der Anwesenden
- Projektprozesse: Controlling, Qualität etc.
- Nächste Aufgaben

Die Angaben werden zum größten Teil aus dem Projektauftrag abgeleitet. Die Inhalte können auch der Kick-off-Agenda entnommen werden. Planen Sie für die Kick-off-Veranstaltung etwa zwei Stunden ein. Konzentrieren Sie sich auf die Vermittlung der Eckdaten – es geht jetzt z.B. nicht darum, einzelne Anforderungen zu klären.

> **Tipp: Fotos machen**
>
> Es mag etwas ungewöhnlich erscheinen, kann aber anfänglich helfen. Fragen Sie alle Projektmitarbeiter und Sponsoren, ob Sie ein Foto von jedem machen dürfen, und erstellen Sie daraus ein für jeden zugängliches Plakat. So wahren Sie gerade am Anfang den Überblick über die Mitarbeiter und ihre Rollen.

Prozessverwandtschaft im PMBOK Guide

- Dieser operationelle Ansatz hat keine Entsprechung im PMBOK Guide.
- In der Examination Specification (vgl. [PMI 2005]) wird der Prozess jedoch unter »Conduct Kick-Off Meeting« genannt.

Eingangsartefakte

- Projektauftrag
- Projektorganisationschart

Methoden, Techniken, Werkzeuge

- Checkliste Kick-off-Agenda

Ergebnisartefakte

- Protokoll des Kick-off-Workshops
- Kick-off-Unterlagen: Eine Zusammenfassung der Inhalte, sofern erforderlich. Meistens lediglich in Form eines Protokolls oder nur der Folien.

5.1.3 Projektmanagementplan entwickeln (P.1.3)

Der Projektmanagementplan ist das zentrale Planungselement

Der Projektmanagementplan ist die »Mutter aller Pläne« für das Projekt. In ihm wird definiert, wie das Projekt funktioniert und abläuft. Es ist daher wichtig, den Plan sehr früh aufzustellen. Zwar lebt das Dokument während des gesamten Projekts und wird laufend angepasst, dennoch ist es zu jeder Zeit erforderlich, einen den Kenntnissen entsprechenden Gesamtplan zu haben.

In diesem Schritt wird daher auch PITPM selbst an die Bedürfnisse des Projekts angepasst, das Vorgehensmodell wird also auf das Projekt »zugeschnitten«.

Im Detail wird im Projektmanagementplan Folgendes festgelegt:

- Ob bestimmte PITPM-Prozesse oder -Aktivitäten ausgelassen oder anders als geplant durchgeführt werden
- Sämtliche Werkzeuge und Techniken, die im Projekt zum Einsatz kommen sollen, wie etwa MS Sharepoint-Räume zur Kollaboration, MS Project zur Planung, MS Excel zum Reporting usw. Sofern die Mittel bereits in anderen Dokumenten detailliert beschrieben werden, genügt es, hier eine entsprechende Referenz aufzunehmen.
- Wie mit Änderungen umgegangen wird
- Wie die Produktionsgeschwindigkeit gemessen werden soll
- Wie grundsätzlich miteinander und zum Management kommuniziert werden soll (Inhalte, Häufigkeit, Medien, Vorlagen etc.)
- Vorgaben zum Review und zur Freigabe vorab definierter Artefakte oder Liefergegenstände durch das Management
- Besonderen Stellenwert hat das Konfigurationsmanagement, da es die Systeme und Prozesse zur Konfiguration des Projekts festlegt, also vor allem Aufgabenverfolgung, Projektplan, Defect- und Change-Request-Management usw.

Zudem werden in diesem Dokument sämtliche Managementpläne der einzelnen Knowledge Areas (gemäß den Beschreibungen in Abschnitt 3.3) zusammengeführt und konsolidiert, sofern sie für die geplante Projektkonstellation benötigt werden. Worauf es in den einzelnen Knowledge Areas ankommt, wird in den Folgeprozessen definiert:

- Anforderungsmanagement konfigurieren (P.2)
- Qualitätsplanung konfigurieren (P.3)
- Kommunikationsplanung konfigurieren (P.4)
- Risikoplanung konfigurieren (P.5)
- Beschaffungsplanung konfigurieren (P.6)
- Softwareentwicklung konfigurieren (P.7)
- Beschaffung planen (P.11)

Diese Aktivität ist von enormer Bedeutung für den gesamten Projektverlauf. Ihre Sorgfalt und Gewissenhaftigkeit kann mit darüber entscheiden, ob das Projekt ein Erfolg wird. Allerdings sollte auch hier die Pareto-Regel (auch 80-zu-20-Regel) greifen: Es macht nicht immer Sinn, jedes Detail vollständig auszuplanen. Sobald der Rahmen verlässlich beschrieben ist, können einzelne Managementpläne auch später integriert werden. Voraussetzung ist, dass die möglicherweise noch fehlende Knowledge Area nicht einen Kernprozess des Projekts abbildet.

Tipp: Strukturiert arbeiten

Der Projektmanagementplan ist häufig das ungeliebte Kind der Projektmanager. Der Plan trägt aus ihrer Sicht nur mittelbar zum Produkt bei und steht daher häufig nicht im Fokus. Zweifler führen an, dass man diese Arbeiten ja im Zuge des Projekts eh machen müsse, warum also vorab eine Zusammenfassung? Die Antwort ist einfach: Durch den Projektmanagementplan versuchen Sie, den Interpretationsspielraum im Projekt so gering wie möglich zu halten. Sie erarbeiten dazu, oft gemeinsam mit Ihrem Kunden, ein Vorgehen für die wichtigsten Projektprozesse und dokumentieren diese. Neue Mitarbeiter können leichter einsteigen, und durch das Durchspielen der Projektprozesse zu einem frühen Zeitpunkt können Sie ggf. auch noch zusätzliche Arbeitspakete im PSP vorsehen.

Prozessverwandtschaft im PMBOK Guide

Der Prozess stammt aus der Knowledge Area »Project Integration Management«, Prozess »4.2 Develop Project Management Plan«. Die Vorgabe aus dem PMBOK Guide ist jedoch wesentlich umfangreicher und deckt auch Gebiete ab, die teilweise irrelevant sind. Dazu gehören:

- Scope Management Plan und Requirements Management Plan, da die Anweisungen weitestgehend generisch sind und durch ein Änderungsverfahren die Einhaltung von Inhalt und Umfang gesteuert wird. Der Requirements Management Plan ist für die Planung der Anforderungsanalyse als Ergebnisdokument relevant.
- Schedule Management Plan, da dieser implizit durch den PSP bzw. den daraus entstehenden übergreifenden Projektplan abgedeckt wird.
- In Teilen gilt das für den Cost Management Plan, sofern nicht umfassende Beschaffungen geplant werden müssen.
- Der Process Improvement Plan mag zwar ein sinnvolles Artefakt sein, trägt jedoch nur marginal zum Produkt bei und muss aufgrund seiner geringen Auswirkung nicht berücksichtigt werden.
- Der Human Resource Plan wird meist implizit durch den übergreifenden Projektplan vorgegeben. Projektübergreifende Regelungen (Fristenregelungen zu Projektwechseln, Urlaubsgenehmigungen, Krankheitsausfälle etc.) müssen nicht im Projektmanagementplan wiederholt werden.

Eingangsartefakte

- Projektauftrag

Methoden, Techniken, Werkzeuge

- Legen Sie spätestens jetzt einen virtuellen Projektraum an, z.B. mittels MS Sharepoint oder mit einer vergleichbaren Dokumentenplattform. Das hat auch den Vorteil, dass ein Dokument während der Bearbeitung durch einen Projektmitarbeiter für andere gesperrt ist und somit keine Inkonsistenzen entstehen können.
- Als Projektmanager sind Sie für die Erstellung des Dokuments verantwortlich, jedoch nicht unbedingt für die Erstellung der Pläne jeder einzelnen Disziplin. Je nach Projektkonfiguration sollten Sie Ihre Teilprojektleiter einbinden, sofern Sie eine Disziplin nicht in Personalunion mit dem Projektmanager besetzen.
- Hat das Projekt eine kritische Größe erreicht, so sollten Sie einzelne Pläne in gesonderten Dokumenten ablegen. Bis etwa 70 Seiten ist *ein* Dokument ausreichend, darüber sollten Sie über eine Teilung nachdenken.

Ergebnisartefakte

- Projektmanagementplan (s. auch Abb. 5–3)
- Ggf. Unterpläne in weiteren Dokumenten

Abb. 5–3
Teilansicht des Projektmanagementplans

PITPM

<hier TEXT Annahmen>

2.3 Beschränkungen

In diesem Kapitel werden die bekannten oder vermuteten Projektbeschränkungen wie Zeitplan, Budget, Ressourcen, Basistechnologien oder Schnittstellen zu anderen Projekten und Produkten aufgelistet. Die Liste entspricht den derzeitigen Kenntnissen.

<hier TEXT Beschränkungen>

2.4 Entscheidende Meilensteine

Hier werden die wichtigsten Meilensteine des Projektes und die der Liefergegenstände aufgelistet. Dabei geht es sowohl um das Endprodukt des Projektes als auch die wichtigsten Artefakte, die im Rahmen des Projektes erstellt werden.

Meilenstein / Liefergegenstand	Geplanter Termin

2.5 Projektstruktur

In diesem Kapitel wird grob die organisatorische Struktur des Projektteams und der Stakeholder beschrieben, nach Möglichkeit unterstützt durch eine grafische Darstellung. Als Werkzeug kann hier beispielsweise Visio mit beiliegendem Shape genutzt werden. Die Grafik hier als geräteunabhängiges Bitmap einfügen.

5.2 Anforderungsmanagement konfigurieren (P.2)

Im Prozess P.2 »Anforderungsmanagement konfigurieren« (s. Abb. 5–4) werden in erster Linie die Vorgaben für die Durchführung der Anforderungsanalyse festgelegt. Zudem wird die Infrastruktur zum Anforderungsmanagement bereitgestellt, also z.B. mögliche Softwarewerkzeuge. In der letzten Aktivität des Prozesses wird der Prozess zum Verfahren mit Änderungsanforderungen (engl. Change Requests) entworfen und im Projektmanagementplan verankert. Sämtliche Aktivitäten werden in den folgenden Abschnitten im Detail beschrieben.

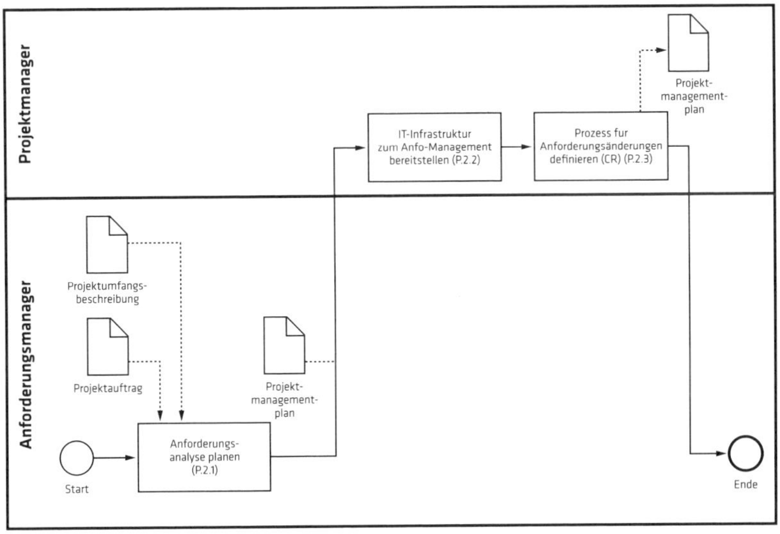

Abb. 5–4
Prozess P.2 »Anforderungsmanagement konfigurieren«

5.2.1 Anforderungsanalyse planen (P.2.1)

Die Anforderungsanalyse (engl. *Requirements Engineering*) dient der Festlegung der qualitativen und quantitativen Eigenschaften eines Softwareprodukts aus Sicht des Auftraggebers oder Kunden (vgl. [Balzert 2009]). In der Anforderungsanalyse ist somit eine Erhebung, Identifizierung, Bestimmung, Analyse und Dokumentation sämtlicher bekannter Anforderungen an das zu entwickelnde Softwaresystem durchzuführen. Ziel der Anforderungsanalyse ist die Erstellung des Anforderungsdokuments, das sämtliche Anforderungen an das Softwaresystem enthält. Das Anforderungsdokument ist klassischerweise Teil des Pflichtenhefts und somit Teil der vertraglichen Vereinbarungen zwischen Auftraggeber und Auftragnehmer (vgl. [Balzert 2009], [Vollmer 2007]).

Methoden zur Anforderungsanalyse

Für die Anforderungsanalyse wurden zahlreiche Methoden, Konzepte und Verfahren zur Bestimmung, Analyse, Spezifikation, Dokumentation und Validierung sowie zum Management der Anforderungen entwickelt. Dabei können zur Anforderungsbestimmung, die in aller Regel mit partizipativer Beteiligung der späteren Benutzer und Anwender durchgeführt wird (vgl. [Balzert 2009]), unterschiedliche Techniken eingesetzt und angewendet werden. Da sich im Bereich der industriellen Softwareentwicklung in den vergangenen Jahren das objektorientierte Paradigma durchgesetzt hat, werden im Rahmen der Anforderungsanalyse eines PITPM-Softwareentwicklungsprojekts Anwendungsfälle (engl. Use Cases) fokussiert und nachfolgend beschrieben.

Anwendungsfälle

Anwendungsfälle sind eine szenariobasierte Technik, die im Rahmen der objektorientierten Analyse (OOA) eingesetzt wird. Sie dienen der Bestimmung und Spezifikation der Interaktionen mit dem zu entwickelnden Softwaresystem und der daran beteiligten Akteure mit ihren Abhängigkeiten und Beziehungen. Dabei kapselt ein Anwendungsfall eine in sich geschlossene Sammlung von Aktionen, die in einer bestimmten Reihenfolge ablaufen. Ein Anwendungsfall stellt somit ein bestimmtes Verhalten bzw. eine Funktionalität dar, die ein Softwaresystem den Benutzern zur Verfügung stellen soll (vgl. [Jeckle et al. 2004]).

Unified Modeling Language

In der Unified Modeling Language (UML) werden zur grafischen Beschreibung von Anwendungsfällen sogenannte Anwendungsfalldiagramme verwendet, die seit der UML Version 2.0 zu den Verhaltensdiagrammen zählen (vgl. [Booch et al. 2005]). Ein Anwendungsfalldiagramm zeigt somit einen Ausschnitt des erwarteten Verhaltens eines Softwaresystems und wird auf diese Weise zur grafischen Spezifikation der Anforderungen verwendet. Der grafischen Beschreibung wird in der Regel eine textuelle Beschreibung des Anwendungsfalls hinzugefügt. Anwendungsfälle dienen dabei nicht zur Beschreibung des Ablaufs einer abgeschlossenen Sammlung von Aktionen, sondern aggregieren diese auf einem höheren Abstraktionsniveau. Die UML sowie die grafische Modellierung der Anwendungsfälle haben sich de facto als Industriestandard im Bereich der objektorientierten Softwareentwicklung etabliert (vgl. [Jeckle et al. 2004], [Vollmer 2007]).

Tipp: Pro und Kontra einer vollständigen Anforderungserhebung in einer frühen Projektphase

Vielfach ist es in einer frühen Projektphase schwierig – wenn nicht gar unmöglich –, sämtliche Anforderungen an das zu entwickelnde Softwaresystem zu erheben, zu bestimmen, zu analysieren und zu dokumentieren: Einerseits ist gerade bei Festpreisprojekten eine präzise und umfassende Anforderungserhebung vonnöten, um eine fundierte und seriöse Personal-, Kosten- und Zeitplanung auch tatsächlich durchführen zu können. Andererseits wissen wir aus der Praxis, dass eine vollständige Anforderungserhebung oftmals nicht möglich ist, da der Auftraggeber sowie die späteren Benutzer und Anwender noch nicht sämtliche Anforderungen kennen und kommunizieren können. Zudem widerspricht eine vollständige Anforderungserhebung dem Grundgedanken der iterativen Softwareentwicklung. Diese sieht im Gegensatz zu einer klassischen, wasserfallorientierten Softwareentwicklung eine hohe Flexibilität im Hinblick auf zu einem späten Projektzeitpunkt identifizierte Anforderungen, kurze Rückkopplungsschleifen, kontinuierliche Prozessoptimierungen sowie ein durchgängig praktiziertes Risikomanagement vor. Vor diesem Hintergrund steckt der Anforderungsmanager in einem Dilemma, das er nur durch sehr sorgfältige Abwägung sowie offene Kommunikation mit dem verantwortlichen Projektmanager und den anderen Beteiligten lösen kann. Einen Königsweg gibt es hierbei nicht, auch wenn es natürlich vorteilhaft ist, möglichst viele der umzusetzenden Anforderungen möglichst früh zu kennen. PITPM schlägt vor, den Umfang vorab möglichst vollständig zu bestimmen, um dann vor jeder Iteration die umzusetzenden Anforderungen herauszuschneiden (vgl. dazu auch Abschnitt 3.7).

Prototyping

Prototyping kann eingesetzt werden, um die Benutzeranforderungen an ein Softwaresystem möglichst vollständig zu erfassen und präzise zu identifizieren (vgl. [Floyd 1984]). Beim Prototyping werden sukzessive wesentliche Systemmerkmale eines Softwaresystems implementiert, um durch kurze Test- und Erprobungszyklen des Prototyps in Kooperation mit den späteren Anwendern und Benutzern die Anforderungen zu konkretisieren bzw. weitere Anforderungen zu identifizieren. Dabei wird prinzipiell davon ausgegangen, dass ein Softwaresystem erst entwickelt werden muss, bevor die Anforderungen des Anwenders konkretisiert und identifiziert werden können (vgl. [Vollmer 2001]). Somit findet zur Anforderungsdefinition und -spezifikation ein iterativer Prozess statt, der in Abbildung 5–5 veranschaulicht wird.

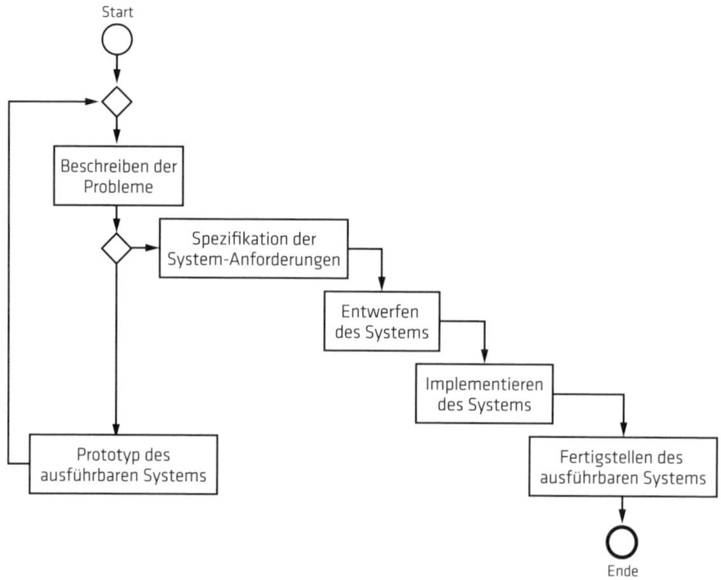

Abb. 5–5 *Vorgehensmodell des Prototypings (vgl. [Vollmer 2007, S. 21])*

Horizontal vs. vertikal

Beim Prototyping wird zwischen horizontalem und vertikalem Prototyping unterschieden (vgl. [Balzert 2008, S. 116]):

- Beim horizontalen Prototyping wird nur eine Ebene bzw. Schicht des späteren Softwaresystems möglichst vollständig entwickelt. Hierbei wird oftmals die grafische Benutzungsoberfläche oder eine funktionale Kernebene wie z.B. die Datenbanktransaktionen gewählt. Für den Prototyp einer grafischen Benutzungsoberfläche bedeutet dies, dass zwar die gesamte grafische Benutzungsoberfläche zu sehen ist, aber nur wenig Funktionalität realisiert wurde.
- Beim vertikalen Prototyping wird mit einem sogenannten Durchstichprototyp eine bestimmte Untermenge der Gesamtfunktionalität durch alle Ebenen hindurch realisiert. Ist beispielsweise unklar, ob eine Echtzeitanforderung realisierbar ist, wird die betreffende Echtzeitfunktion von der grafischen Benutzungsoberfläche bis zur systemnahen Ebene realisiert. Das vertikale Prototyping ist vor allem geeignet, um zwischen verschiedenen Funktionalitäts- und Implementierungsalternativen zu entscheiden (vgl. [Vollmer 2001, S. 14]).

Die Realisierung einer Ebene beim horizontalen sowie die Realisierung einer Systemfunktionalität durch alle Ebenen hindurch beim vertikalen Prototyping sind in Abbildung 5–6 grafisch dargestellt.

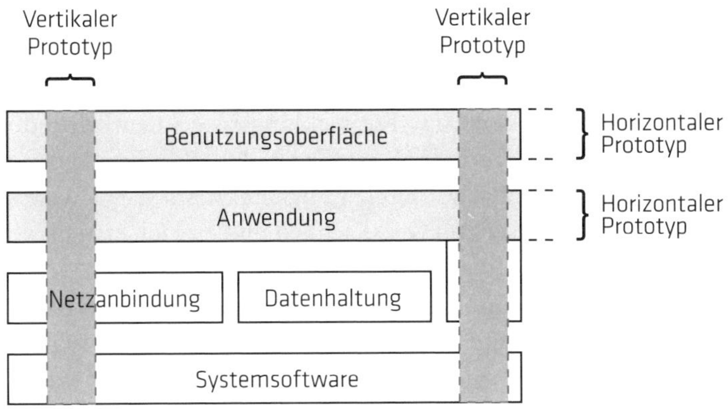

Abb. 5–6
Vertikales und horizontales Prototyping (vgl. [Balzert 2008, S. 116])

Exploratives, experimentelles und evolutionäres Prototyping

Je nach Zielsetzung werden zudem verschiedene Arten des Prototypings eingesetzt (vgl. [Floyd 1984], [Vollmer 2001]):

- Beim explorativen Prototyping dient der Prototyp als Kommunikationsgrundlage für die Softwareentwickler und die späteren Benutzer. Auf der einen Seite verbessern die Softwareentwickler ihre Kenntnisse im Anwendungsbereich, auf der anderen Seite können die Benutzer unpräzise Anforderungen an das zu erstellende Softwareprodukt konkretisieren. Dabei werden sogenannte Wegwerfprototypen (Throw-away-Prototypen) eingesetzt, die nicht zum späteren Softwareprodukt weiterentwickelt werden. Dadurch sind beim explorativen Prototyping nicht von Beginn an dieselben Qualitätsanforderungen zu realisieren wie für das spätere Softwareprodukt.
- Das experimentelle Prototyping wird während des Entwicklungsprozesses eingesetzt, um Lösungsalternativen zu diskutieren und zu evaluieren. Dabei wird jede Lösungsalternative prototypisch implementiert und die Evaluierung anhand von Tests an den Prototypen vorgenommen. Prototypen können sowohl als Wegwerfprototypen realisiert als auch zum späteren Softwareprodukt weiterentwickelt werden.
- Das evolutionäre Prototyping wird oftmals mit evolutionären bzw. inkrementellen Vorgehensmodellen gleichgesetzt. Beim evolutionären Prototyping wird im Gegensatz zum explorativen Prototyping der Prototyp zum späteren Softwareprodukt weiterentwickelt. Dabei gelten bereits zu Beginn der Prototypentwicklung die gleichen Qualitätsanforderungen wie für das zu erstellende Softwareprodukt.

Somit wird beim Prototyping der Versuch unternommen, durch eine anschauliche und dem zu entwickelnden späteren Softwaresystem möglichst nah kommende vorläufige Version des Softwaresystems eine frühzeitige und umfassende Bestimmung der Anforderungen umzusetzen. Beim evolutionären Prototyping wird die vorläufige Version zum späteren Produkt weiterentwickelt. Durch den frühzeitigen Einsatz von GUI-Prototypen kann das Entwicklungsrisiko deutlich reduziert werden. Dabei schlägt vorteilhaft zu Buche, dass Prototypen der grafischen Benutzungsoberfläche durch geeignete WYSIWYG-Werkzeuge (»What You See Is What You Get«) schnell und einfach erstellt werden können (vgl. [Vollmer 2001]).

Anforderungsmanagement planen

Die Planung des Anforderungsmanagements auf Basis der vorab beschriebenen Werkzeuge und Vorgehensweisen sollte zwischen dem Anforderungsmanager und dem fachlichen Projektleiter vereinbart werden, wobei der erste Vorschlag vom Anforderungsmanager erarbeitet und vorgestellt wird und der fachliche Projektleiter mögliche Verbesserungs- oder Korrekturvorschläge einbringt. Im Rahmen der Aktivitäten zur Planung der Prozesse des Anforderungsmanagements ist Folgendes konkret zu planen und festzulegen:

- Auf welchem Weg die Anforderungen erhoben werden. Dazu zählen Methoden wie schriftliche Befragungen oder Interviews mit späteren Benutzern des Softwaresystems, die Recherche und Analyse von Dokumenten, in denen die Arbeits- und Geschäftsprozesse des Kunden bzw. des betreffenden Unternehmens dokumentiert sind, und die Erhebung und Analyse der relevanten Anwendungsfälle.
- Welche Arbeitsmittel zu erstellen sind, um die Anforderungserhebung operativ durchführen zu können (z.B. Interviewleitfaden, Vorlagen zur Interviewprotokollierung und zur Gliederung des Anforderungsdokuments).
- Ob und in welchem Umfang Prototyping mit Benutzermitwirkung vorgesehen ist und welche Vorkehrungen dazu vom fachlichen Projektleiter wann zu treffen sind (z.B. Auswahl der beteiligten Benutzer, voraussichtliche Zeitpunkte der Prototyperprobung, in welchen Abständen sollen modifizierte bzw. erweiterte Prototypen erneut von der Benutzern erprobt und mit diesen diskutiert werden).
- Welche organisatorischen Aspekte zur Anforderungserhebung durchzuführen sind (z.B. Terminvereinbarungen mit relevanten Benutzern des zu entwickelnden Softwaresystems).
- Welche hard- und softwaretechnische Infrastruktur für das Anforderungsmanagement notwendig ist. Dazu können neben den üblichen Office-Produkten auch spezifische Softwareanwendungen zur Dokumentation, Versionierung und Rückverfolgung (Traceability) von Anforderungen gehören (z.B. *RequisitePro* von IBM) oder Software zur Fehlerbehandlung (sogenannte *Trouble-Ticket-Systeme*).

- Welche Zwischenschritte und Meilensteine zu definieren sind, um die Anforderungen zu validieren und im Hinblick auf ihre Vollständigkeit zu prüfen.
- Wie mit Anforderungsänderungen umgegangen wird und welche formalen Prozesse hierbei zu befolgen sind (da eine Anforderungsänderung in der Regel einen Mehraufwand in der Softwareentwicklung verursacht, sind entsprechende Freigabeprozesse in Kooperation mit dem Auftraggeber zu definieren, da dieser je nach Vertragsgestaltung zusätzlich erforderlich werdende Arbeiten separat vergüten soll).
- Wie der Auftraggeber möglichst eng in die Prozesse der Anforderungsanalyse integriert werden kann, um zwischen Auftraggeber und Auftragnehmer ein möglichst hohes Maß an Übereinstimmung im Hinblick auf die definierten Anforderungen zu erzielen (z.B. regelmäßige Reviews und Workshops).
- Welche Abnahme- und Freigabeprozesse zwischen Auftraggeber und Auftragnehmer zu vereinbaren sind, um das Anforderungsdokument als valide Grundlage für die Softwareentwicklung installieren und verwenden zu können.

Das Ergebnis dieser Aktivität ist der Plan zur Durchführung der Anforderungsanalyse, der Teil des Projektmanagementplans wird.

Prozessverwandtschaft im PMBOK Guide

- Knowledge Area »Project Scope Management«
- Prozess »5.1 Collect Requirements«
- Der Ansatz im PMBOK Guide ist jedoch wesentlich generischer, in Abschnitt »5.1.3 Collect Requirements: Outputs« wird der Requirements Management Plan erst an zweiter Stelle genannt.

Eingangsartefakte

- Projektauftrag
- Projektumfangsbeschreibung
- Projektmanagementplan

Methoden, Techniken, Werkzeuge

- Abstimmungsgespräche und Workshops (ggf. unter Beteiligung des Auftraggebers) zur Bestimmung des Inhalts
- Sichtung bereitgestellter Prozessdokumentation des Auftraggebers
- Retrospektiven bereits durchgeführter Anforderungsanalysen

- Beantragung und Erprobung von Testlizenzen von ausgewählter Anforderungsmanagement-Software mit anschließender Auswahl
- Prozessmodellierung für Anforderungsänderungsprozess, Abnahme- und Freigabeprozesse

Ergebnisartefakte

- Plan zur Durchführung der Anforderungsanalyse als Bestandteil des Projektmanagementplans

5.2.2 IT-Infrastruktur zum Anforderungsmanagement bereitstellen (P.2.2)

In dieser Aktivität werden die hard- und softwaretechnischen Voraussetzungen für ein effizientes und effektives Anforderungsmanagement bereitgestellt. Die für die Beschaffung und Bereitstellung notwendigen Informationen lassen sich weitestgehend aus dem Plan zur Durchführung der Anforderungsanalyse ableiten. Des Weiteren sind in diesem Kontext geeignete Rechner, Betriebssysteme, Netzwerkverbindungen und Zugänge zu beschaffen und bereitzustellen.

Tipp: Vorausdenken!

Dieser Prozess ist eigentlich banal, bereitet aber häufig Probleme: Kennen Sie den Beschaffungsprozess Ihres Unternehmens im Detail? Wissen Sie, wie lange es von der Einreichung Ihrer Hardware- oder Softwarebestellung bis zur Inbetriebnahme der neuen IT-Infrastruktur dauert? Planen Sie daher so gut und so weit wie möglich im Voraus und kalkulieren Sie genügend Zeit für entsprechende Beschaffungsprozesse ein.

Prozessverwandtschaft im PMBOK Guide

- Dieser Prozess hat keine direkte Entsprechung im PMBOK Guide.

Eingangsartefakte

- Plan zur Durchführung der Anforderungsanalyse
- Projektauftrag
- Projektmanagementplan, da sich hieraus ggf. besondere IT-Infrastrukturmaßnahmen und -beschaffungen ergeben

Methoden, Techniken, Werkzeuge

- Einhaltung der rechtlichen und organisatorischen Regelungen und Aspekte bei der IT-Beschaffung

Ergebnisartefakte

- In Betrieb genommene IT-Infrastruktur für das Anforderungsmanagement

5.2.3 Prozess für Änderungsanforderungen bzw. Change Requests definieren (P.2.3)

Die Verwaltung von Änderungen des Projektumfangs erfolgt über den Change-Request-Prozess, der gemeinsam mit dem Auftraggeber definiert wird. Die erste abgenommene und freigegebene Version des Anforderungsdokuments markiert hierbei die Grundlage: Jede Änderung an Inhalt, Zeit oder Budget hat demnach Auswirkungen auf den Projektverlauf. Um diese steuern zu können, bedarf es eines Change-Request-Prozesses. Innerhalb dieses Prozesses wird festgelegt:

- wie geänderte bzw. neue Anforderungen differenziert werden,
- wann Änderungsvorschläge akzeptiert werden, z.B. einmal im Vorfeld jeder Iteration,
- wer über die Aufnahme entscheidet, z.B. das Projektsteuerungsgremium,
- wie die Freigabe und Budgetierung von Change Requests erfolgen soll.

In Abbildung 5–7 wird ein generischer Change-Request-Prozess dargestellt, mit dessen Hilfe entsprechende Änderungsanforderungen im Projekt pragmatisch behandelt werden können.

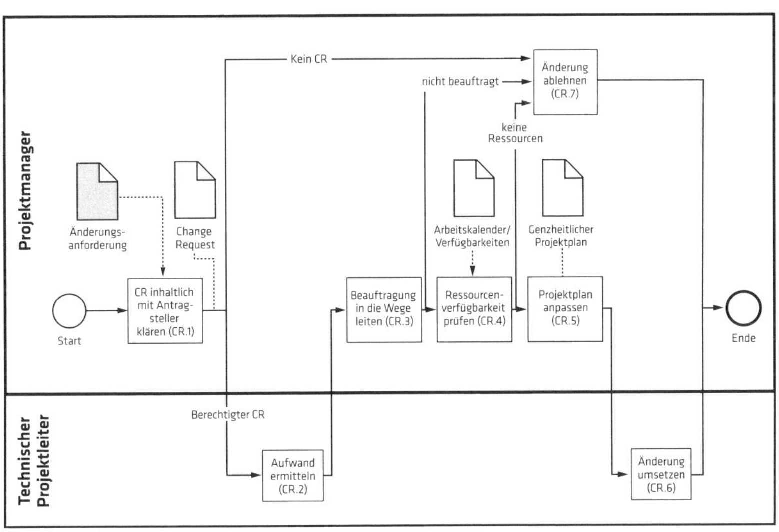

Abb. 5–7
Beispielhafter Change-Request-Prozess

Nach Eingang eines Change Request (CR) wird dieser inhaltlich mit dem Antragsteller abgeglichen (CR.1). Anschließend wird entschieden, ob es sich um einen berechtigten Change Request handelt, wobei im positiven Fall nachfolgend der entsprechende Aufwand zu dessen Umsetzung ermittelt wird (CR.2). Auf Basis der Schätzung kann eine Beauftragung in die Wege geleitet werden (CR.3). Je nach Organisationsform ist in dieser Aktivität auch die Freigabe durch ein Projektsteuerungsgremium bzw. den Sponsor einzuholen. Abhängig vom geschätzten Aufwand ist es möglich, dass ein Change Request von verschiedenen Stellen freigegeben werden muss (z.B. bis 10.000 € vom fachlichen Teilprojektleiter, darüber vom Projektsteuerungsgremium).

Im Falle einer Nichtbeauftragung – ebenso wie bei der möglichen Entscheidung, dass es sich um keinen berechtigten Change Request handelt – kommt es zu einer Ablehnung des Change Request (CR.7). Für den positiven Fall der Beauftragung prüft der Projektmanager die Ressourcenverfügbarkeit (CR.4), anschließend wird der Projektplan angepasst (CR.5) und die Änderung umgesetzt (CR.6).

Tipp: Change-Request-Prozess nutzen

Die PITPM-Vorlage »Projektmanagementplan« beinhaltet bereits den vorgestellten Entwurf eines möglichen Change-Request-Prozesses, der sich mit wenigen Handgriffen an die konkreten Bedürfnisse Ihres Projekts anpassen lässt.

Prozessverwandtschaft im PMBOK Guide

- Indirekt über die Knowledge Area »Project Integration Management« mit Prozess »4.5 Perform Integrated Change Control«. Der Prozess geht jedoch davon aus, dass bereits ein »Change Control System« installiert wurde.
- Ein Change Request selbst kann u.a. über die Knowledge Area »Project Scope Management«, Prozess »5.5 Control Scope« ausgelöst werden.

Eingangsartefakte

- Keine Artefakte (ggf. der Projektmanagementplan), jedoch sind bereits getroffene Absprachen mit dem Auftraggeber zu berücksichtigen

Methoden, Techniken, Werkzeuge

- Standard-Change-Request-Prozess

- Ggf. Einrichtung eines Trouble-Ticket-Systems, wie Jira, Mantis, HP QualityCenter oder vergleichbare webbasierte Softwaresysteme

Ergebnisartefakte

- Aktualisierung des Projektmanagementplans um den CR-Prozess

5.3 Qualitätsplanung konfigurieren (P.3)

Im Prozess P.3 »Qualitätsplanung konfigurieren« (s. Abb. 5–8) werden die Vorgaben für die Sicherung der Qualität in allen Aspekten des Projekts festgelegt. Das gilt sowohl für Projektprozesse, deren Qualitätssicherung im Projektmanagementplan beschrieben und mittels der Kontrollpunkte überprüft wird, wie auch für das Softwareprodukt, dessen Qualitätssicherungsprozesse und -methoden im Testkonzept beschrieben werden. Die einzelnen Aktivitäten des Prozesses werden im Detail in den folgenden Abschnitten erläutert.

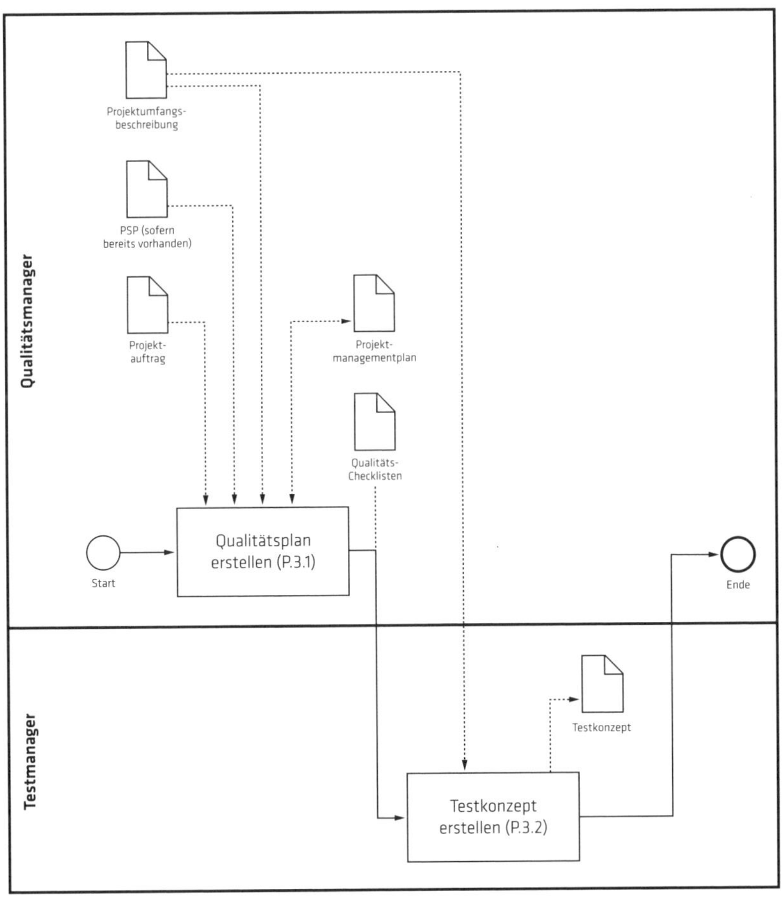

Abb. 5–8
Prozess P.3 »Qualitätsplanung konfigurieren«

5.3.1 Qualitätsplan erstellen (P.3.1)

Die Qualitätsplanung befasst sich mit der Festlegung konkreter Qualitätsstandards für das Projekt und das zu entwickelnde Softwaresystem und definiert, wie diese zu erreichen sind (vgl. [Liggesmeyer 2002], [Balzert 2008]). Der Prozess erweitert den Projektmanagementplan um ein weiteres Kapitel »Qualitätsplanung«. Dabei geht es vor allem um die Integration der Qualitätsaspekte in alle Teilbereiche des Projekts, aber auch um die Festlegung von Fehlerlevels oder Abnahmekriterien. Daher sollte zu jedem Liefergegenstand festgelegt werden, wie die Qualität bereits in der Entstehung, aber auch an der Schnittstelle zu anderen Prozessen implementiert und kontrolliert werden kann.

Diese sehr theoretisch klingende Vorgabe hat in Softwareentwicklungsprojekten einen besonderen Stellenwert, da noch stärker als in anderen Projekten frühe Fehler einen exponentiellen Beseitigungsaufwand nach sich ziehen können. Die Erarbeitung des Qualitätsmanagementplans sollte daher in Expertenteams erfolgen, die Ergebnisse sind aber jedem Projektmitarbeiter bekannt und zugänglich zu machen.

In diesem Prozess wird der eigentliche Test einer Software als Endprodukt nur am Rande betrachtet. Im Fokus steht die Qualität sämtlicher Projektprozesse, deren Artefakte und Liefergegenstände.

Prozessverwandtschaft im PMBOK Guide

- Knowledge Area »Project Quality Management«
- Die Erstellung des Qualitätsplans kann als eine untergeordnete Aktivität zu Prozess »8.1 Plan Quality« verstanden werden. Das Dokument ähnelt dem in Abschnitt »8.1.3.2 Quality Metrics« beschriebenen Artefakt.

Eingangsartefakte

- Projektumfangsbeschreibung, da dort die Vorgaben zum Produkt gemacht werden und hieraus in jedem Fall Qualitätskriterien abzuleiten sind
- Projektmanagementplan
- Projektauftrag, sofern dort bereits Vereinbarungen getroffen wurden
- Projektstrukturplan (PS), sofern bereits vorhanden

Methoden, Techniken, Werkzeuge

- Kosten-Nutzen-Analysen: Dem Ertrag eingehaltener Qualitätsvorgaben, also geringere Nacharbeiten und damit geringere Kosten, ste-

hen höhere Kosten beim Qualitätsmanagement entgegen, etwa durch extensivere Reviews oder mehr Aufwand in der Spezifikation.
- Benchmarking: Vergleich mit ähnlichen Projekten aus anderen Branchen oder bei anderen Kunden

Ergebnisartefakte

- Projektmanagementplan, um den Qualitätsmanagementplan erweitert
- Qualitäts-Checklisten dienen der Überprüfung einzelner Aktivitäten auf ihre Vollständigkeit, sofern vorhanden.

5.3.2 Testkonzept erstellen (P.3.2)

Im Testkonzept wird beschrieben, welche Rollen zu welchen Zeitpunkten mit welchen Methoden und Werkzeugen welche Systembestandteile des zu entwickelnden Softwareprodukts testen (vgl. [Liggesmeyer 2002]). Hierbei werden die unterschiedlichen Testphasen – vom Modul- oder Komponententest über den Last- und Systemtest bis hin zum Abnahmetest – differenziert, auch wenn die jeweiligen Tests in unterschiedlichen Projektphasen und von unterschiedlichen Rollen durchgeführt werden. Zudem werden die in den jeweiligen Testphasen umzusetzenden Prüfziele definiert. Das können Ziele und Anforderungen wie »Vollständigkeit der spezifizierten Anforderungen« (im Systemtest), »Fehlertoleranz« und »Performanz« (im Lasttest) oder »Benutzbarkeit« (im Usability-Test) sein. Zudem werden im Testkonzept die zeitlichen und organisatorischen Rahmenbedingungen zur Testdurchführung eingehend beschrieben. Dazu gehören folgende Definitionen:

- die durchzuführenden Aktivitäten
- die einzuplanenden Rollen und Ressourcen
- die einzusetzenden Methoden und Werkzeuge
- die zu erzeugenden Artefakte
- die zeitlich-logische Abfolge der einzelnen Testaktivitäten

Als Basis für das Testkonzept fungieren die im Anforderungsdokument spezifizierten funktionalen und nicht funktionalen Anforderungen an das Softwareprodukt. Mittels der dort definierten Benutzer- und Systemanforderungen werden für die einzelnen Testphasen die entsprechenden Testfälle abgeleitet, um die konkrete Umsetzung und den Erfüllungsgrad der Anforderungen objektiv und möglichst abnahmerelevant testen zu können. Das operative Testen findet in der Aktivität Testdurchführung statt (Abschnitt 6.3.2), in der auch entsprechende Testprotokolle als Ergebnisartefakte (Abschnitt 6.3.3) erstellt werden.

Prozessverwandtschaft im PMBOK Guide

- Knowledge Area »Project Quality Management«
- Die Erstellung des Testkonzepts kann als eine untergeordnete Aktivität zu Prozess »8.1 Plan Quality« verstanden werden, findet jedoch keine direkte Entsprechung.

Eingangsartefakte

- Projektumfangsbeschreibung
- Projektmanagementplan
- Qualitäts-Checklisten

Methoden, Techniken, Werkzeuge

- Identifikation und Differenzierung der projektspezifischen Testphasen
- Erste Ableitung von Testfällen aus den Anwendungsfällen

Ergebnisartefakte

- Testkonzept (als Teil des Projektmanagementplans)

5.4 Kommunikationsplanung konfigurieren (P.4)

Die Konfiguration der Kommunikationsplanung definiert die Art und Weise der Kommunikation mit allen Stakeholdern. Wie Abbildung 5–9 zu Prozess P.4 »Kommunikationsplanung konfigurieren« zeigt, besteht der Prozess aus nur einer Aktivität, in der die Informations- und Kommunikationsanforderungen der verschiedenen Stakeholder analysiert und bestimmt werden. Dabei wird, soweit zu diesem Zeitpunkt möglich, untersucht, wer wann welche Informationen benötigt und wie sie festgehalten und übergeben werden. Die Ergebnisse werden im Kommunikationsplan als Teil des Projektmanagementplans festgehalten. Es ist nicht erforderlich, jeden Kommunikationsweg im Detail zu dokumentieren – das wichtigste Ergebnis ist die Planung regelmäßig stattfindender Meetings und der Berichtsformate und -zielgruppen.

Prozessverwandtschaft im PMBOK Guide

- Knowledge Area »Project Communications Management«
- Prozess »10.2 Plan Communications«

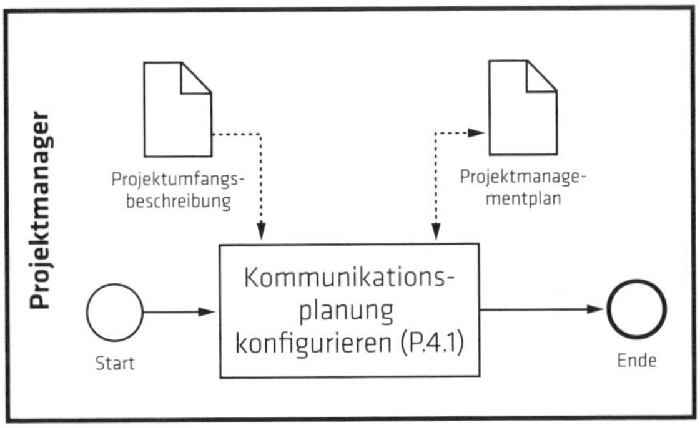

Abb. 5–9
Prozess P.4 »Kommunikationsplanung konfigurieren«

Eingangsartefakte

- Projektmanagementplan, hier besonders die Annahmen und Bedingungen
- Projektumfangsbeschreibung

Methoden, Techniken, Werkzeuge

- Kommunikationsanalyse, die die Bedürfnisse der einzelnen Stakeholder untersucht
- Kommunikationsplattform mit Templates, möglichst ein virtueller Projektraum wie DeskNow oder MS Sharepoint

Ergebnisartefakte

- Aktualisierung des Projektmanagementplans

5.5 Risikoplanung konfigurieren (P.5)

Zur Kontrolle der Projektrisiken wird der Projektmanagementplan um ein entsprechendes Kapitel erweitert, das sich mit den Prozessen der Identifikation und des Umgangs mit Risiken befasst. Hier werden grundsätzliche Prinzipien und Regeln aufgestellt, die etwa das Reporting, das Verfolgen oder das Ergreifen von Gegenmaßnahmen festlegen. Wie Abbildung 5–10 zeigt, wird die Risikoplanung als zusätzliches Kapitel im Projektmanagementplan festgehalten.

Tipp: Effektives Risikomanagement

Zum effektiven Risikomanagement sollte darauf hingewirkt werden, dass Benutzeranforderungen mit hohem Nutzen bzw. hohem erwartetem Risiko für früh auszuliefernde Softwarereleases vorgesehen werden. Dieser Grundsatz sollte in die Konfiguration der Risikoplanung einfließen.

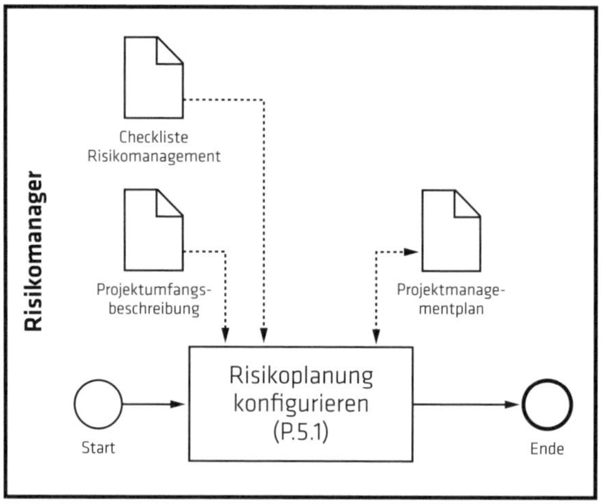

Abb. 5–10 *Prozess P.5 »Risikoplanung konfigurieren«*

In dieser Aktivität werden noch keine einzelnen Risiken betrachtet, sondern nur Vorgaben zum Risikomanagement gemacht. Hier wird beschrieben, wie Projektrisiken erstmals und in der Folge erfasst und geführt werden sollen, welche Auswirkungen ein Risiko und seine Gegenmaßnahme auf den PSP bzw. den Projektplan haben kann und wie damit grundsätzlich umgegangen werden soll.

Prozessverwandtschaft im PMBOK Guide

- Knowledge Area »Project Risk Management«
- Prozess »11.1 Plan Risk Management«

Eingangsartefakte

- Projektmanagementplan
- Projektumfangsbeschreibung

Methoden, Techniken, Werkzeuge

P!TPM

- Risikoplanungsmeeting mit relevanten Projektmitgliedern
- Checkliste Risikomanagement

Ergebnisartefakte

- Aktualisierung des Projektmanagementplans um das Risikomanagement

5.6 Beschaffungsplanung konfigurieren (P.6)

Prozess P.6 »Beschaffungsplanung konfigurieren« (s. Abb. 5–11) dokumentiert sämtliche Planungsprozesse der projektbezogenen Beschaffung, gleich ob es sich um Dienstleistungen oder Waren handelt. Hier werden sämtliche Vorgaben für die Beschaffung im Projekt festgelegt.

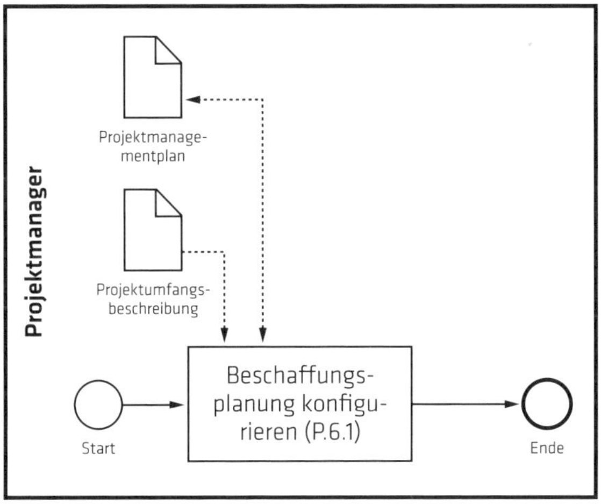

Abb. 5–11
Prozess P.6 »Beschaffungsplanung konfigurieren«

Da zu diesem Zeitpunkt noch nicht feststeht, welche Teile zugekauft werden sollen, werden Kriterien zur Entscheidungsfindung festgelegt. Dabei werden vor allem unternehmensinterne oder projektspezifische Richtlinien berücksichtigt und festgehalten, wie etwa die Reglementierung der Freigabeprozesse anhand von Kostengrenzen oder Beschaffungsgegenständen. So ist es möglich, dass die Hardware nach Vorgaben des IT-Betriebs ausgewählt wird, wohingegen Personalbedarf in einem gewissen Rahmen durch das Projekt selbst gedeckt werden kann. Sofern Standards, Zertifikate oder bestimmte Bedingungen in der Beschaffung eingehalten werden müssen, sind diese hier zu dokumentieren. Das kann zum Beispiel die Beschaffung stromsparender Server nach bestimmter DIN-Norm sein oder die Erfordernis einer IREB-Zertifizierung für die Anforderungsmanager im Projekt. In der Planung müssen daher rechtliche (z.B. Verbleib von Lizenzen) und organisatorische Aspekte (z.B. Einkauf nur über gemeinsame Dienste, Jahresbudgets) berücksichtigt werden.

Erst später wird im Detail festgelegt, welche Anforderungen durch das Projektteam abgedeckt werden können und wo, wann und in welchem Umfang Zukäufe erforderlich sind. Durch Make-or-Buy-Entscheidungen, die meist ebenfalls zu einem späteren Zeitpunkt getroffen werden, kann es zu Rückkopplungen auf den PSP bzw. den Projektplan kommen. Andersherum wird die Beschaffungsplanung weitestgehend durch die Arbeitspakete und die damit verbundenen Aufgaben bestimmt.

Die so aufgestellten Richtlinien gehen als Erweiterung in den Projektmanagementplan ein.

Prozessverwandtschaft im PMBOK Guide

Da der PMBOK Guide nach Prozessgruppen und nicht nach Projektphasen strukturiert ist, ist der Prozess in der Knowledge Area »Project Procurement Management«, Prozess »12.1 Plan Procurements«, wesentlich umfangreicher ausgelegt. Neben der reinen Planung der Beschaffungsprozesse enthält er die Identifikation möglicher extern zu vergebender Teile ebenso wie die Auswahl der Anbieter. Da im PITPM-Phasenmodell aber zu diesem Zeitpunkt die zu beschaffenden Inhalte noch nicht bekannt sind, kann und soll der Prozess nur die Rahmenbedingungen beschreiben.

Eingangsartefakte

- Projektmanagementplan
- Projektumfangsbeschreibung

Methoden, Techniken, Werkzeuge

- Matrix mit Kriterien zur Entscheidung für die externe Vergabe von Arbeitspaketen

Ergebnisartefakte

- Aktualisierung des Projektmanagementplans um die Prozesse der Disziplin Beschaffungsmanagement

5.7 Softwareentwicklung konfigurieren (P.7)

Der Prozess P.7 »Softwareentwicklung konfigurieren« besteht aus zwei Aktivitäten, deren Abhängigkeit in Abbildung 5–12 dargestellt wird. Nach der Auswahl des Prozessmodells für die Softwareentwicklung werden die Werkzeuge für die Softwareentwicklung ausgesucht und bereitgestellt. Die Aktivitäten werden in den folgenden Abschnitten im Detail beschrieben.

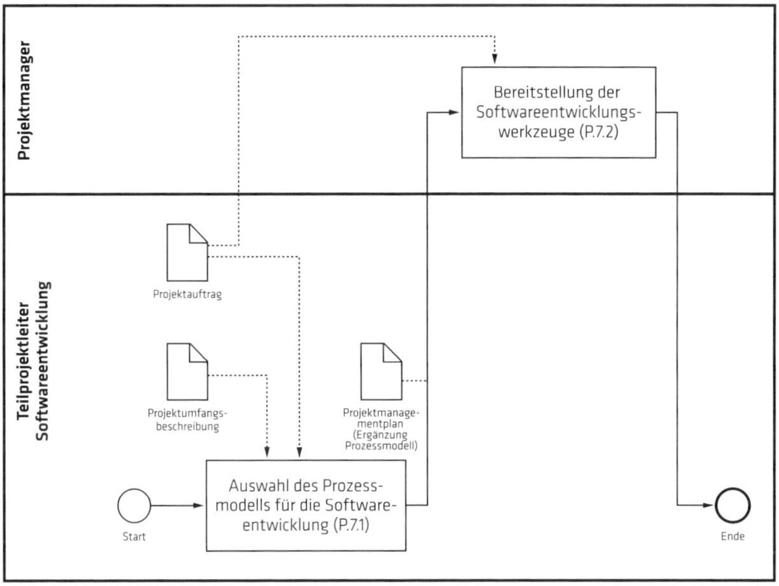

Abb. 5-12
Prozess P.7 »Softwareentwicklung konfigurieren«

5.7.1 Auswahl des Prozessmodells für die Softwareentwicklung (P.7.1)

In dieser Aktivität wird geplant, nach welchem Prozessmodell (agil, iterativ-inkrementell, phasenorientiert etc.) die Softwareentwicklung durchgeführt wird.

Prozessmodelle

Prozessmodelle werden allgemein zur Organisationsgestaltung sowie zur Entwicklung von materiellen und immateriellen Produkten und Systemen eingesetzt. Prozessmodelle sehen die Entwicklung in einem festgelegten organisatorischen Rahmen vor und tragen dazu bei, ein Ad-hoc-Vorgehen zu vermeiden (vgl. [Balzert 2008], [Vahs 2005]). Sie übertragen die systematische und methodische Vorgehensweise für Fertigungsprozesse aus den Ingenieurwissenschaften auf Bereiche wie zum Beispiel die Organisations- und Softwareentwicklung. Ein Prozessmodell beschreibt den organisatorischen Rahmen mit allen durchzuführenden Entwicklungsaktivitäten, ihrer logischen Reihenfolge, den verantwortlichen Rollen, den zweckmäßig einzusetzenden Methoden, Sprachen und Werkzeugen sowie den zu erzeugenden Zwischenergebnissen bzw. Artefakten. Nachfolgend werden unterschiedliche Typen von Prozessmodellen beschrieben. Dabei wurden prototypbasierte Modelle bereits in Abschnitt 5.2.1 erläutert, da sie auch zur Anforderungsanalyse eingesetzt werden (vgl. [Vollmer 2007]).

Phasenorientierte Vorgehensmodelle

Sie strukturieren den Entwicklungsprozess in chronologisch sequenziell durchzuführende Phasen. Für jede Phase sind nur die Ergebnisdokumente der vorherigen, vollständig abgeschlossenen Phase relevant. Um kostenintensive Überarbeitungen über mehrere Entwicklungsphasen zu vermeiden, sind Rücksprünge nur in die direkt vorangegangene Phase vorgesehen. Insgesamt wird vom Idealfall ausgegangen, dass zu Beginn des Entwicklungsprozesses alle Anforderungen identifiziert werden und somit ein sequenzieller, vollständig vorhersehbarer Softwareentwicklungsprozess realisiert werden kann (vgl. [Sommerville 2001]). Das erste publizierte Prozessmodell wurde 1970 von Royce vorgestellt (vgl. [Royce 1970]).

Bewertung

In der Praxis haben sich phasenorientierte Prozessmodelle als ineffizient und unpraktikabel erwiesen, da insbesondere während des Entwicklungsprozesses von immateriellen Produkten wie Softwaresystemen zu nahezu jedem Zeitpunkt mit zusätzlichen oder veränderten Anforderungen gerechnet werden muss. Daher kann für derartige Produkte ein vollständig vorhersehbarer Entwicklungsprozess nicht umgesetzt werden, ohne auf die Realisierung von spät im Entwicklungsprozess identifizierten Anforderungen zu verzichten. (vgl. [Sommerville 1996], [Vollmer 2007]).

Iterative Vorgehensmodelle

Um zusätzliche oder veränderte Anforderungen in späten Phasen des Entwicklungsprozesses zu berücksichtigen, wurden phasenorientierte Prozessmodelle um Iterationen erweitert. In diesen iterativen Prozessmodellen werden Rückkopplungen zwischen den unterschiedlichen – aber in der Regel benachbarten – Phasen des Entwicklungsprozesses ermöglicht, sodass Phasen wiederholt durchlaufen werden können. Die vollständige Identifikation und Spezifikation der Anforderungen zu Beginn der Entwicklung ist somit nicht mehr unabdingbare Voraussetzung für den Erfolg des Entwicklungsprozesses, aber in den meisten Fällen äußerst hilfreich. Durch die Iterationen werden sukzessive alle Anforderungen analysiert, spezifiziert, entworfen, implementiert und getestet. Zudem können frühzeitig Projektrisiken identifiziert werden, um sie nachfolgend analysieren und beheben zu können. Das erste bekannte iterative Prozessmodell im Bereich der Softwareentwicklung war das Spiralmodell von Boehm, das auch als »Metamodell eines Software-Lebenszyklus« bezeichnet wird (vgl. [Boehm 1986]). Der Begriff »Metamodell« wird verwendet, da das Spiralmodell zwar eine Iteration der vier Phasen »Ziele und Randbedingungen identifizieren«, »Risikomanagement«, »Entwicklung und Test von Teilergebnissen« und »Planung« vorsieht, ohne jedoch das konkrete Vorgehen für jede Phase festzulegen. So kann innerhalb einer Phase beispielsweise auch ein phasenorientiertes Vorgehen angewendet werden, wenn dies zweckmäßig erscheint. Vorrangiges Ziel des Spiralmodells ist die Realisierung eines effizienten und effektiven Risikomanagements innerhalb des Softwareentwicklungsprozesses. Daher werden die konkrete Ausgestaltung der nächsten Phasen und eine nachfolgende Risikoeinschätzung iteriert (vgl. [Vollmer 2007]).

Bewertung

Der Vorteil iterativer Prozessmodelle für die Softwareentwicklung besteht in der introspektiven Projekt- bzw. Entwicklungsüberprüfung in regelmäßigen Intervallen, um in Abhängigkeit von den identifizierten Risiken eine Modifikation des Prozessablaufs veranlassen zu können. Zudem macht sich hinsichtlich der Flexibilität des Vorgehens positiv bemerkbar, dass kein Prozessmodell für die gesamte Entwicklung festgelegt wird und andere, wie z.B. phasenorientierte Prozessmodelle flexibel integriert werden können. Des Weiteren werden Fehler und ungeeignete Alternativen frühzeitig eliminiert. Eine Neuausrichtung des Entwicklungsprozesses wird, wenn entsprechende Erkenntnisse vorliegen und diese es erforderlich machen, vom Spiralmodell unterstützt. Nachteilig wirkt sich der erhöhte Managementaufwand aufgrund häufiger Entscheidungen über den weiteren Prozessablauf aus. Somit ist das Spiralmodell nicht für kleinere und mittlere, sondern nur für große Entwicklungsprojekte geeignet. Dabei erschwert das teilweise unzureichende Wissen über das Identifizieren, Verwalten und Vermeiden von Risiken die Anwendung des Spiralmodells (vgl. [Vollmer 2007]).

Agile Vorgehensmodelle

Agile Prozessmodelle setzen das Prinzip der Agilität (Beweglichkeit, Lebendigkeit) im Rahmen der Softwareentwicklung ein. Das Verfahren gründet in der Annahme, dass die Softwareentwicklung ein hohes Maß an Kreativität und Flexibilität erfordert, sodass die Anwendung eines stark strukturierten, deterministischen Fertigungsprozesses in Analogie zur Autoproduktion oder zum Brückenbau ungeeignet ist. Agilität im Rahmen der Softwareentwicklung kann sich wie beim Agile Modeling auf Teilbereiche oder auch auf den gesamten Prozess der Softwareentwicklung beziehen. Ziel ist es, mit wenigen, äußerst flexiblen Regeln und geringem bürokratischem Aufwand für einen dynamischen, hochqualitativen Softwareentwicklungsprozess zu sorgen. An dieser Stelle sei exemplarisch auf das agile Prozessmodell Extreme Programming und die darin enthaltene Methode des Pair Programming verwiesen: Hier wird der Quellcode von zwei Softwareentwicklern kooperativ entwickelt, um die Qualität des Quellcodes zu verbessern (vgl. [Vollmer 2007]).

Auswahl eines Prozessmodells

In Abhängigkeit vom ausgewählten Prozessmodell werden die entsprechenden Aktivitäten in ihrem logisch-zeitlichen Ablauf in einem projektspezifischen Prozessmodell definiert. Hierzu gehören unter anderem die Angabe der benötigten bzw. zu erstellenden Artefakte (Zwischenergebnisse in Form von Dokumenten, Quellcode, Modellen etc.), der verantwortlichen Rollen und der in den Aktivitäten zweckmäßig einzusetzenden Methoden, Sprachen und Werkzeuge. Vor diesem Hintergrund werden aus dieser Aktivität neben der Erstellung eines projektspezifischen Prozessmodells auch mögliche Planungs- und Beschaffungsvorgänge für softwarebasierte Entwicklungswerkzeuge sowie der zugehörigen Hardware initiiert.

Prozessverwandtschaft im PMBOK Guide

- Sämtliche Prozesse der Softwareentwicklung (Konfiguration, Planung, Ausführung) haben in dieser Form keine direkte Entsprechung im PMBOK Guide.

Eingangsartefakte

- Projektumfangsbeschreibung
- Projektauftrag

Methoden, Techniken, Werkzeuge

- Workshop mit Projektleiter, Anforderungsmanager, Leiter der Softwareentwicklung
- Textverarbeitungsprogramm

Ergebnisartefakte

- Projektspezifisches Prozessmodell (als Teil des Projektmanagementplans)

5.7.2 Bereitstellung der Softwareentwicklungswerkzeuge (P.7.2)

In dieser Aktivität werden – in Abhängigkeit der Zielplattform sowie möglicher Vorgaben seitens des Auftraggebers (s. auch nicht funktionale Anforderungen aus dem Anforderungsdokument) – sämtliche benötigte Softwarewerkzeuge für die Softwareentwicklung identifiziert, beschafft, installiert und bereitgestellt. Hierbei sind neben der projektspezifischen Softwareentwicklungsumgebung, Modellierungs- und Testwerkzeuge sowie Datenbankmanagementsysteme (DBMS) relevant. In diesem Zusammenhang ist neben einer softwarespezifischen auch eine hardwarespezifische Beschaffung zu initiieren, um die Entwicklungswerkzeuge geeignet betreiben und anwenden zu können.

Prozessverwandtschaft im PMBOK Guide

- Sämtliche Prozesse der Softwareentwicklung (Konfiguration, Planung, Ausführung) haben in dieser Form keine direkte Entsprechung im PMBOK Guide.

Eingangsartefakte

- Projektauftrag

Methoden, Techniken, Werkzeuge

- Es werden keine besonderen Methoden eingesetzt.

Ergebnisartefakte

- Bereitgestellte Entwicklungswerkzeuge für die Softwareentwicklung

5.7.3 Kontrollpunkt 2: Projekt konfiguriert

Mit der Verabschiedung des Projektmanagementplans erreichen Sie den zweiten wesentlichen Meilenstein in Ihrem Projekt. Sie haben nun definiert, wie die Prozesse im Detail verlaufen werden. Durch das »Vordenken« werden Ihnen die folgenden Planungsschritte erheblich leichter fallen.

Bevor basierend auf den Vorgaben des Projektmanagementplans der Projektstrukturplan (PSP) und schließlich der ganzheitliche Projektplan erstellt werden, müssen noch zwei Prozesse durchlaufen werden, die den Inhalt des PSP maßgeblich beeinflussen können. Die Spezifikation der Anforderungen bestimmt vorrangig den Projektverlauf, und die Ergebnisse der ersten Risikoeinschätzung können zusätzliche Arbeitspakete nach sich ziehen.

In der Praxis wird in den meisten Fällen ein erster PSP schon in der Vorbereitungsphase erstellt, oder es werden im Projektauftrag grobe Inhalte für spezifische Arbeitspakete genannt. Parallel zur Erstellung des Projektmanagementplans wird man daher zumeist auch schon den PSP erstellen und in mehreren Durchläufen optimieren. Erst wenn die Rückkopplungen aus dem Anforderungsmanagement und der Risikountersuchung eingearbeitet wurden, liegt eine erste belastbare Fassung vor.

Vor dem nächsten Kontrollpunkt (Projektplanung abgenommen, s. Abschnitt 5.12.2) werden die einzelnen Bestandteile der Planung noch zu einem Ganzen zusammengeführt.

5.8 Anforderungen spezifizieren (P.8)

Die Erhebung, Bestimmung und Beschreibung der Anforderungen ist die Basis eines jeden Softwareentwicklungsprojekts – ohne die Anforderungen lassen sich die quantitativen und qualitativen Eigenschaften des zu entwickelnden Softwareprodukts nicht definieren. Abbildung 5–13 zeigt den Prozess P.8 »Anforderungen spezifizieren«, der aus insgesamt 13 Aktivitäten besteht. Hauptziel ist die Erstellung des Anforderungsdokuments in Aktivität P.8.8, auf dessen Basis der erste Projektstrukturplan erstellt wird. Zudem dient das Anforderungsdokument als Gesamtvorgabe für das Projekt, das für einzelne Iterationen noch in kleinere Bestandteile zerlegt werden sollte. In den folgenden Abschnitten werden die einzelnen Aktivitäten des Prozesses im Detail erläutert.

Abb. 5–13 *Prozess P.8 »Anforderungen spezifizieren«*

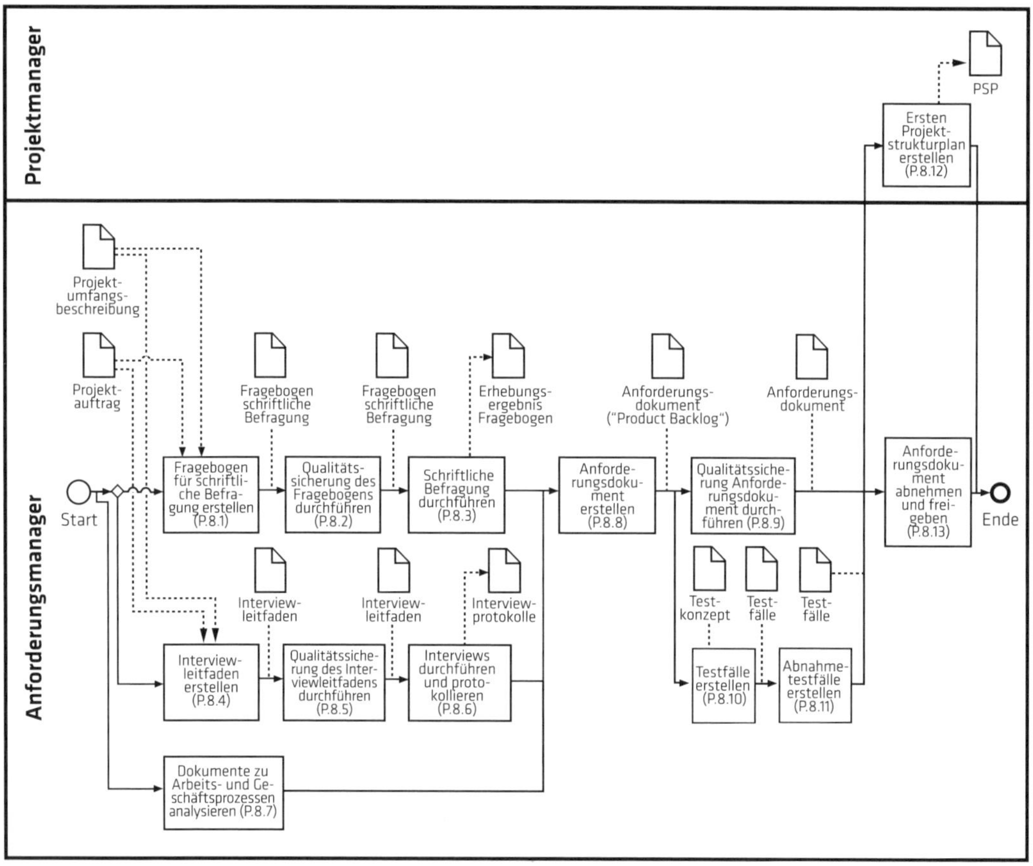

Im Vorfeld der Anforderungserhebung (s. auch Abschnitt 5.2) ist grundsätzlich zu klären und zu entscheiden, ob eine schriftliche (s. Abschnitte 5.8.1 bis 5.8.3) oder eine mündliche Befragung (s. Abschnitte 5.8.4 bis 5.8.6) der involvierten Benutzer stattfinden soll. Alternativ dazu kann auch eine aufeinander aufbauende Kombination beider Erhebungsmethoden eingesetzt werden, wobei dann in der Regel die schriftliche vor der mündlichen Befragung durchgeführt wird. Hierbei sollten die Fragen der mündlichen Befragung sorgfältig auf Basis der Erhebungsergebnisse der schriftlichen Befragung entwickelt werden.

Im Folgenden wird davon ausgegangen, dass im Projekt entweder eine schriftliche oder eine mündliche Befragung durchgeführt wird. Vor diesem Hintergrund werden der besseren Les- und Handhabbarkeit halber inhaltlich äquivalente Anregungen und Tipps für eine qualitativ hochwertige Gestaltung des Fragebogens zur schriftlichen Erhebung (s. Abschnitt 5.8.1) bzw. des Interviewleitfadens (s. Abschnitt 5.8.4) für die mündliche Befragung aufgeführt.

5.8.1 Fragebogen für schriftliche Befragung erstellen (P.8.1)

P!TPM

Ziel dieser Aktivität ist die Erstellung eines standardisierten Fragebogens für eine schriftliche Befragung in Rahmen der Anforderungserhebung. Der Fragebogen wird den Befragten mit der Bitte um Ausfüllung und Rücksendung zugestellt. Ebenso kann der entwickelte Fragebogen als webbasierter Online-Fragebogen bereitgestellt werden, was zu einer deutlichen Aufwandsreduzierung beitragen kann.

Vorteile vs. Nachteile

In der schriftlichen Befragungssituation ist kein Interviewer zur Klärung eventuell auftretender Probleme und Unklarheiten anwesend. Eine schriftliche Befragung bietet jedoch den Vorteil, dass Fehler des Interviewers minimiert werden und oftmals »wahrheitsgemäßere« und überlegte Antworten des Interviewten erzielt werden. Zudem vermittelt die Zusicherung der Anonymität der Befragung Glaubwürdigkeit (vgl. [Schnell et al. 2005, S. 359]). Nachteilig wirkt sich eine höhere Ausfallquote bei einer schriftlichen Befragung ohne Anwesenheit eines Interviewers aus. Zudem kann die Erhebungssituation mit möglichen externen Einflüssen nicht kontrolliert werden und es kommt zu keinen spontanen Antworten. Das zentrale Problem ist jedoch die fehlende Überprüfbarkeit, welche Person den Fragebogen wirklich ausgefüllt hat (vgl. [Schnell et al. 2005, S. 359], [Vollmer 2007, S. 82]).

Konzeption der Fragen

Ein schriftlich auszufüllender Fragebogen muss sorgfältig entwickelt werden, um Missverständnisse und Unklarheiten zu vermeiden. Unter motivationsbezogenen Gesichtspunkten sind die ersten Fragen besonders gründlich auszuarbeiten: Sie sollten thematisch interessant sein, von allen Befragten beantwortet werden können sowie einfach formuliert, allgemein verständlich und schnell zu beantworten sein. Die ersten Fragen sollten weder offen noch geschlossen und damit Hybridfragen sein. Die Konzeption einer speziellen Einstiegsfrage – sogenannte Wegwerffrage – kann hilfreich sein; diese dient lediglich zur Einstimmung des Befragten und besitzt für die eigentliche Erhebung nur untergeordnete Relevanz. Die Fragen sollten so angeordnet werden, dass solche, die beim Befragten aller Wahrscheinlichkeit nach auf hohes Interesse stoßen werden, zuerst gestellt werden (vgl. [Vollmer 2007, S. 83]).

In semistrukturierten Fragebögen sollte zur Begrenzung des Auswertungsaufwands eine Mischung aus geschlossenen und Hybridfragen verwendet werden: Bei geschlossenen Fragen wird eine definierte Menge möglicher Antworten vorgegeben. Die Hybridfrage besteht aus einer Frage mit mehreren Antwortmöglichkeiten sowie der Option, eine alternative, eigene und individuelle Antwort zu formulieren (vgl. [Schnell et al. 2005, S. 330 ff.]). Auch wenn Fragebögen mit geschlossenen Fragen automatisch ausgewertet werden können, haben sie den Nachteil, dass der Befragte eingeengt und möglicherweise gezwungen wird, eine der Antwortalternativen zu wählen, auf die er möglicherweise nicht gekommen wäre bzw. die nicht zu den individuellen Antwortalternativen des Befragten zählen (vgl. [Schnell et al. 2005, S. 330]). Um dieses Manko auszugleichen, werden Hybridfragen verwendet, die einerseits Antwortmöglichkeiten vorgeben und andererseits die Option vorsehen, eigene, nicht vorgegebene Antworten zu äußern (zur Gestaltung von offenen, geschlossenen und Hybridfragen sowie weiteren Details siehe [Schnell et al. 2005, S. 330 ff.]). Zudem kann der Einsatz von sogenannten Filterfragen hilfreich sein, um die Pflicht zur Beantwortung von Fragen zu einem Themenbereich aufzuheben (vgl. [Vollmer 2007, S. 82 ff.]).

Grafische Gestaltung

Der Fragebogen sollte grafisch ansprechend und ästhetisch gestaltet sein sowie beim ersten Eindruck Seriosität, Relevanz und leichte Handhabbarkeit vermitteln. Zudem ist es zweckmäßig, das Deckblatt des Fragebogens (bzw. die Startseite im Falle eines Online-Fragebogens) mit einem prägnanten Befragungstitel zu versehen, sodass der Befragungsinhalt schnell erfasst werden kann (vgl. [Schnell et al. 2005, S. 361]). Ferner sollten auf dem Deckblatt die Adresse des Auftraggebers sowie ein per E-Mail erreichbarer Ansprechpartner für Fragen und Anregungen genannt werden. Des Weiteren empfiehlt es sich, dass der Informationstext von einem möglichst hochrangigen Manager des Auftraggebers unterschrieben ist.

Qualitätskriterien

Bei der Fragebogengestaltung sind die folgenden Kriterien zu beachten (vgl. [Schnell et al. 2005, S. 362]):

- Einleitend sollten Hinweise zur Vertraulichkeit, Anonymität der Befragung und zur korrekten Ausfüllung des Fragebogens gegeben werden.
- Antwortkategorien sollten in gleichbleibender Weise identifizierbar sein.
- Fragen sollten normal in Klein- und Großbuchstaben, vorgegebene Antworten ausschließlich in Großbuchstaben gesetzt werden.
- Eine Frage sollte mit sämtlichen Antwortmöglichkeiten auf einer Seite platziert sein, da ansonsten die Gefahr besteht, dass Antwortmöglichkeiten übersehen werden.
- Zur Realisierung eines Fortschrittsindikators sollte für den Befragten erkennbar sein, an welcher Stelle er sich im Fragebogen befindet (z.B. »Frage 15 von 40«).
- Filterfragen sollten nur sparsam verwendet werden, da sich dadurch Fortschrittsindikatoren nur schwierig angeben lassen.
- Es sollte Raum für Notizen zur Verfügung stehen.
- Am Schluss eines Fragebogens sollte ein Dank für die Ausfüllung des Fragebogens formuliert werden, zudem sollten Verbesserungsvorschläge geäußert werden können (Vollmer 2007, S. 84).

Anwendungsfälle

Ziel der Anforderungsanalyse ist die Erhebung und Bestimmung der Benutzeranforderungen auf der Basis von Anwendungsfällen bzw. den relevanten Arbeits- und Geschäftsprozessen. Vor diesem Hintergrund sollte der Fragebogen unter anderem die nachfolgenden Fragestellungen beinhalten:

Zum Arbeitsprozess/Vorgang:

- Was sind Ihre Aufgaben?
- Für welche Aufgaben sollte das neu zu entwickelnde Softwaresystem eingesetzt werden?
- Aus welchen Arbeitsschritten bestehen diese Aufgaben?
- In welchem Vorgang sind diese Aufgaben durchzuführen?

Zur Tätigkeit/Aufgabe:

- Können Sie Ihre Tätigkeit beschreiben?
- Sind alle Aufgaben verpflichtend, oder gibt auch Untertätigkeiten, die Sie wahlweise machen können?
- Welche Tätigkeit wird vor Ihrer Tätigkeit durchgeführt?
- Welche Tätigkeit wird nach Ihrer Tätigkeit durchgeführt?

Zur Rolle:

- Welches ist die Bezeichnung für Ihre Rolle (oder Organisationseinheit)?
- Gibt es noch weitere Personen in Ihrer Organisationseinheit (z.B. aus einer Niederlassung, Zweigstelle, Abteilung, Gruppe), welche die gleiche Rolle haben?
- Wie sieht die Stellvertreterregelung aus im Falle von Krankheit und Urlaub?

Zu Dokumenten/Informationen:

- Welche Dokumente/Informationen werden Ihnen von der vorangegangenen Tätigkeit übergeben? Könnten Sie mir diese Dokumente/Informationen bitte zeigen bzw. zur Verfügung stellen?
- Welche Dokumente/Informationen werden von ihnen zur nachfolgenden Tätigkeit übergeben? Könnten Sie mir diese Dokumente/Informationen bitte zeigen bzw. zur Verfügung stellen?
- Werden all diese Dokumente/Informationen immer weitergereicht oder gibt es Umstände, wo nicht alle weitergereicht werden? Wenn ja, welche Umstände?
- Gibt es Dokumente/Informationen, die Sie unter gewissen Umständen benötigen? Wenn ja, welche und unter welchen Umständen?
- Gibt es Nachfragen und wenn ja, wen fragen sie bei welchen Nachfragen?
- Gibt es bei ausgehenden Dokumenten Textbausteine, die Sie benutzen?

Zu Methoden und Werkzeugen:

- Welche Softwareprogramme bzw. -anwendungen benutzen Sie, um Ihre Tätigkeit durchzuführen?
- Gibt es in diesem Programm bestimmte Datenfelder, die Sie ausfüllen müssen, wenn ja, welche?
- Werden zwischen Softwareprogrammen, die Sie benutzen, automatisch Datenfelder abgeglichen? Wenn ja, welche?
- Existieren Regelungen für den Fall, dass Sie erkennen, dass Daten im Programm falsch eingegeben wurden oder sich geändert haben?
- Existieren Schnittstellen in den von Ihnen benutzten Softwareprogrammen zu anderen Softwareprogrammen, -anwendungen oder -systemen?

Zu Ausnahmen und Verbesserungen:

- Existieren bei Ihrer Tätigkeit Ausnahmen oder problematische Fälle, wenn ja, welche?
- Haben Sie allgemeine Verbesserungsvorschläge in Bezug auf Ihre Tätigkeit oder der zu bearbeitenden Vorgänge? Wenn ja, welche?

Prozessverwandtschaft im PMBOK Guide

- Knowledge Area »Project Scope Management«
- Prozess »5.1 Collect Requirements«
- In Abschnitt 5.1.1.6 werden Fragebögen explizit als Werkzeug aufgeführt.

Eingangsartefakte

- Projektauftrag
- Projektumfangsbeschreibung

Methoden, techniken, Werkzeuge

- Befolgung der vorgestellten Anleitungen

Ergebnisartefakte

- Fragebogen für die schriftliche Befragung

5.8.2 Qualitätssicherung des Fragebogens durchführen (P.8.2)

Der Fragebogen ist einem Pretest zu unterziehen, um ihn im Hinblick auf die Angemessenheit, Sinnhaftigkeit, Qualität und Verständlichkeit der Fragestellungen zu überprüfen. Für den Pretest werden potenzielle Befragte in einer Gruppensitzung gebeten, die entwickelten Fragen kritisch zu kommentieren, auf missverständliche Formulierungen hinzuweisen und gegebenenfalls Verbesserungsvorschläge zu äußern. Zudem sollten das Verständnis und die Interpretationsmöglichkeiten der Fragen und Antwortmöglichkeiten durch gezieltes Nachfragen kritisch überprüft werden (vgl. [Schnell et al. 2005, S. 348], [Vollmer 2007, S. 85]).

Prozessverwandtschaft im PMBOK Guide

- Diese Aktivität ist eine Operationalisierung des Prozesses »5.1 Collect Requirements«.
- Die Qualitätssicherung hat jedoch keine direkte Entsprechung.

Eingangsartefakte

- Fragebogen für die schriftliche Befragung

Methoden, Techniken, Werkzeuge

- Pretest, Review

Ergebnisartefakte

- Qualitätsgesicherter Fragebogen für die schriftliche Befragung

5.8.3 Schriftliche Befragung durchführen (P.8.3)

Beim Versand eines Fragebogens sollte ein erläuterndes Begleitschreiben zum Ziel und Zweck der Befragung beigelegt werden, das von einem hochrangigen Manager des Auftraggebers unterschrieben ist. Zudem sollte darin vermerkt werden, aus welchen Gründen bzw. auf welche Weise der Befragte für die schriftliche Befragung ausgewählt wurde. Des Weiteren sollte eine Woche nach der Versendung der Fragebögen sämtlichen Befragten, die ihre Fragebögen bereits zurückgesandt haben, in einer E-Mail gedankt werden. Die anderen Befragten werden ebenfalls per E-Mail an die Befragung erinnert und um ein möglichst umgehendes Ausfüllen und die Rücksendung des Fragebogens gebeten. Drei Wochen nach der Versendung der Fragebögen ist den Befragten, die noch nicht geantwortet haben, eine weitere Erinnerungs-E-Mail zuzusenden, die zusätzlich einen Ersatzfragebogen im PDF-Format enthält (vgl. [Schnell et al. 2005, S. 358 ff.], [Vollmer 2007, S. 85]).

Zudem gilt es an dieser Stelle, ausdrücklich darauf hinzuweisen, dass die Auswertung einer schriftlichen Befragung sehr arbeits- und zeitaufwendig ist. Hierbei sollte – zumindest bei geschlossenen Fragen mit vorgegebenen Antwortmöglichkeiten – eine automatisierte softwaregestützte Auswertung vorgenommen werden. Dazu bietet es sich an, den gesamten Prozess online durchzuführen. Das senkt die Kosten spürbar und beschleunigt den gesamten Prozess, hat aber eine deutlich geringere Verbindlichkeit als ein postalisches Schriftstück. Je nachdem, wie online-affin die Gruppe der Befragten ist, sollten Sie Ihre Befragung gestalten.

Prozessverwandtschaft im PMBOK Guide

- Diese Aktivität ist eine Operationalisierung des Prozesses »5.1 Collect Requirements«.

Eingangsartefakte

- Fragebögen für die schriftliche Befragung

Methoden, Techniken, Werkzeuge

- Befragung durchführen
- Befragung statistisch auswerten

Ergebnisartefakte

- Erhebungsergebnisse

5.8.4 Interviewleitfaden erstellen (P.8.4)

Die mündliche Befragung findet in semistrukturierten Leitfadeninterviews statt. In diesen werden Experten des zu analysierenden Organisationsbereichs hinsichtlich der von ihnen durchgeführten Arbeits- und Geschäftsprozesse und deren Eigenschaften und Parameter befragt. Das semistrukturierte Leitfadeninterview ist ein Gespräch zwischen Interviewer und Befragten, das mithilfe vorbereiteter und vorformulierter Fragen strukturiert wird. Der Interviewer hat hierbei die Möglichkeit, die Reihenfolge der Fragen in Abhängigkeit vom Gesprächsverlauf festzulegen (vgl. [Schnell et al. 2005, S. 322], [Vollmer 2007, S. 87]). Ziel dieser Aktivität ist somit die Erstellung eines Interviewleitfadens, durch den auf Basis von Anwendungsfällen bzw. den relevanten Arbeits- und Geschäftsprozessen die wesentlichen Benutzeranforderungen erhoben und bestimmt werden. Vor diesem Hintergrund sollte der Interviewleitfaden unter anderem auch die Fragestellungen aus Abschnitt 5.8.1 beinhalten.

P!TPM

Vorteile offener Fragen

Im semistrukturierten Leitfadeninterview sollte zur Sicherstellung hochqualitativer Erhebungsergebnisse eine Mischung aus offenen und Hybridfragen verwendet werden: Bei offenen Fragen antwortet der Befragte vollständig aus seiner Sicht und muss sich nicht für eine oder mehrere Antwortmöglichkeiten entscheiden. Der Vorteil offener Fragen besteht darin, dass der Befragte innerhalb seines eigenen Bezugssystems antworten kann, ohne bereits in eine bestimmte Richtung gelenkt zu werden. Offene Fragen erzeugen besser als geschlossene Fragen Antworten des Befragten, die auch tatsächlich im Wissen, Bezugsrahmen und in den individuellen Einstellungen des Befragten verankert sind (vgl. [Schnell et al. 2005, S. 332], [Vollmer 2007, S. 88]).

Nachteile offener Fragen

Nachteilig kann sich bei offenen Fragen die unterschiedlich gut ausgeprägte Artikulationsfähigkeit der Befragten auswirken. Zudem ist es wahrscheinlicher, dass wiederholte Antwortteile bei der Protokollierung weggelassen werden. Außerdem entsteht ein erhöhter Auswertungsaufwand, da in Abhängigkeit von der jeweiligen Befragung und erst im Nachhinein geeignete Auswertungskategorien entwickelt werden können (vgl. [Vollmer 2007, S. 88]).

Regeln für die Fragen

Zur Formulierung der Fragen und Antwortalternativen sind folgende Regeln zu beachten. Dabei sollten Fragen (vgl. [Dillman 1978, S. 95 ff.])

- einfache Worte enthalten und keine IT-Fachausdrücke,
- nur wenn es sinnvoll erscheint, unternehmensspezifische Fachausdrücke beinhalten,
- kurz und konkret formuliert werden,
- nicht als Suggestivfragen formuliert sein, die bestimmte Antworten zur Folge haben,
- neutral und wertfrei formuliert sein,
- nicht hypothetisch – »Stellen Sie sich vor, dass ...« – formuliert sein,
- sich nur auf einen Sachverhalt beziehen,
- keine doppelten Negationen enthalten,
- formal »balanciert« sein, sodass positive und negative Antwortmöglichkeiten gleich verteilt sind,
- so formuliert sein, dass Hintergrundinformationen eingeholt werden können, ohne den Befragten direkt nach seiner Begründung zu fragen,
- die Möglichkeit einer »Weiß-nicht-Antwort« vorsehen (vgl. [Vollmer 2007, S. 88]).

Ausstrahlungseffekt von Fragen

Bei der Konstruktion des Leitfadens für semistrukturierte Interviews sollte der »Ausstrahlungseffekt« von Fragen berücksichtigt werden. Dieser bezeichnet die Tatsache, dass sich die Antworten zu thematischen Folgefragen inhaltlich oftmals an der Antwort zur thematisch einleitenden Frage orientieren (vgl. [Schnell et al. 2005, S. 342]). Zudem ist zu berücksichtigen, dass den ersten, einleitenden Fragen eines Leitfadeninterviews eine besondere Bedeutung zukommt: An ihnen entscheidet sich oftmals das spätere Engagement des Befragten.

Erste Fragen

Die ersten Fragen sollten daher interessant in das Thema einführen und leicht zu beantworten sein. Dadurch können eventuell bestehende Ängste des Befragten gemildert werden. Zudem gilt es, Fragen zu vermeiden, die nur von einem Teil der Gruppe der Befragten beantwortet werden können. Die Notwendigkeit, bei der ersten Frage bereits eine Antwort mit dem Inhalt »trifft nicht zu« oder »weiß nicht« geben zu müssen, erweckt beim Befragten schnell den Eindruck, dass das gesamte Interview eher irrelevant für ihn ist. Einleitend sollten keine

Fragen nach demografischen Merkmalen (Alter, Familienstand etc.) gestellt werden, da dadurch das Thema, das Ziel und der Sinn der Befragung zu lange im Unklaren bleibt. Zudem sollte bei der Leitfadenkonstruktion beachtet werden, dass (vgl. [Schnell et al. 2005, S. 343])

- zu einem Themenbereich in der Regel mehrere Fragen gestellt werden,
- Fragen, die einen Aspekt eines Themas behandeln, sequenziell nacheinander abgearbeitet werden sollten,
- neue Themenbereiche mit Überleitungsfragen eingeleitet werden.

Schwierige Fragen

Schwierige oder sensible Fragen sind am Ende des Fragenkomplexes zu einem Themenbereich zu stellen. Dadurch wird verhindert, dass die Beantwortung der Fragen durch eine unerwartete Reaktion des Befragten beeinträchtigt wird (vgl. [Schnell et al. 2005, S. 344]). Als letzter Schritt der Leitfadenkonstruktion ist zu überprüfen, ob Fragen gestellt werden, die zwar »prinzipiell interessant« sind, aber keinen substanziellen Beitrag für die Erhebung leisten (vgl. [Schnell et al. 2005, S. 344], [Vollmer 2007, S. 89 f.]).

Design und Layout

Design und Layout eines Interviewleitfadens sind so zu gestalten, dass der Interviewer optimal bei der Interviewdurchführung unterstützt wird. Dazu sollten die folgenden drei Aspekte beachtet werden (vgl. [Schnell et al. 2005, S. 346]):

- Die Unterscheidung zwischen Fragen und Anweisungen an den Interviewer sollte einfach ersichtlich sein.
- Die Filterfragen sollten so platziert sein, dass kein langes Suchen nach der nächsten zu stellenden Frage notwendig wird.
- Alle vom Interviewer zu sprechenden Texte (Fragen, Ein- und Überleitungen, Erläuterungen etc.) sollten im Interviewleitfaden möglichst ausformuliert sein ([Vollmer 2007, S. 90]).

Prozessverwandtschaft im PMBOK Guide

- Knowledge Area »Project Scope Management«
- Prozess »5.1 Collect Requirements«
- In Abschnitt 5.1.1.1 werden Interviews explizit als Werkzeug aufgeführt.

Eingangsartefakte

- Projektauftrag
- Projektumfangsbeschreibung

Tipp: Genügend Zeit einplanen!

Die Phase der Anforderungserhebung erfordert in Softwareentwicklungsprojekten sehr hohen Aufwand. Dies liegt darin begründet, dass allgemein die Güte der Anforderungserhebung den Projekterfolg ganz maßgeblich beeinflusst: Je besser, präziser und umfassender die Anforderungen erhoben und beschrieben werden, desto höher ist die Erfolgswahrscheinlichkeit eines Projekts. Bei der Anforderungserhebung muss ein Interviewleitfaden für die mündliche Befragung entwickelt und sowohl von der Unternehmensführung als auch von der Personalvertretung freigegeben werden. Zudem kann ggf. ein Fragebogen für eine mögliche schriftliche Befragung notwendig werden, der ebenfalls einen Freigabeprozess zu durchlaufen hat. Außerdem ist die Durchführung und Auswertung der mündlichen Befragung zeitintensiv. Zur Sicherstellung einer produktiven Interviewsituation findet die mündliche Befragung am Arbeitsplatz des Befragten statt. Dadurch kann vermieden werden, dass der Befragte durch eine neue räumliche Situation verunsichert wird und eventuell nicht ausführlich auf die Fragen antwortet. Somit sind neben der reinen Interviewdauer oftmals zusätzliche Reisezeiten einzukalkulieren, wodurch der Aufwand weiter erhöht wird (vgl. [Vollmer 2007, S. 185]).

Methoden, Techniken, Werkzeuge

- Workshops

Ergebnisartefakte

- Interviewleitfaden für semistrukturiertes Interview

5.8.5 Qualitätssicherung des Interviewleitfadens durchführen (P.8.5)

Der Interviewleitfaden ist analog zum Fragebogen für eine schriftliche Befragung einem Pretest zu unterziehen, um ihn im Hinblick auf die Angemessenheit, Sinnhaftigkeit, Qualität und Verständlichkeit der Fragestellungen zu überprüfen. Für den Pretest werden potenzielle Befragte – ggf. im Rahmen einer Gruppensitzung – gebeten, die entwickelten Fragen kritisch zu kommentieren, auf missverständliche Formulierungen hinzuweisen und gegebenenfalls Verbesserungsvorschläge zu äußern. Zudem sollten das Verständnis und die Interpretationsmöglichkeiten der Fragen und möglichen Antworten durch gezieltes Nachfragen kritisch überprüft werden (s. auch Abschnitt 5.8.2). Allerdings sei darauf hingewiesen, dass ein Pretest im Rahmen einer Gruppensitzung kritisch sein kann (und ggf. die Ergebnisse beeinflusst), wenn Meinungsführer oder Vorgesetzte ebenfalls anwesend sind.

Prozessverwandtschaft im PMBOK Guide

- Diese Aktivität ist eine Operationalisierung des Prozesses »5.1 Collect Requirements«.

Eingangsartefakte

- Interviewleitfaden für semistrukturierte Interviews

Methoden, Techniken, Werkzeuge

- Pretest
- Review

Ergebnisartefakte

- Qualitätsgesicherter Interviewleitfaden für semistrukturierte Interviews

5.8.6 Interviews durchführen und protokollieren (P.8.6)

In dieser Aktivität werden potenzielle Benutzer des zukünftigen Softwaresystems hinsichtlich ihrer Anforderungen an das Softwaresystem befragt. Hierbei ist es wichtig, Klarheit darüber zu haben, wer zum Kreis der relevanten Befragten zählt, um möglichst qualitativ hochwertige und umfassende Anforderungen identifizieren zu können. Auf Basis des entwickelten Interviewleitfadens werden daher nun die Termine mit den zu befragenden Benutzern abgestimmt, um nachfolgend die einzelnen Interviews durchzuführen. Bei der Durchführung der Interviews werden die Anforderungen zunächst auf Basis des projektspezifisch entwickelten Interviewleitfadens in semistrukturierten Einzel- oder Gruppeninterviews erhoben und dokumentiert. In Einzelfällen wird dazu auch die in einer möglichen Vorstudie entwickelte Projektumfangsbeschreibung verwandt und sukzessive erweitert.

Vor- und Nachteile

Ein Vorteil der mündlichen Befragung besteht in der hohen Flexibilität der Interviewsituation, da die Fragen der jeweiligen Situation angepasst und gegebenenfalls präzisiert und ergänzt werden können. Außerdem können durch den Dialog zwischen Interviewer und Befragtem neue und bisher nicht bedachte Gesichtspunkte in das Interview mit aufgenommen werden. Interviews bergen durch den direkten Kontakt die Gefahr von Manipulationen durch das Stellen von Suggestivfragen, unklaren Formulierungen, unbewussten Über- bzw. Unterbetonungen einzelner Aspekte oder bewussten Verfälschungen (vgl. [Vahs 2005]).

Verhalten des Interviewers

Das idealtypische Interviewerverhalten während des Interviews sieht die völlige Neutralität sowohl gegenüber dem Thema der Befragung als auch gegenüber dem Befragten vor. Der Interviewer sollte in einer entsprechenden Schulung vorbereitet werden und sich idealerweise als austauschbares Instrument (vgl. [Erbslöh 1972]) verstehen. Dadurch kann vermieden werden, dass der Interviewer durch sein Verhalten die Ergebnisse beeinflusst. Auch wenn der Interviewer eine möglichst hohe Neutralität wahren sollte, hängt es von seinem Geschick, Sachverstand und Einfühlungsvermögen ab, wie viele Anforderungen präzise erkannt und identifiziert werden können (z.B. im Hinblick auf Sonderfälle, Probleme, oder ineffiziente bzw. nicht geglückte Arbeitsteilung).

Zur Sicherstellung hochqualitativer Erhebungsergebnisse wird das leitfadengestützte Interview von einem Interviewer durchgeführt und von einem zusätzlichen Protokollanten schriftlich festgehalten. Bei der Verwendung eines elektronischen Aufnahmegeräts gilt es, zum einen datenschutzrechtliche Regelungen und Gesetze zu befolgen, zum anderen sicherzustellen, dass die Interviewsituation nicht als »polizeiliches Verhör« empfunden wird (vgl. [Vahs 2005]). Das Interviewprotokoll wird vom Interviewer gegengelesen und freigegeben bzw. zur Überarbeitung an den Protokollanten zurückgegeben und ggf. überarbeitet (vgl. [Vollmer 2007, S. 91]).

Es muss darauf hingewiesen werden, dass die Auswertung einer mündlichen Befragung sehr arbeits- und zeitaufwendig ist. Durch die vorgeschlagenen semistrukturierten Interviews sind die Auswertungskategorien nicht im Vorhinein vollständig bestimmbar, sodass erheblicher Aufwand für eine präzise und umfassende Auswertung der Erhebung einzuplanen ist.

Tipp: Sicherstellung der Anonymität der Befragungsergebnisse

Die ausgefüllten Fragebögen, Interviewprotokolle und Auswertungen der Befragungen verbleiben über die gesamte Projektlaufzeit beim Projektteam des Auftragnehmers. Dabei können den Befragten die Interviewprotokolle auf Anfrage zur Einsicht zur Verfügung gestellt werden. Auf diese Weise wird die Anonymität und hohe Vertraulichkeit der Befragungen sichergestellt. Nach Abschluss des Projekts werden sämtliche Fragebögen und Interview-Protokolle vernichtet oder gelöscht (vgl. [Vollmer 2007, S. 83–86]).

Prozessverwandtschaft im PMBOK Guide

- Diese Aktivität ist eine Operationalisierung des Prozesses »5.1 Collect Requirements«.

Eingangsartefakte

- Interviewleitfaden

Methoden, Techniken, Werkzeuge

- Semistrukturiertes Interview
- Workshops zur Konsolidierung der Interviewergebnisse

Ergebnisartefakte

- Interviewprotokolle
- Ausgewertete Interviewprotokolle

5.8.7 Dokumente zu unternehmensspezifischen Arbeits- und Geschäftsprozessen analysieren (P.8.7)

Parallel zur Durchführung einer mündlichen bzw. schriftlichen Befragung ist die Sichtung und Bewertung bereits existierender Dokumentation eine weitere Basis für die Anforderungserhebung. Dabei ist es nebensächlich, in welcher Dokumentenform sie vorliegt. Bei der Ablösung von Altsystemen fällt es zuweilen schwer, an verwertbare Informationen zu kommen. Je nach Projektauftrag und -status liegen möglicherweise auch nur Folien vor, die in jedem Fall in die Bewertung und Vorbereitung einbezogen werden müssen. In solchen Fällen kann es sinnvoll sein, alle Kompetenzträger zu einem Workshop zusammenzubringen. Hierbei geht es neben der Klärung der *Ist*-Abläufe vor allem darum, deren potenzielle Schwachstellen zu identifizieren, um diese nachfolgend mit geeigneter IT-Unterstützung zu optimieren. Darüber hinaus kann auch die Frage nach einer möglichen Vision der optimierten und IT-unterstützten Arbeits- und Geschäftsprozesse interessante Aufschlüsse und Hinweise geben. Der Anforderungsmanager darf hier keinesfalls passiv sein: Er muss vielmehr als integratives Bindeglied zwischen Fachbereich und technischer Umsetzung den Prozess aktiv vorantreiben und detaillierte Informationen einfordern.

Prozessverwandtschaft im PMBOK Guide

- Knowledge Area »Project Scope Management«
- Prozess »5.1 Collect Requirements«

Eingangsartefakte

- Bestehende Dokumentation des Kunden über die internen Arbeits- und Geschäftsprozesse

Methoden, Techniken, Werkzeuge

- Dokumentenstudium
- Workshops

Ergebnisartefakte

- Dokumentierte identifizierte Anforderungen und Hintergrundinformationen aus den Dokumenten des Kunden zu Arbeits- und Geschäftsprozessen, die in das Anforderungsdokument einfließen

5.8.8 Anforderungsdokument erstellen (P.8.8)

P!TPM

Das Ziel dieser Aktivität ist die Erstellung eines umfänglichen Dokuments mit allen aktuell bekannten Anforderungen an das zu entwickelnde Softwaresystem. Sofern das Projekt in mehreren Iterationen abgewickelt wird, werden aus diesem Dokument jeweils die Anforderungen für eine Iteration extrahiert. Im Scrum wird das Anforderungsdokument »Product Backlog« genannt, die Anforderungen für einen Sprint werden im »Sprint Backlog« gesammelt.

Anforderungen an ein Softwaresystem werden üblicherweise in zwei Kategorien gegliedert, in funktionale und nicht funktionale Anforderungen.

Nicht funktional vs. funktional

Die **nicht funktionalen Anforderungen** beschreiben, über welche Eigenschaften das Softwaresystem verfügen soll. Dazu zählen die folgenden Eigenschaften:

- Zuverlässigkeit, Fehlertoleranz
- Aussehen und Handhabung (»Look and Feel«)
- Benutzbarkeit, Verständlichkeit, Bedienbarkeit
- Performanz, Durchsatz, Antwortzeiten, Reaktionszeiten
- Hardwareanforderungen, Ressourcenbedarf
- Betrieb und Umgebungsbedingungen
- Portierbarkeit, Installierbarkeit
- Verfügbarkeit, Skalierbarkeit, Erweiterbarkeit
- Sicherheitsanforderungen: Vertraulichkeit, Datenschutz und Datensicherheit
- Korrektheit: fehlerfreie Ergebnisse, Fehlertoleranz
- Unterstützung von Standards, Normen und Vorschriften
- Einzusetzende Sprachen, Methoden oder Werkzeuge

Die **funktionalen Anforderungen** beschreiben hierbei, welche Funktionalität das Softwaresystem aufweisen muss, also welche einzelnen und konkreten Funktionen das Softwaresystem besitzen muss (Muss-

Anforderung) bzw. besitzen sollte (Soll- bzw. Kann-Anforderung) und – als sinnvolle Abgrenzung – welche Funktionen nicht zu implementieren sind, da sie möglicherweise auf andere Art und Weise umgesetzt und realisiert werden (Darf-nicht-Anforderung).

Benutzer- vs. Systemanforderungen

Bei den funktionalen Anforderungen wird zudem aus zielgruppenspezifischen Erwägungen heraus (Management mit eher geringer Technikaffinität versus Softwareentwickler mit hoher Technikaffinität) zwischen »Benutzeranforderungen« und »Systemanforderungen« differenziert (vgl. [Sommerville 2008]).

Benutzeranforderungen sind auf höherer Abstraktionsebene formulierte Anforderungen, wie zum Beispiel: »Das Softwaresystem soll alle Dokumente verwalten, die innerhalb des Unternehmens erstellt, verwendet und abgespeichert werden.«

Die Systemanforderungen beschreiben dann die Benutzeranforderungen auf einem feingranularen Niveau. Sie sind umfassend, en Detail, objektiv überprüfbar und somit gegenüber dem späteren System verifizierbar. Zum o.g. Beispiel einer Benutzeranforderung wird es dann in der Regel mehrere konkrete Systemanforderungen geben, wie zum Beispiel: »Vor dem erstmaligen Abspeichern eines Dokuments wird dem Benutzer ein Formular angezeigt, in dem die Metadaten <Auflistung konkreter Metadaten> eingegeben werden können.«

Die Verfeinerung der Benutzeranforderungen erfolgt dann im Rahmen der weiteren Projektphasen (vgl. [Sommerville 2008]) bzw. in der Spezifikation (s. Abschnitt 5.14.1).

GUI-Anforderungen

Um späte bzw. umfangreiche Änderungswünsche des Kunden an der grafischen Benutzungsoberfläche zu vermeiden, ist es hilfreich, frühzeitig erste GUI-Entwürfe zu erstellen und mit dem Kunden bzw. Auftraggeber zu diskutieren. Allerdings muss der Zeitrahmen des Projekts so großzügig bemessen sein, dass nur ein minimales Risiko besteht, die erstellten GUI-Prototypen zur späteren Softwareanwendung weiterzuentwickeln. Vor diesem Hintergrund sollte exploratives GUI-Prototyping ergänzend zur Definition der Anwendungsfälle verwendet werden (vgl. [Vollmer 2001, S. 40]).

Vorteile und Risiken

GUI-Prototyping verbessert durch die starke Rückkopplung mit dem Benutzer bzw. dem Auftraggeber und Kunden die Planbarkeit des Softwareentwicklungsprozesses. Beim GUI-Prototyping besteht allerdings die tendenzielle Gefahr, dass ein als Wegwerf-GUI geplanter Prototyp aus Termingründen doch Teil des endgültigen Softwareprodukts wird. Zudem wird mithilfe von GUI-Prototypen oftmals die fehlende bzw. unzureichende Dokumentation im Rahmen eines Softwareentwicklungsprozesses ersetzt (vgl. [Vollmer 2007, S. 21–23]).

Jede einzelne Anforderung sollte priorisiert werden, um aus fachlicher Sicht die Notwendigkeit der Umsetzung zu bestimmen. Die Priorität entscheidet neben anderen Faktoren später darüber, in welcher Iteration bzw. welchem Release eine Anforderung umgesetzt wird. Oder um es mit Scrum zu sagen: Die Priorität entscheidet mit darüber, wann eine Anforderung aus dem »Product Backlog« in den »Sprint Backlog« übernommen wird.

Alle Projektbeteiligten erlangen mit jeder Iteration Erfahrungen, die sich in der Regel in der Qualität der Spezifikation der jeweiligen Folge-Iteration niederschlägt. Vor diesem Hintergrund sind die Benutzer- und Systemanforderungen inhaltlich zu gruppieren, sodass in jeder Iterationsstufe inhaltlich zusammengehörige Benutzer- und Systemanforderungen in entsprechenden Softwarekomponenten implementiert und in einem auslieferbaren Softwarerelease zusammengefasst werden können.

Prozessverwandtschaft im PMBOK Guide

- Knowledge Area »Project Scope Management«
- Prozess »5.1 Collect Requirements«
- Abschnitt »5.1.3.1 Requirements Documentation« beschreibt das Artefakt, wenn auch nicht in der benötigten Detailtiefe.

Eingangsartefakte

- Interviewprotokolle
- Dokumentierte identifizierte Anforderungen und Hintergrundinformationen in den Prozessbeschreibungen des Kunden

Methoden, Techniken, Werkzeuge

- Textverarbeitung
- UML-Modellierungswerkzeug

Ergebnisartefakte

- Anforderungsdokument

5.8.9 Qualitätssicherung des Anforderungsdokuments durchführen (P.8.9)

Ziel dieser Aktivität ist die Prüfung des Anforderungsdokuments auf Gültigkeit, Konsistenz, Vollständigkeit, Realisierbarkeit und Verifizierbarkeit. Somit gilt es zu prüfen:

1. Ob sämtliche relevanten funktionalen und nicht funktionalen Anforderungen an das zu entwickelnde Softwareprodukt im Anforderungsdokument objektiv überprüfbar beschrieben werden.
2. Ob die niedergelegten Anforderungen verifizierbar – also objektiv überprüf- und somit testbar – formuliert wurden.
3. Ob sich im Anforderungsdokument konkurrierende – also sich gegenseitig widersprechende – Anforderungen befinden. Diese gilt es zu eliminieren.

Das Anforderungsdokument wird sowohl im Rahmen eines projektinternen Reviews als auch im Rahmen eines Workshops mit dem Kunden bzw. Auftraggeber auf die Einhaltung der genannten drei Qualitätskriterien geprüft.

Ablauf eines Reviews

Beim Review wird das Anforderungsdokument an die ausgewählten Reviewer verschickt, wobei die relevanten Prüfkriterien genannt werden. Anschließend wird – nach eingehender Prüfung durch die Reviewer – ein Termin vereinbart, bei dem der Anforderungsmanager Schritt für Schritt durch das Anforderungsdokument führt und jeweils Änderungs- oder Verbesserungsvorschläge vonseiten der Reviewer einholt. Hierbei gilt es sicherzustellen, dass

- alle Anwendungsfälle identifiziert wurden,
- jede definierte Anforderung objektiv überprüfbar formuliert wurde,
- jede Anforderung sowohl vom Kunden als auch vom Anforderungsanalytiker richtig verstanden wurde,
- der Ursprung jeder Anforderung klar dargelegt ist,
- die Auswirkungen einer Anforderungsveränderung auf andere Anforderungen beschrieben werden (vgl. [Sommerville 2008]).

Prozessverwandtschaft im PMBOK Guide

- Diese Aktivität ist eine Operationalisierung des Prozesses »5.1 Collect Requirements«.

Eingangsartefakte

- Anforderungsdokument

Methoden, Techniken, Werkzeuge

- Review des Anforderungsdokuments anhand der vorgestellten Kriterien
- Workshop

Ergebnisartefakte

- Überarbeitetes und qualitätsgesichertes Anforderungsdokument

5.8.10 Testfälle erstellen (P.8.10)

P!TPM

Auch wenn das Qualitätsmanagement für die Überprüfung der Umsetzung verantwortlich ist, ist das Anforderungsmanagement an der Definition der Abnahmekriterien und der ersten Definition von Testfällen beteiligt. Während der Anforderungsanalyse sind sie oftmals am leichtesten zu spezifizieren. Zudem dient das Erstellen der Testfälle auch der eigenen Qualitätskontrolle, da sich in diesem Schritt häufig noch Lücken in der Anforderungsspezifikation zu einem verhältnismäßig frühen Zeitpunkt aufdecken lassen.

Beim Entwurf von Testfällen lassen sich verschiedene Ansätze wählen (vgl. [Sommerville 2008]):

- **Anforderungsbasiertes Testen**, dessen Testfälle darauf abgestimmt sind, die konkreten Systemanforderungen zu testen. Dieses Testen wird in der Regel im Systemtest angewendet, da Systemanforderungen vielfach von mehreren Softwarekomponenten implementiert werden. Somit sind hierbei für jede Systemanforderung entsprechende Testfälle zu definieren.
- **Äquivalenzklassentests**, bei denen Klassen für Eingabe und Ausgabe festgelegt und die Tests so gestaltet werden, dass das Softwaresystem Eingaben aus allen Klassen ausführt und Ausgaben für alle Klassen erzeugt. Klassen stellen hierbei Gruppen von Daten mit gleichen Eigenschaften dar, z.B. alle negativen Werte, alle Namen mit weniger als 31 Zeichen, alle Namen mit mehr als 30 Zeichen oder alle Ereignisse, die auf die Auswahl von Menüeinträgen folgen.
- **Strukturtests**, deren Testfälle mithilfe der Kenntnisse der Programmstruktur entworfen werden und die *alle* Programmteile ausführen. Insbesondere beim Testen eines Programms sollte versucht werden, jede Anweisung mindestens einmal zu erreichen und auszuführen (sog. »Anweisungsüberdeckungstest«). Über Strukturtests können Sie Testfälle finden, die dies ermöglichen.

Hierbei werden die funktionalen und nicht funktionalen Anforderungen im Hinblick auf deren Test abgedeckt, indem für jede verifizierbar formulierte Systemanforderung mindestens ein positiver und ein negativer Testfall textuell mit entsprechendem Eingabe- und Ausgabeverhalten beschrieben wird.

Prozessverwandtschaft im PMBOK Guide

- Knowledge Area »Project Quality Management«
- Prozess »8.1 Plan Quality«

Eingangsartefakte

- Anforderungsdokument
- Testkonzept

Methoden, Techniken, Werkzeuge

- Anforderungsbasierte Ableitung der Testfälle
- Äquivalenzklassentests
- Strukturtests

Ergebnisartefakte

- Testfälle für sämtliche funktionalen und nicht funktionalen Anforderungen

5.8.11 Abnahmetestfälle erstellen (P.8.11)

Bei der Abnahme von Individualsoftware prüft der Auftraggeber auf Basis der bestehenden Vertragswerke (Projektvertrag, Pflichtenheft, Anforderungsdokument), ob die entwickelte Software die spezifizierten Anforderungen erfüllt. Im positiven Fall kann die Individualsoftware abgenommen werden.

Zu diesem Zweck werden auf Basis der zwischen Auftraggeber und Auftragnehmer existierenden Vertragswerke sowie der in der vorangegangenen Aktivität entwickelten Testfälle (s. auch Abschnitt 5.8.10) sogenannte Abnahmetestfälle entwickelt. Hierbei werden zu bestimmten Eingaben für das Softwaresystem die erwarteten Ausgaben bzw. das erwartete Verhalten des Softwaresystems beschrieben. Mithilfe der Abnahmetestfälle soll zu einem späteren Zeitpunkt objektiv und zweifelsfrei überprüft werden können, ob die Individualsoftware sämtliche funktionalen und nicht funktionalen Anforderungen vertragskonform erfüllt. Voraussetzung dafür ist eine objektiv überprüfbare und somit verifizierbare Formulierung der Anforderungen im Anforderungsdokument. Nur auf dieser Basis können für die funktionalen und die nicht funktionalen Anforderungen konkrete Testfälle definiert werden.

Auf Basis der identifizierten Anwendungsfälle, der zugehörigen Benutzeranforderungen sowie der entwickelten Testfälle werden entsprechende Abnahmetestfälle für das zu entwickelnde Softwaresystem bzw. Softwareprodukt erstellt. Hierbei ist es wichtig, das erwartete Systemverhalten auf bestimmte konkrete Eingaben möglichst präzise und widerspruchsfrei zu beschreiben. Auf diese Weise wird die Grundlage für einen objektiven, genauen und möglichst umfassenden Abnahmetest gelegt.

Tipp:

Aus einer objektiv überprüfbaren Anforderung, wie zum Beispiel: »Es soll erfahrenen Benutzern nach einer zweistündigen Schulung möglich sein, alle Systemfunktionen zu verwenden; nach dieser Schulung darf der durchschnittliche Wert gemachter Fehler bei erfahrenen Benutzern nicht höher als zwei Fehler pro Tag sein«, lassen sich relativ schnell und einfach ein (oder mehrere) zugehörige Abnahmetestfälle entwickeln.

Prozessverwandtschaft im PMBOK Guide

- Knowledge Area »Project Quality Management«, Prozess »8.1 Plan Quality«. Auch wenn Testfälle dort nicht explizit beschrieben werden, können sie unter Abschnitt »8.1.3 Plan Quality: Outputs« fallen.
- Die unter Punkt 2 beschriebenen »Quality Metrics« können in diesem Sinne als Testfall verstanden werden. Für ein Softwareentwicklungsprojekt ist das nicht tragfähig, da Testfälle ein integraler Bestandteil der Spezifikation sind.

Eingangsartefakte

- Projektumfangsbeschreibung
- Anforderungsdokument
- Testkonzept

Methoden, Techniken, Werkzeuge

- Es werden keine besonderen Methoden eingesetzt.

Ergebnisartefakte

- Testfälle, ggf. gesondert markiert als »abnahmerelevant«

5.8.12 Ersten Projektstrukturplan erstellen (P.8.12)

P!TPM

Die erste Fassung des Projektstrukturplans (PSP) ist eine liefergegenstandsbezogene, hierarchische Dekomposition der Arbeiten des gesamten Projektteams, um die definierten Projektziele zu erreichen und das Projektprodukt zu erstellen. Dabei gibt es keine Vorgaben für die Hierarchietiefe oder Anzahl der Knoten. Die letzte Ebene des PSP enthält Arbeitspakete, die möglichst genau einer verantwortlichen Person zugeordnet, zeitlich geplant, kontrolliert, beobachtet sowie qualitätsgesichert werden können.

Grundsätzlich gilt: Was nicht im PSP beschrieben ist, gehört nicht zum Projekt. Die Hierarchieebene der einzelnen Liefergegenstände kann dabei durchaus unterschiedlich sein. Da der PSP als Basis für zahlreiche Folgeprozesse dient (Kostenbasis, Arbeitseinsatz usw.), wirkt sich der Aufbau direkt auf deren Qualität aus.

Wie die meisten Artefakte wird der PSP iterativ entwickelt. Er wird also in der Planungsphase nicht vollständig fertiggestellt, zumal er in diesem Stadium meist nur die Arbeitspakete des Anforderungsmanagements enthält. Je mehr Details Sie aber kennen, desto genauer sollten Sie den PSP jetzt schon aufstellen. Er ist die Basis für den späteren Projektplan.

Prozessverwandtschaft im PMBOK Guide

- Knowledge Area »Project Scope Management«
- Prozess »5.3 Create WBS«

Eingangsartefakte

- Anforderungsdokument

Werkzeuge und Techniken

- Als Planungseinstieg hat sich eine einfache Metaplanwand bewährt, die mit Post-its beklebt werden kann.
- Zur Erstellung des PSP kann jede Software zum Einsatz kommen, die eine hierarchische Darstellung der Arbeitspakete erlaubt. Sinnvollerweise sind das Planungswerkzeuge wie etwa MS Project, da sich die PSP-Elemente so später nahtlos weiter nutzen lassen.
- Wichtigstes »Werkzeug« ist die Dekomposition, also die Ableitung von einzelnen Aufgabengebieten aus dem Gesamtprojektumfang. Da neben rein methodischem Wissen ggf. auch fundierte Kenntnisse der Anwendungsdomäne notwendig sind, handelt es sich weniger um ein Werkzeug als um das Ziel, das sich nur unter Einbeziehung des gesamten Teams entwickeln lässt.

Ergebnisartefakte

- Initialer Projektstrukturplan (PSP). Abbildung 5–14 zeigt die grafische Darstellung eines solchen PSP. Die Excel-Vorlage erlaubt auch andere Repräsentationen.

Abb. 5–14
Grafische Darstellung eines Projektstrukturplans (Teilansicht)

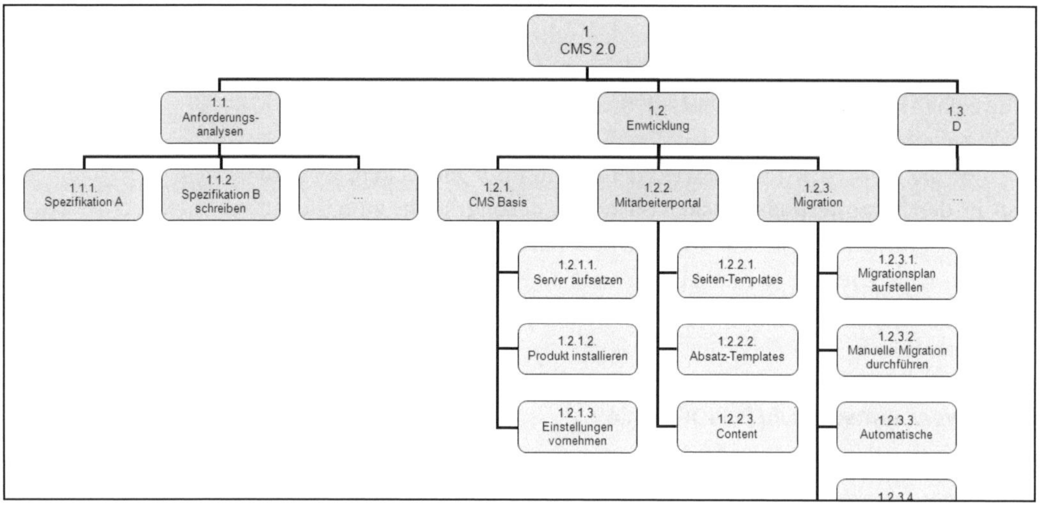

5.8.13 Anforderungsdokument abnehmen und freigeben (P.8.13)

Ziel dieser Aktivität ist die offizielle Abnahme und Freigabe des Anforderungsdokuments. Vor dem Hintergrund, dass das Anforderungsdokument einerseits integraler Bestandteil der vertraglichen Vereinbarungen zwischen Auftraggeber und Auftragnehmer ist und andererseits die Qualitätssicherung des Anforderungsdokuments bereits in der vorherigen Aktivität stattgefunden hat, handelt es sich hierbei mehr um einen formalen Akt: Das überarbeitete und qualitätsgesicherte Anforderungsdokument wird dem Kunden bzw. Auftraggeber mit der Bitte übergeben, entweder abschließende Korrekturen vorzunehmen oder das Anforderungsdokument offiziell und schriftlich abzunehmen und somit eine formale Freigabe zu erteilen.

Prozessverwandtschaft im PMBOK Guide

- Dieser Prozess hat keine Entsprechung im PMBOK Guide.

Eingangsartefakte

- Überarbeitetes und qualitätsgesichertes Anforderungsdokument

Methoden, Techniken, Werkzeuge

- Es werden keine besonderen Methoden eingesetzt.

Ergebnisartefakte

- Abgenommenes und freigegebenes Anforderungsdokument

5.9 Risikobewältigung starten (P.9)

Nach der erstmaligen Identifikation und Bewertung von Risiken in der Vorbereitungsphase wird die Risikobewältigung mit Prozess P.9 »Risikobewältigung starten« in der Planungsphase verfeinert (s. Abb. 5–15). In den folgenden Durchführungsphasen wird das zugehörige Risikoregister dann nur noch regelmäßig aktualisiert.

Abb. 5–15 *Prozess P.9 »Risikobewältigung starten«*

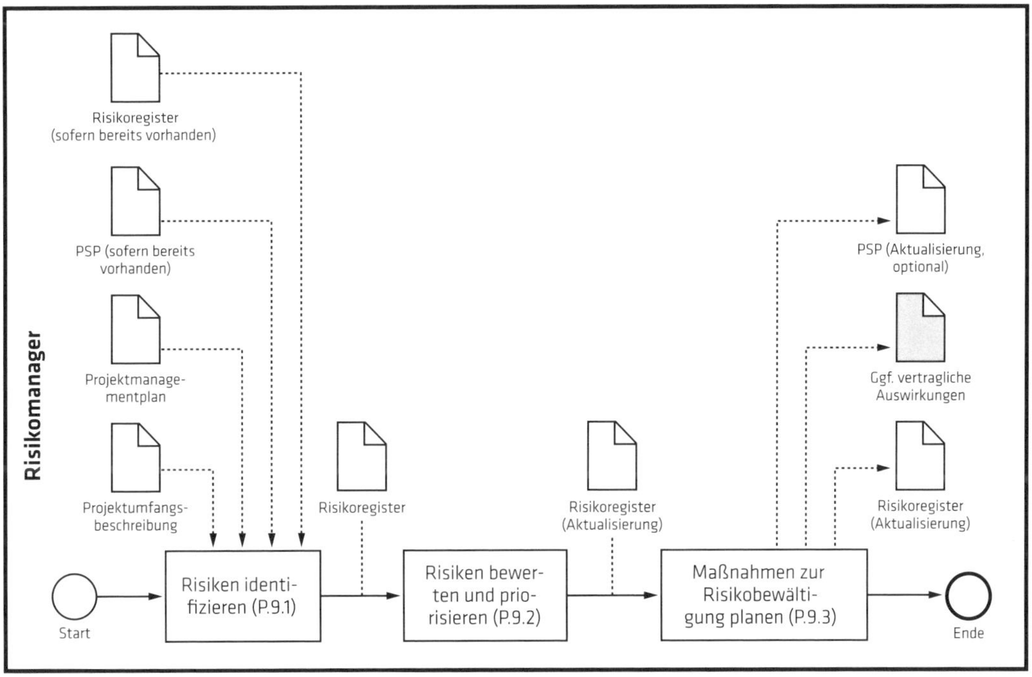

Sofern in der Vorbereitungsphase keine Risiken betrachtet wurden, werden sie im Rahmen dieses Prozesses erstmalig identifiziert.

Auch wenn die Bezeichnung des Prozesses nicht unmittelbar darauf schließen lässt:

Die Risikobetrachtung beinhaltet auch die Bewertung von Chancen

Es werden nicht nur Risiken, sondern auch Chancen (»positive« Risiken) betrachtet. So ist es z.B. durchaus möglich, dass durch den zuvor nicht geplanten Einsatz fertiger Softwarekomponenten (»Components off-the-shelf«, COTS) Ressourcen nicht wie geplant bereitgestellt werden müssen, sondern anderweitig zur Verfügung stehen. Diese Chance sollte ebenso wie ein Risiko dokumentiert werden, da durch sie Mittel anderweitig verwendet werden können – etwa zur Behandlung anderer drohender Risiken.

Die wenigsten Risiken bleiben während der Projektlaufzeit konstant, und in kaum einem Projekt werden während der Projektlaufzeit keine neuen Risiken identifiziert.

Die drei Aktivitäten des Prozesses werden in den folgenden Abschnitten im Detail beschrieben.

5.9.1 Risiken identifizieren (P.9.1)

Sofern nicht bereits in der Vorbereitungsphase geschehen (s. Abschnitt 4.1.2) werden die Risiken in dieser Aktivität identifiziert und festgehalten. Liegt bereits ein Risikoregister vor, so wird es in dieser Aktivität lediglich noch einmal inhaltlich überprüft.

Gegenmaßnahmen werden zu diesem Zeitpunkt noch nicht aktiv analysiert, wenn jedoch den Teammitgliedern unmittelbar zu einem Risiko entsprechende Maßnahmen einfallen, sollten sie natürlich aufgenommen werden. Eine tiefer gehende Analyse, z.B. auf Auswirkung oder Eintrittswahrscheinlichkeit, findet zu diesem Zeitpunkt aber noch nicht statt.

Tipp: Strukturieren Sie den Umgang mit Risiken

In den allermeisten Projekten werden zwar tatsächlich während der Laufzeit zusätzliche Risiken identifiziert, sie werden jedoch nicht immer systematisch erfasst. Dokumentieren Sie auch im eigenen Interesse das Auftreten oder die Veränderung von Risiken und Chancen, denn die Dokumentation bildet die Grundlage möglicher Änderungsanträge. Nur mit deren Genehmigung können Sie den PSP anpassen und zusätzliche Arbeitspakete aufnehmen.

Vermeiden Sie die Aufnahme genereller Lebensrisiken

Vermeiden Sie die Aufnahme »genereller Lebensrisiken« wie Pandemien, Unfalltod des Chefarchitekten oder extremistische Bombenattentate – sie lassen sich nicht realistisch schätzen, und abgesehen von »zu Hause bleiben« gibt es keine Gegenmaßnahme, die die Eintrittswahrscheinlichkeit solcher ohne Zweifel unerwünschter Risiken reduzieren könnte.

In der Praxis wird die Risikobetrachtung im weiteren Projektverlauf häufig zum ungeliebten Stiefkind. Vordergründig kostet der Prozess nur Zeit und hat keinen Einfluss auf das Projektergebnis. Tatsächlich aber lassen sich mit einem strukturierten Vorgehen Risiken wesentlich effizienter und effektiver handhaben.

Tipp: Regelmäßige Risikoworkshops

Die Risikoliste aktualisieren Sie immer dann, wenn ein neues Risiko erkannt wird, gleich in welchem Teilprojekt. Häufig nutzen Projektmanager einen wöchentlichen Jour fixe, um den Status der Risiken zu besprechen. Besser ist es jedoch, wenn Sie regelmäßig zu einem gesonderten Risikomeeting einladen und dem Thema so die volle Aufmerksamkeit widmen. Häufig reichen ein oder zwei Stunden alle zwei bis drei Wochen aus.

Prozessverwandtschaft im PMBOK Guide

- Knowledge Area »Project Risk Management«: Prozess »11.2 Identify Risks« beschreibt den Prozess zur Identifikation von Risiken.

Eingangsartefakte

Darunter sind alle Dokumente zu verstehen, die zur Einschätzung der Projektrisiken beitragen können. Vor allem aber:

- PSP (sofern bereits einer vorhanden ist, notfalls auch die reine Meilensteinplanung, sofern sie bereits auf Machbarkeit geprüft wurde)
- Projektmanagementplan als »Anleitung« für das Risikomanagement
- Projektumfangsbeschreibung, da sie möglicherweise besondere Hinweise auf Risiken liefert (z.B. »Performance-Probleme in Asien sind zu lösen«, »das Portal muss auf allen aktuellen Webbrowsern ohne zusätzliche Einstellungen gemäß den Vorlagen pixelgenau abgebildet werden«, »zusätzliche Anforderungen werden durch die Fachbereiche spezifiziert und sind zu berücksichtigen«)

Methoden, Techniken, Werkzeuge

Jegliches Instrument zur Identifizierung von Risiken ist angebracht, wobei die komplexeren häufig erst durch kollaborative Kreativtechniken ermittelt werden. Dazu gehören z.B. Brainstorming, Delphi, Root-Cause-Analysen oder Diagrammtechniken wie Ursache-Wirkung o.Ä.

Ergebnisartefakte

- Risikoregister (Abb. 5–16 zeigt das Deckblatt zur Erfassung der Risiken)

Abb. 5–16
Teilansicht Risikoregister

P!TPM

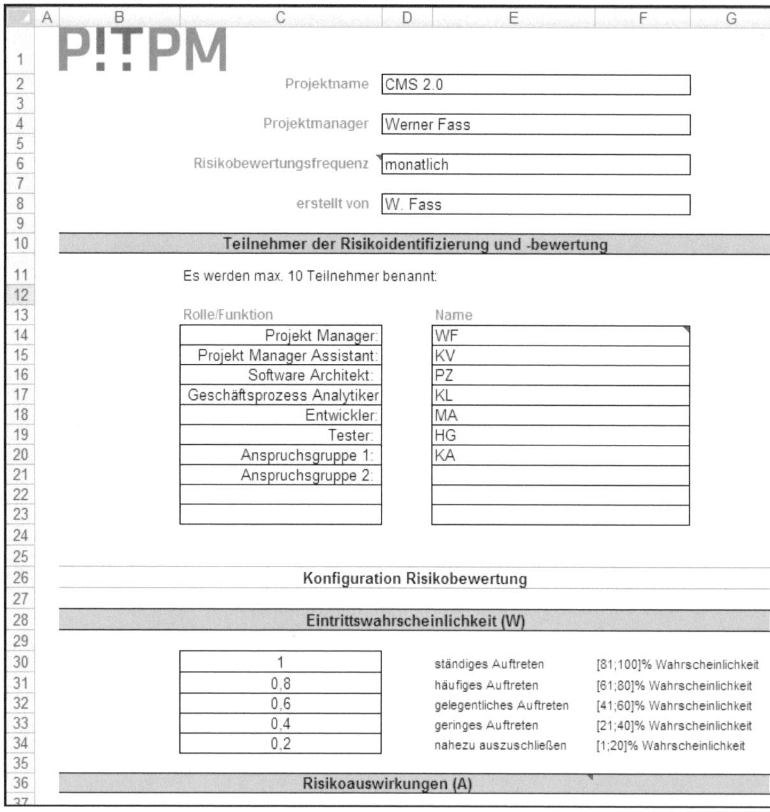

5.9.2 Risiken bewerten und priorisieren (P.9.2)

Dieser Prozess führt die Bewertung und Priorisierung (auch »Ranking«) der Risiken zusammen und macht so Vorgaben für die Maßnahmen zur Risikobewältigung.

Im ersten Schritt wird zu jedem Risiko die Eintrittswahrscheinlichkeit, die Auswirkungen auf das Projektergebnis für den Fall des Eintritts sowie andere Faktoren wie Zeitrahmen und Toleranzen festgehalten. Das entsprechende Excel-Sheet dieses Prozesses ermöglicht die Einschätzung dieser Faktoren durch verschiedene Parteien und ermittelt daraus ein Gesamtbild aller Risiken.

In einem zweiten Schritt wird jedes Risiko quantifiziert. Das kann auf finanzieller oder jeder anderen einheitlichen Basis erfolgen, die den

Projektanforderungen gerecht wird (z.B. Personentage). Dazu wird das Risiko im Rahmen der Eintrittswahrscheinlichkeit bewertet. Aus diesem Gesamtbild ergibt sich eine klare Priorisierung der Risiken (bzw. Ranking). Finanziell exponierte Risiken sollten demnach zuerst bearbeitet werden und stehen in der Liste oben.

Tipp: Aktivitäten »Risiken identifizieren (P.9.1)« und »Risiken bewerten und priorisieren (P.9.2)« ggf. zusammenlegen

Der PMBOK Guide trennt deutlich zwischen der Erfassung der Risiken und deren Bewertung. Das hat sich in der Praxis je nach Projekt auch als sinnvoll erwiesen, da zum Beispiel Experten bestimmte Risiken besser einschätzen können als andere Mitarbeiter. Dennoch kann es sinnvoll sein, in einem einigermaßen homogen besetzten Team die Aktivitäten »Risiken identifizieren (P.9.1)« und »Risiken bewerten und priorisieren (P.9.2)« zusammenzulegen. Machen Sie das vom Umfang des Projekts und der Teambesetzung abhängig: Je kleiner das Projekt und das Team, desto sinnvoller ist es, beide Aktivitäten zugleich durchzuführen.

Prozessverwandtschaft im PMBOK Guide

- Knowledge Area »Project Risk Management«
- Prozess »11.3 Perform Qualitative Risk Analysis« beschreibt den Prozess zur fachlichen Bewertung von Risiken.
- Der PMBOK Guide unterscheidet zwischen der qualitativen und der quantitativen Analyse von Risiken. Dabei werden im ersten Schritt die Risiken lediglich erfasst und in eine Matrix von Eintrittswahrscheinlichkeit und Auswirkung eingetragen. Exponierte Risiken, also solche mit hoher Eintrittswahrscheinlichkeit und zudem umfassenden Auswirkungen bei Eintritt, können so einfacher identifiziert werden. Erst im Folgeschritt werden nach PMBOK Guide die Risiken individuell monetär beziffert. Der Einfachheit halber wurden in PITPM beide Schritte zusammengefasst, da die Einschätzung von Eintrittswahrscheinlichkeit, Auswirkung und monetärem Wert meist vom gleichen Personenkreis vorgenommen werden kann.

Eingangsartefakte

- Risikoregister

Methoden, Techniken, Werkzeuge

Der PMBOK Guide listet zahlreiche Werkzeuge zur Erkennung und Einschätzung von Risiken auf, darunter:

- Kostenschätzung für den Fall des Risikoeintritts
- *Expected Monetary Value Analysis* (EMV) zur Einschätzung finanzieller Folgen eines Risikos (vgl. PMBOK Guide, Abschnitt 11.4.2)
- Entscheidungsbäume zur Einschätzung von alternativen Gegenmaßnahmen im Falle des Risikoeintritts

Ergebnisartefakte

- Risikoregister (aktualisierte, mit Einschätzungsfaktoren versehene Fassung)

5.9.3 Maßnahmen zur Risikobewältigung planen (P.9.3)

Nach der statistischen Einschätzung eines Risikos aus dem Risikoregister wird jeder Eintrag möglichst genau einem Projektmitarbeiter zugewiesen, der für dessen Kontrolle und Bewältigung verantwortlich ist. Vermeiden Sie die Zuweisung eines Eintrages an mehrere Personen, Rollen oder Funktionen, denn dann ist die Verantwortung nicht eindeutig definiert – immer wird Ihnen dies jedoch nicht gelingen. Widmen Sie solchen Risiken, die nicht nur einem Mitarbeiter zugewiesen sind, besonderes Augenmerk.

Anschließend werden, möglichst noch in gleicher Runde, Bewältigungsstrategien zu jedem einzelnen Risiko geplant. Dabei muss der Verantwortliche nicht allein die Strategie planen, er ist aber für deren Steuerung verantwortlich. Der PMBOK Guide definiert die Ansätze wie in Tabelle 5–1 verdeutlicht.

Tab. 5–1 *Strategien zur Bewältigung von Chancen und Risiken*

	Strategie	Inhalt
Risiken	Vermeidung	Soll ein Risiko vermieden werden, so sind alle Maßnahmen gerechtfertigt, die dazu beitragen. Im äußersten Fall kann das die Verschiebung von Terminen oder die Überlastung des Budgets bedeuten.
Risiken	Übertragung	In der Übertragung wird ein Risiko ganz oder in Teilen an projektexterne Einheiten abgegeben, beispielsweise durch den Abschluss einer Versicherung für den Eintrittsfall. Nicht alle Risiken lassen sich übertragen.
Risiken	Milderung	Die Milderung zielt im Wesentlichen auf die Senkung der Eintrittswahrscheinlichkeit oder die Milderung der Folgen ab, meist durch das frühe Ergreifen einer geeigneten Gegenmaßnahme.
	Annahme	Nicht zu jedem Risiko bzw. zu jeder Chance wird sich eine Bewältigungsstrategie definieren lassen. In diesem Fall muss die Strategieentscheidung dennoch dokumentiert werden. Es wird keine Maßnahme geplant.

→

	Strategie	Inhalt
Chancen	Ausweitung	Ähnlich wie bei der Milderung im Falle eines Risikos wird bei der Ausweitung versucht, die Eintrittswahrscheinlichkeit zu erhöhen, um die Chance wahrnehmen zu können.
	Aufteilung	Ähnlich der Übertragung wird bei der Aufteilung ein projektexterner Experte mit dem Ausbau der Chance beauftragt. Da mit diesem Ansatz meist zusätzliche Kosten verbunden sind, muss der zu erwartende Vorteil eklatant sein.
	Ausnutzung	Analog zur Vermeidung wird bei der Ausnutzung alles daran gesetzt, dass die Chance tatsächlich eintritt und so auch vom Projektteam wahrgenommen werden kann. Die Ausnutzung kann ebenso wie die Vermeidung drastische Konsequenzen für den Projektplan und den gesamten Projektverlauf haben.

Die Ansätze werden im PMBOK Guide im Abschnitt 11.5.2 »Plan Risk Responses: Tools and Techniques« im Detail erläutert.

Auf Basis der Strategieansätze werden nun für alle Risiken in Reihenfolge der Priorisierung Gegenmaßnahmen geplant. Die Risikoverantwortlichen müssen entscheiden, wann und ob eine Maßnahme eingeleitet werden soll. Die Gegenmaßnahmen werden im Risikoregister festgehalten und dort verwaltet.

Projektbeispiel: Risikomanagement richtig gemacht

Die meisten Projektmanager verwenden zu wenig Zeit, um die Risiken in ihrem Projekt angemessen zu managen. Gerade zu Projektbeginn, zu dem auch das Risikomanagement aufgesetzt werden muss, hat der Projektmanager so viele Informationen zu verarbeiten und weiterzuleiten, dass es vordergründig gar nicht sinnvoll erscheint, sich den Risiken gesondert zu widmen. Das kann gutgehen, wenn der Verantwortliche in allen Bereichen des Projekts viel Erfahrung mitbringt. Auf die Softwareentwicklung bezogen würde das bedeuten, er muss sich in Architektur, Fachlichkeit, Testing, Coding, Reporting usw. bestens auskennen. Meist ist das nicht der Fall, und allzu häufig wird ein Risiko in solchen Projekten ohne Vorwarnung (vor allem für das Management) unerwartet zu einem Problem. Meist bindet es dann wesentlich mehr Kapazitäten, als wenn rechtzeitig Gegenmaßnahmen ergriffen worden wären.

Dass es auch ganz anders geht, zeigt das Beispiel eines großen amerikanischen Rückversicherers, so wie wir es in einem Projekt selbst erlebt haben. Den Auftakt bildete ein anfänglich unspektakuläres »Risikomeeting«, zu dem die Bereichsleiterin für »Methoden und Verfahren« eingeladen hatte. Auf der Teilnehmerliste stand neben dem Projektmanager jeweils ein Vertreter aus allen im Projekt involvierten Bereichen. Mit dabei waren der Projektmanager, der Architekt, ein Entwickler, der fachliche Abteilungsleiter sowie seine »rechte Hand«, der Testmanager und ein

→

Tester, zwei Requirements Engineers, der IT-Betrieb und Vertreter der Marktabteilung, die für den Vertrieb des Produkts in einem speziellen Land später verantwortlich sein sollten. Die »Risikogruppe« bildete also einen Querschnitt durch das gesamte Projekt.

Im ersten Durchlauf war das von der Moderatorin ausgegebene Ziel, gemeinsam Risiken zu finden. Da das Projekt am Anfang stand, war niemand besonders geneigt, die zu erwartenden Ergebnisse schlecht darzustellen. Der Start war daher enttäuschend, denn nach zwei Stunden Arbeit hatten wir kaum handfeste Ergebnisse gewonnen. Die potenziellen Risiken wurden mit jeder Wortmeldung generischer. Auf die zu erwartenden Wetterkapriolen (es war Winteranfang) folgte die unvermeidliche Grippewelle (damals dachte noch niemand an H1N1), die sofort um Verkehrsunfälle ergänzt wurde. Die Moderatorin legte an dieser Stelle eine Pause ein, da sonst vermutlich als Nächstes Terroranschläge, Klimawandel und die Invasion der Marsmenschen gefolgt wären.

Die Kunst besteht tatsächlich darin, ein angemessenes Niveau für potenzielle Risiken zu definieren. Nach der Pause setzte die Moderatorin daher verschiedene Kreativtechniken wie Stufen-Brainstorming, Brainwriting 635, Mindmapping und Reizwortlisten ein, um relevante Risiken zu identifizieren. Nach und nach kamen wir so zu einer Liste von erträglicher Länge und rein projektbezogenen Inhalten.

Der »Clou« aber war die Bewertung sämtlicher Risiken, die Erarbeitung von Gegenmaßnahmen sowie die Benennung genau eines Verantwortlichen in der gesamten Gruppe. Das kostete zwar Zeit, hat aber zu einem frühen Zeitpunkt ein umfassendes Verständnis für die Gefahren, Fallstricke und Möglichkeiten des Projekts in allen Ebenen geschaffen. Die Bewertungen aller Risiken wurden in der Gruppe mit der Stimme eines jeden Einzelnen vorgenommen, wobei einzelne Teilnehmer bei fachfremden Risiken keine Wertung abgeben sollten (etwa der fachliche Abteilungsleiter bei einem rein technischen Risiko). Das Gesamtbild war anschließend sehr realistisch und hatte maßgeblichen Einfluss auf den PSP bzw. den gesamten Projektplan, da nach dem Risikomeeting neue Aufgaben aufgenommen werden mussten, um die Gegenmaßnahmen zu steuern.

Das initiale Meeting dauerte zwar fast einen ganzen Tag, die folgenden Risikotreffen in etwa zweiwöchigem Rhythmus brauchten anschließend oft nur 30 bis 60 Minuten. Risikomanagement wurde durch dieses Meeting ein fester Bestandteil des Projektmanagements.

Sämtliche Erkenntnisse aus diesem und vielen anderen Projekten sind in der dazugehörigen PITPM-Vorlage berücksichtigt worden.

Prozessverwandtschaft im PMBOK Guide

- Knowledge Area »Project Risk Management«
- Prozess »11.5 Plan Risk Responses« beschreibt den Prozess zur Planung von Risikosteuerungsmaßnahmen.

Eingangsartefakte

- Risikoregister

Methoden, Techniken, Werkzeuge

- Strategien für Risiken: Vermeiden, Übertragen, Mildern oder Hinnehmen
- Strategien für Chancen (positive Risiken): Nutzen, Teilen, Ausbauen oder Hinnehmen

Ergebnisartefakte

- Risikoregister
- Vertragliche Auswirkungen (extern, optional): Mögliche Maßnahme, z.B. eine Versicherung oder andere externe Vereinbarungen mit einem Dritten
- Aktualisierung des PSP, sofern sich aus den Maßnahmen neue oder andere Arbeitspakete ergeben

5.10 Projektplan erstellen (P.10)

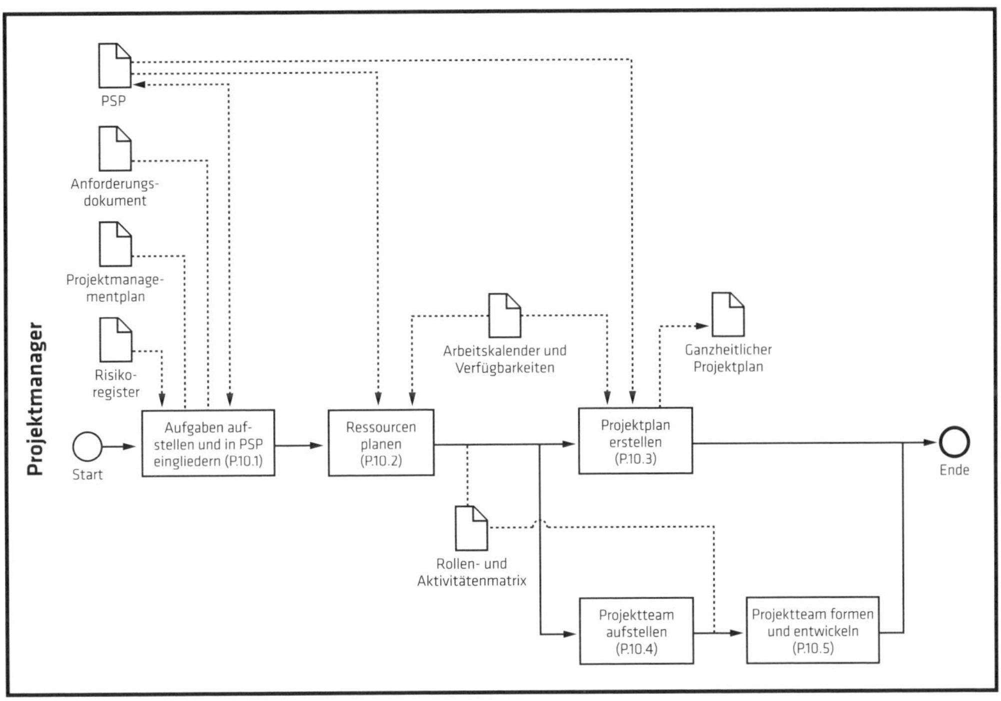

Abb. 5–17
Prozess P.10 »Projektplan erstellen«

Im Rahmen von P.10 »Projektplan erstellen« (s. Abb. 5–17) wird der Plan für das Gesamtprojekt erstellt. Aus dem Plan sollten die wichtigsten Meilensteine, wie z.B. Releases, Präsentationen, Iterationen, Projektende usw. ersichtlich werden. Die einzelnen Aktivitäten des Prozesses werden im Folgenden im Detail erläutert.

5.10.1 Aufgaben aufstellen und in PSP eingliedern (P.10.1)

Im Projektstrukturplan (PSP), im englischsprachigen PMBOK Guide »Work Breakdown Structure« (WBS) genannt, strukturiert der Projektmanager die Anforderungen aus der Projektumfangsbeschreibung und des Anforderungsdokuments in handhabbare Komponenten.

Der in der Aktivität »Ersten Projektstrukturplan erstellen (P.8.12)« erstmalig aufgesetzte PSP wird nun weiter ausgebaut. Der originäre PSP enthält keine weiteren Angaben außer der Strukturierung der Aufgaben in logische Elemente (so wird es auch im PMBOK Guide gelehrt). Erst in den weiteren Schritten entwickelt sich aus dem PSP, angereichert mit Aufwand, Dauer und Ressourcen, der Projektplan. Das hier vorgestellte Vorgehen entspricht nicht exakt dem des PMBOK Guide, vereinfacht die Handhabung jedoch erheblich und ist durch den Einsatz moderner Projektplanungssoftware wie MS Project auch wesentlich einfacher.

Tipp: Was Sie bei der Erstellung des PSP beachten sollten

Sofern noch kein PSP vorliegt, erstellen Sie eine erste Version allein und bringen diese in ein Planungsmeeting ein. Nur durch die Mitwirkung aller Teilprojektleiter können Sie sichergehen, dass der Plan tragfähig ist und alle Komponenten berücksichtigt werden.

Mit der untersten Ebene des PSP entsteht erstmals ein ganzheitlicher Plan mit allen Arbeitspaketen. Auf Basis des hier erstellten PSP werden in den Folgeprozessen nach der Schätzung der einzelnen Arbeitspakete die Zeitplanung erstellt sowie die Ressourcen zugeordnet.

Prozessverwandtschaft im PMBOK Guide

- Knowledge Area »Project Scope Management«
- Prozess »5.3 Create WBS« beschreibt die Erstellung der Work Breakdown Structure. Die WBS dient vor allem als Berichtseinheit (engl. *Control Account*), auf der später Fortschritts- und Aufwandsberichte erstellt werden können. Die Eingliederung in die Knowledge Area »Project Scope Management« hat vor allem historische Gründe, denn grundsätzlich gilt: Was nicht in der WBS steht, ist nicht im Projekt. Bestandteil des Vertrages war früher daher häufig das WBS Dictionary, in dem jedes Element der WBS

eindeutig beschrieben wurde. Das Dictionary spielt heute keine Rolle mehr, da es für Softwareentwicklungsprojekte sinnvollere Spezifikationsformen gibt, die wesentlich tragfähiger sind (vgl. dazu auch Abschnitt 5.8.8).

Eingangsartefakte

- PSP in der bisherigen Fassung, sofern vorhanden
- Projektmanagementplan
- Anforderungsdokument
- Risikoregister, da hieraus Änderungen am PSP resultieren können

Methoden, Techniken, Werkzeuge

- Dekomposition der Aufgaben
- Iterative Entwicklung: Der PSP, seine Arbeitspakete und der daraus entstehende ganzheitliche Projektplan werden selten in einem Wurf entworfen, sondern entstehen in einem meist längeren Kreativprozess (auch »Rolling Wave Planning« genannt).
- Spätestens hier sollte eine Projektmanagementsoftware wie z.B. MS Project, Openproj oder Openworkbench eingesetzt werden.

Was »iterative Planung« nicht bedeutet

In der »Rolling Wave«-Planung geht man davon aus, dass sich die Erkenntnisse allmählich verdichten. Wie alle anderen Pläne auch wird der PSP so im Laufe der Zeit immer genauer.

Iterative Planentwicklung bedeutet aber nicht »Beliebigkeit«. Um den nächsten Schritt gehen zu können, ist es immer erforderlich, den aktuellen Erkenntnisstand vollständig abzubilden.

Ergebnisartefakte

- Aktualisierung des PSP

5.10.2 Ressourcen planen (P.10.2)

P!TPM

Im Rahmen dieser Aktivität wird geprüft, welche Rollen durch welche Mitarbeiter besetzt werden. Die so erstellte Rollen- und Aktivitätenmatrix ist zwischen dem Projektmanager und dem Linienvorgesetzten jedes einzelnen Mitarbeiters abzustimmen. Sie ist verbindlich für das Projekt und das Management und gibt dem Projektmanager die Sicherheit, die ihm zugewiesenen Ressourcen (ggf. in einem gewissen Zeitrahmen oder nur zu bestimmten Prozentsätzen) auch tatsächlich einsetzen zu können. Änderungen in der Matrix bedürfen eines Change Request mit entsprechenden Konsequenzen.

Jedes Arbeitspaket wird später durch einen Mitarbeiter verantwortet, der laut Projektplan dem Paket rechtzeitig zugewiesen wird. Der Mitarbeiter, der das Paket übernimmt, wird damit verantwortlich für die Erbringung des Lieferobjektes des Arbeitspakets. Da Personal nur beschränkt verfügbar ist und die Arbeitspakete bestimmte zeitliche Einschränkungen aufweisen können, ist es sinnvoll, je Arbeitspaket den frühesten Anfang (FA), das späteste Ende (SE), den spätesten Anfang (SA) sowie das früheste Ende (FE) zu ermitteln (vgl. [Schwab 2008]). So lassen sich Personalengpässe umgehen oder zumindest frühzeitig erkennen. Die genauen Termine für die vier Größen lassen sich durch die Einbeziehung von Abhängigkeiten und ein Durchrechnen des Projektplans vom Start zum Ende (engl. *Forward Pass*) und zurück (engl. *Backward Pass*) bestimmen. Arbeitspakete, bei denen FA = SA und SE = FE sind, liegen auf dem »kritischen Pfad« (engl. *Critical Path*). Jede Abweichung auf dem kritischen Pfad hat zwangsläufig eine Verschiebung der geplanten Projekttermine zur Folge.

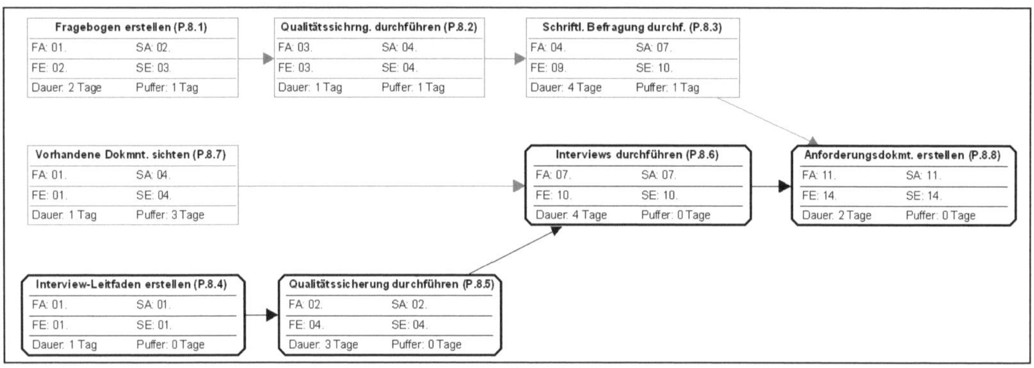

Abb. 5–18
Berechnung des kritischen Pfads

Die Zusammenhänge werden in Abbildung 5–18 verdeutlicht. Zu jeder Aktivität sind auf Basis der Dauer die Termine für die Größen FA, SA, FE und SE angegeben, die zuvor mit einem Forward Pass und einem Backward Pass errechnet wurden. Daraus ergibt sich für jede Aktivität ein Puffer, der für solche auf dem kritischen Pfad 0 ist. Die kritischen Aktivitäten sind in Abbildung 5–18 durch einen dickeren Rahmen gekennzeichnet. Eine Grafik wie diese lässt sich mit einem guten Projektplanungswerkzeug mit wenigen Handgriffen aus dem eigentlichen Projektplan erstellen, z.B. mittels eines Netzplans in MS Project.

Prozessverwandtschaft im PMBOK Guide

- Knowledge Area »Project Human Resource Management«
- Prozess »9.1 Develop Human Resource Plan« umfasst die gesamten Planungen zur Zusammenstellung des Teams. Auch wenn das hier skizzierte Vorgehen nicht die explizite Erstellung eines eigenen Managementplans vorsieht, wird in diesem Prozess die Grundlage für die Planung gebildet.
- Einige Ansätze finden sich auch in der Knowledge Area »Project Human Resource Management«, Prozess »9.2 Acquire Project Team«, der die Zusammenstellung des Teams nach der Definition der Aufgaben beschreibt.

Eingangsartefakte

- PSP
- Kalender mit zeitlichen Einschränkungen und Verfügbarkeiten der Ressourcen (wird benötigt, wenn die zeitlichen Rahmenbedingungen der Arbeitspakete bereits geklärt wurden)

Methoden, Techniken, Werkzeuge

- Abstimmung mit den Linienverantwortlichen bezüglich der Verfügbarkeit angefragter Ressourcen – je nach Projekt und Organisation kann dieser Punkt sehr aufwendig werden.

Ergebnisartefakte

- Rollen- und Aktivitätenmatrix
- Wird ein Projektmanagementwerkzeug eingesetzt, dann können die Rollen den Arbeitspaketen dort zugeordnet werden.

5.10.3 Projektplan erstellen (P.10.3)

In dieser Aktivität werden die einzelnen vorab vorbereiteten Artefakte erstmalig zu einem ganzheitlichen Projektplan zusammengeführt (vgl. [Schwab 2008]). Er berücksichtigt neben allen PSP-Elementen und darunter angelegten Arbeitspaketen die Zusammenhänge und damit den zeitlichen Ablauf und die Sequenz einzelner Pakete, die Verfügbarkeit von Ressourcen sowie die im Projektauftrag grob dargelegte Meilensteinplanung. Die Aufstellung des Projektplans muss dabei einigen grundsätzlichen Kriterien folgen:

- *Stringenz:*
  Die Planung sollte einem einheitlichen Schema folgen. Sich wiederholende Phasen sollten gleich aufgebaut sein, Arbeitspakete sollten sprechende Namen tragen.
- *Realismus:*
  Die Sequenz und zeitliche Verknüpfung sowie die Verdeutlichung von Zusammenhängen zeigen für gewöhnlich die Komplexität eines Projekts. Es ist nicht angebracht, einen Plan zu »vereinfachen«, um damit einen bestimmten Termin zu halten. Im Plan verdeutlichte Komplexitäten sind in der Realität häufig noch komplexer als angenommen.
- *Übersichtlichkeit:*
  Wird ein Plan zu unübersichtlich, kann es sinnvoll sein, eine weitere Planungsebene einzuziehen.
- *Granularität:*
  Die unterste Ebene der Arbeitspakete sollte so fein sein, dass das Arbeitspaket verständlich ist, dennoch aber so grob, dass ein Reporting darauf sinnvoll ist. Je nach Projektgröße sollte ein Arbeitspaket einen Aufwand zwischen zwei und sieben Personentagen haben.

Grundsätzlich muss hier jeder Projektmanager die eigenen Erfahrungen einbringen und ggf. Pragmatismus vor Formalismus walten lassen. Aus schlechter Planung ergibt sich jedoch zumeist ein schwieriger Projektverlauf.

Wurde in der Vorbereitungsphase keine Schätzung erstellt, so ist dieser Schritt zu diesem Zeitpunkt nachzuholen. Die Schätzung ist anhand des Projektplans wesentlich einfacher, da nun bereits eine Struktur inkl. der Arbeitspakete vorliegt, die sich mit PERT schätzen lassen. Details zum Schätzverfahren finden Sie in Abschnitt 4.1.3.

Tipp: Was Sie bei der Erstellung des Projektplans beachten sollten

Die Feinplanung nehmen Sie allein oder nur im kleinen Kreis vor. Achten Sie darauf, dass Ihre geplanten Aufwände mit den Angaben aus der Vorbereitungsphase übereinstimmen.

Wenn Sie jetzt große Abweichungen zwischen der ersten Schätzung aus der Vorbereitungsphase und dieser ersten Planung feststellen, sollten Sie mit Ihrem Betreuer aus dem Management das Gespräch suchen und die Situation offen darlegen.

→

Ein Arbeitspaket sollte später *einem* Projektmitarbeiter zugewiesen werden können, andernfalls laufen Sie Gefahr, dass die Verantwortlichkeiten nicht klar sind. Zudem werden Sie später bei geteilten Aufgaben Schwierigkeiten im Reporting bekommen. Dennoch gibt es immer wieder Aufgaben, die sich nicht mit vertretbarem Aufwand so granular teilen lassen.

Der Aufwand eines Arbeitspakets sollte sich in einem vernünftig kontrollierbaren und messbaren Rahmen bewegen. Zu kleine Arbeitspakete erhöhen den administrativen Aufwand, während zu große Arbeitspakete sich nur schwer kontrollieren lassen. In Softwareentwicklungsprojekten ist ein Umfang von zwei bis sieben Personentagen ideal.

Lassen Sie die Finger von Wochenendarbeit und Überstunden. Zum einen werden es Ihnen Ihre Projektmitarbeiter danken, zum anderen kommen Sie später unter Umständen eh in die Situation, davon Gebrauch machen zu müssen. Ihre Planung sollte grundsätzlich ohne Mehrarbeit und Überstunden auskommen.

Die Planung sollte bereits die Prioritäten aus dem Anforderungsdokument berücksichtigen. In Ergänzung dazu sollten Anforderungen mit gleicher Priorität, aber höherem technischem Risiko vorangestellt werden. Das technische Risiko wurde im Rahmen der Prioritätenvergabe nicht beachtet, da sie rein fachlich motiviert ist.

Um die Feinplanung des Projektverlaufs zu ermöglichen, sollten so bald wie möglich die Rollen mit den Namen der Mitarbeiter versehen werden. Als Grundlage dient die Erstellung der Verfügbarkeitsliste, die Einschränkungen der Verfügbarkeit der dem Projekt zugewiesenen Ressourcen, etwa durch blockierte Räume, Feiertage oder längere Abwesenheiten, berücksichtigt.

Ergebnis der Aktivität ist ein ganzheitlicher Projektplan, der den weiteren Verlauf des Projekts bestimmt, zudem Basis für das Reporting ist, sämtliche Liefergegenstände umfasst und den zeitlichen Horizont kommuniziert. Der Projektplan ist damit ein Bindeglied aller Projektmanagementprozesse. Sofern Sie iterativ entwickeln, legen Sie den Projektplan und die einzelnen Iterationen von vornherein entsprechend an. Sie kennen dann möglicherweise noch nicht alle Anforderungen im Detail, einen groben Umsetzungsplan sollten Sie aber dennoch aufstellen.

P!TPM

Tipp: Projektplanungssoftware nutzen

Sämtliche Prozesse dieser Kette können Sie mit einer geeigneten Projektplanungssoftware wie etwa MS Project »an einem Stück« durchführen. Alle in dieser Aktivität benötigten Artefakte können dort verwaltet werden.

Prozessverwandtschaft im PMBOK Guide

- Die Erstellung des Projektplans wird im PMBOK Guide in der Knowledge Area »Project Time Management« abgehandelt. Dazu gehören die Prozesse »6.1 Define Activities«, »6.2 Sequence Activities«, »6.3 Estimate Activity Resources« und »6.4 Estimate Activity Durations«.
- Die Planung wird schließlich in Prozess »6.5 Control Schedule« zusammengeführt.
- Vor allem die Prozesse 6.2 bis 6.4 beschreiben Basiswissen zur Projektplanung.
- Knowledge Area »Project Human Resource Management«: Prozess »9.2 Acquire Project Team« beschreibt die Zusammenstellung des Teams nach der Definition der Aufgaben.

Eingangsartefakte

- Rollen- und Aktivitätenmatrix
- Arbeitskalender und Verfügbarkeiten
- PSP

Methoden, Techniken, Werkzeuge

- Aufwands- und Dauerschätzung mittels PERT-Dreipunkt-, Vergleichs- oder parametrischer Schätzung, sofern nicht bereits vorab geschehen.
- Zeitliche Planung: Hier fließt das praktische Know-how der Domänenexperten ein, z.B. mittels kritischen Pfads, Parallelisierung oder anderer Methoden. Aber Vorsicht: Keine »Beschleuniger« einbauen, die es faktisch nicht gibt. Verzichten Sie also zum Beispiel auf die Parallelisierung von Tests und Refactoring und räumen Sie nach einer Testphase ausreichend Zeit zur Fehlerbehebung ein.

Ergebnisartefakte

- Ganzheitlicher Projektplan. Abbildung 5–19 zeigt eine Teilansicht der Vorlage »Ganzheitlicher Projektplan«.

5.10.4 Projektteam aufstellen (P.10.4)

In diesem Prozess werden die notwendigen Mitarbeiter aus dem zur Verfügung stehenden Pool für das Projekt zusammengestellt. Dabei werden mögliche externe Zukäufe berücksichtigt. Spätestens jetzt werden die Rollen aus dem Projektplan mit Namen versehen.

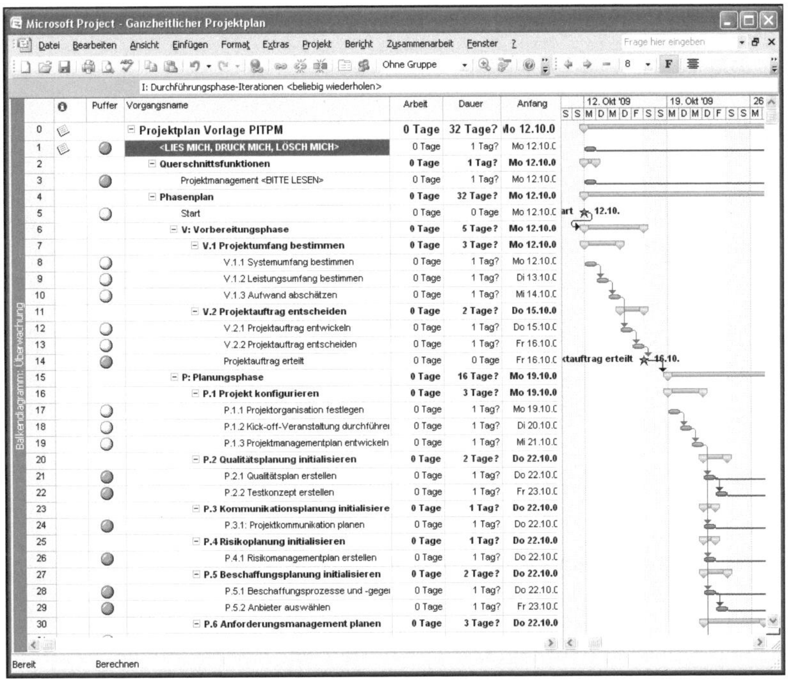

Abb. 5-19
Teilansicht der Vorlage »Ganzheitlicher Projektplan«

Anhand der Rollen und Aktivitäten wird die bestmögliche Besetzung gebildet.

> **Tipp: Teamzusammenstellung**
>
> Wie in Abschnitt 3.2 erläutert, haben wir in PITPM die PMBOK Guide Knowledge Areas 6 (»Project Time Management«) und 9 (»Project Human Resource Management«) zur Knowledge Area »Zeit- und Teammanagement« zusammengelegt. Die Unterordnung der Aktivität zur Zusammenstellung des Teams in den Prozess zur Erstellung des Projektplans mag auf den ersten Blick den umfangreichen Aufgaben des Teammanagements nicht gerecht werden. Hier sind aber vor allem »weiche Faktoren« gefordert, die weniger eine Prozessbeschreibung als vor allem viel Erfahrung und Fingerspitzengefühl erfordern. Unterschätzen Sie daher nicht die Zusammenstellung und Führung des Teams.

Prozessverwandtschaft im PMBOK Guide

- Eine direkte Entsprechung gibt es im PMBOK Guide nicht.
- Einige Ansätze finden sich aber in der Knowledge Area »Project Human Resource Management«: Prozess »9.2 Acquire Project Team«, der die Zusammenstellung des Teams nach der Definition der Aufgaben umfasst.

Eingangsartefakte

- Rollen- und Aktivitätenmatrix

Methoden, Techniken, Werkzeuge

- Mitarbeiterdatenbank, in der die Kenntnisse, Fertigkeiten und Verfügbarkeiten der Mitarbeiter verlässlich beschrieben sind, um die bestmöglichen Kandidaten für das Projekt auswählen zu können.
- In der Praxis werden einem Projektmanager jedoch häufig die Mitarbeiter zugewiesen. In den seltensten Fällen werden Sie als Projektmanager frei wählen können.

Ergebnisartefakte

- Rollen- und Aktivitätenmatrix (Aktualisierung)

5.10.5 Projektteam formen und entwickeln (P.10.5)

In den seltensten Fällen wird das gebildete Team exakt auf die in der Rollen- und Aktivitätenmatrix geforderten Beschreibungen passen. Möglicherweise sind Junioren oder erfahrene, aber für das Unternehmen neue Mitarbeiter mit im Team, die einer »besonderen Zuwendung« bedürfen. So ist für jeden Projektmitarbeiter ein individueller Schulungsbedarf zu ermitteln. Die Vorgehensweise sollte sich jedoch an den exponiertesten Defiziten orientieren, um projektbezogene Kosten niedrig zu halten und die Kollegen zielführend auf die Aufgabe vorzubereiten. Die einzelnen Maßnahmen können banaler Natur sein, wie etwa die Einführung in die Buchungswerkzeuge oder Applikationen zur Pflege der Mitarbeiterprofile – möglichst schon *vor* dem Projektstart. Sie können aber auch weitaus komplexer sein, wie die Schulung in bestimmten Werkzeugen, Techniken oder Fähigkeiten.

Projektbezogene, gemeinsam besuchte Schulungen und Weiterbildungen sind zudem ein probates Mittel, um Bindung und Zusammenhalt innerhalb des Teams zu fördern.

Belasten die Qualifizierungsmaßnahmen das Projekt in unvorhergesehener Weise, so sind im Rahmen eines Änderungsantrages die Konsequenzen auf Budget, Umfang und Inhalt oder Zeit zu beschreiben. Sofern sich dadurch Änderungen ergeben, muss ggf. die Rollen- und Aktivitätenmatrix angepasst werden.

Tipp: Zusammenlegung der Arbeitsplätze

Ein wesentlicher Erfolgsfaktor ist die Zusammenlegung der Projektmitarbeiter in einem Raum, was ein Unternehmen jedoch oft an organisatorische Grenzen bringt. Bürofläche und Arbeitsplätze stehen nur begrenzt zur Verfügung, und häufig widersprechen die Vorgesetzten der Linienorganisation der Zusammenlegung. Als Projektmanager oder je nach Projektgröße als Teilprojektleiter sollten Sie jedoch alles daran setzen, Ihre Teammitglieder in einem Raum unterzubringen. Das verkürzt die Kommunikationswege und schafft eine spürbare Teamatmosphäre.

Prozessverwandtschaft im PMBOK Guide

- Knowledge Area »Project Human Resource Management«
- Prozess »9.3 Develop Project Team«

Eingangsartefakte

- Rollen- und Aktivitätenmatrix (Aktualisierung)

Methoden, Techniken, Werkzeuge

- Projektbezogene Bedarfsanalyse bei jedem Projektmitarbeiter
- Teambuilding-Aktivitäten (wenn erforderlich)
- Grundregeln der Zusammenarbeit im Projekt festlegen
- Mitarbeiter in einem Raum zusammensetzen (»Co-Location«)

Ergebnisartefakte

- Keine besonderen, ggf. Schulungs- oder Trainingsmaßnahmen für einzelne Mitarbeiter

5.11 Beschaffung planen (P.11)

Im Rahmen der Erstellung des PSP, spätestens jedoch bei der Erstellung des ganzheitlichen Projektplans, der neben den reinen Abläufen auch die detaillierte Planung mit allen Ressourcen enthält, zeigt sich, welche Objekte zugekauft werden müssen bzw. können (s. dazu Abb. 5–20). Dabei kann es sich z.B. um folgende »Objekte« oder Ressourcen handeln:

- Hardware
- Software
- Externe Projektmitarbeiter
- Lizenzen
- Versicherungen

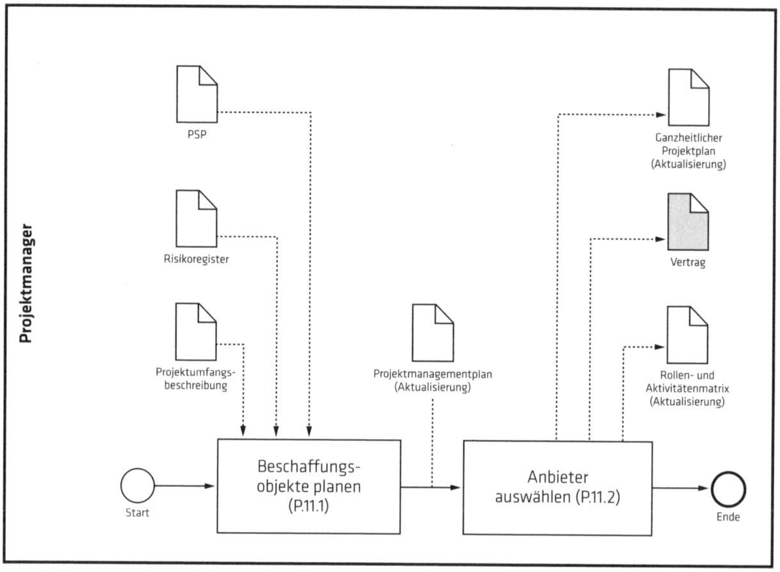

Abb. 5–20
Prozess P.11
»Beschaffung planen«

Als Objekt in diesem Sinne gilt alles, was auf einem für das Projekt externen Markt erworben werden muss. Auch wenn die Kriterien unterschiedlich sind, ist der Ablauf weitestgehend identisch. Die Aktivitäten werden in den folgenden Abschnitten im Detail beschrieben.

5.11.1 Beschaffungsobjekte planen (P.11.1)

In der Konfiguration der Beschaffungsplanung (s. Abschnitt 5.6) wurde bereits festgelegt, wie die Beschaffungsprozesse im Detail aussehen. So kann der Einkauf von Hardware (auf einem Käufermarkt) anders gestaltet sein als die Rekrutierung von Experten, z.B. Architekten oder Java-Entwicklern mit speziellen Kenntnissen (die sich für gewöhnlich in einem Verkäufermarkt bewegen). Während sich der Beschaffungsbedarf von Gegenständen meist frühzeitig aus der Projektplanung ergibt (Bereitstellungstermin plus Beschaffungsprozessdauer), stellt sich zusätzlicher Personalbedarf häufig erst bei der Zusammenführung aller Planungsdaten zum ganzheitlichen Projektplan oder noch später heraus. Ergeben sich bei der Ressourcenplanung Engpässe, so müssen diese durch Zukäufe geglättet werden.

Die Liste der zu beschaffenden Objekte wird in den Projektmanagementplan eingepflegt. Dazu gehört der Bereitstellungstermin sowie das zu erwartende Volumen, um auch die Auswirkung auf die Kosten messen zu können. Möglicherweise ergeben sich durch die Einplanung externer Mitarbeiter höhere Kosten als vorgesehen. Dabei ist grundsätzlich zu beachten, dass die drei Prozesse

- Projektplan erstellen (P.10) – s. Abschnitt 5.10,
- Beschaffung planen (P.11) – s. Abschnitt 5.11,
- Kostenplanung initialisieren (P.12) – s. Abschnitt 5.12

integriert sind und sich gegenseitig bedingen können. Wird in der Ressourcenplanung festgestellt, dass bestimmte Rollen nicht besetzt werden können, so werden sie am externen Markt beschafft und kommen damit auf die Liste. Das wiederum verändert die Kostenkurve und hat damit auch Einfluss auf die Kostenplanung für das Gesamtprojekt. Wird das Budget überschritten, so muss ein Change Request ausgelöst werden, um entweder Inhalt und Umfang anzupassen oder mehr Budget bereitzustellen.

Prozessverwandtschaft im PMBOK Guide

- Knowledge Area »Project Procurement Management«
- Prozess »12.1 Plan Procurements«, allerdings nur in Bezug auf die Dokumentation der Beschaffungsentscheidungen. Der Prozess aus dem PMBOK Guide wird in der nächsten Aktivität weitergeführt (Anbieterauswahl).
- Die Vertragsarten aus dem PMBOK Guide sind in Deutschland weitestgehend irrelevant. Eine Auflistung finden Sie im Folgeprozess.

Eingangsartefakte

- Projektumfangsbeschreibung als Anhaltspunkt für mögliche Beschaffungsobjekte
- PSP, sofern sich dort schon Beschaffungsobjekte ergeben, möglicherweise aber auch erst über die Rollen- und Aktivitätenmatrix oder den ganzheitlichen Projektplan.
- Risikoregister, da sich aus den abgeleiteten Maßnahmen möglicherweise Beschaffungsbedarfe ergeben.

Methoden, Techniken, Werkzeuge

- Make-or-Buy-Entscheidungen für einzelne Arbeitspakete oder ganze PSP-Elemente
- Engpassanalyse bei Einsatz einzelner Ressourcen
- Expertenbewertung (der Projektmanager sollte jedoch in der Lage sein, die Bewertung selbst vorzunehmen)

Ergebnisartefakte

- Aktualisierung des Projektmanagementplans mit geplanten Beschaffungsobjekten, Termin und voraussichtlichen Kosten

5.11.2 Anbieter auswählen (P.11.2)

Im Rahmen der Anbieterauswahl werden auf Basis der Beschaffungsliste aus dem Projektmanagementplan mögliche Anbieter ausgewählt, kontaktiert und die Rückmeldungen bewertet und verarbeitet. Ein mögliches Verfahren ist die Arbeit mit einer Long- und Shortlist:

Longlist

Über eine Longlist wird eine Liste mit Anbietern erstellt, die die im Projektmanagementplan formulierten Anforderungen zur Beschaffung grundsätzlich bedienen können.

Shortlist

Über die Shortlist wird der Kreis der Anbieter eingeschränkt. Auf dieser Liste sind nur Anbieter vertreten, die sämtliche zwingenden Anforderungen abdecken. Je mehr der zusätzlichen (nicht zwingenden) Anforderungen erfüllt werden, desto höher ist die Position auf der Shortlist.

Im Detail ist das Verfahren und dessen Durchführung stark abhängig vom Beschaffungsobjekt und dem abhängigen Investitionsvolumen.

Die infrage kommenden Anbieter werden kontaktiert und die Antworten werden bewertet. Möglicherweise werden die letzten drei potenziellen Zulieferer zu einer abschließenden Präsentation eingeladen. Anschließend wird der beste Anbieter ausgewählt und mit ihm ein Vertrag geschlossen.

Der hier so knapp beschriebene Prozess kann unterschiedlichste Ausmaße annehmen. So wird man in Entwicklungsprojekten häufig ohne eine Anbieterauswahl einen externen Mitarbeiter hinzuziehen, mit dem man zuvor bereits gute Erfahrung gemacht hat. Bei eher einmaligen Zukäufen, z.B. von Hardware oder von Lizenzen für Softwarelösungen, kann dieser Prozess ein eigenes Projekt sein. Die Vorgabe ist daher nur als Orientierung zu verstehen. Über die Beschaffung gibt es eigene Werke, in denen die Vorgehensweisen im Detail beschrieben sind.

Bestandteil der Anbieterauswahl ist auch der Abschluss der Verträge. Der PMBOK Guide differenziert die Vertragsformen in unterschiedliche Typen (s. dazu Tab. 5–2).

Prozessverwandtschaft im PMBOK Guide

- Knowledge Area »Project Procurement Management«
- Prozess »12.2 Conduct Procurements«
- Die Vertragsformen werden in Knowledge Area »Project Procurement Management«: Prozess »12.1 Plan Procurements« beschrieben.

Eingangsartefakte

- Projektmanagementplan

Tab. 5-2
Mögliche Vertragsformen in der Beschaffung für die Vergabe einzelner Arbeitspakete oder Aufgaben mit absteigender Relevanz

Vertragsform PMBOK Guide	Deutsche Bezeichnung	Beschreibung
Time and Material (T&M)	Abrechnung nach Aufwand, häufig auch T&M	Werden in Projekten nur einzelne Rollen oder Aufgaben extern vergeben, so wird meistens nach Zeit und Aufwand verrechnet, auch weil der einzelne Subunternehmer nicht das Risiko des Auftraggebers übernehmen kann oder will. Häufig sind die Arbeitspakete auch nicht losgelöst umsetzbar, sodass die enge Einbindung ins Projekt erforderlich ist.
Fixed Price Contract (FFP für Firm Fix Price)	Festpreis	Bei der Vergabe abgeschlossener Gewerke, bei denen Inhalt, Umfang und Liefertermin sehr klar definiert sind, lassen sich durchaus Festpreisregelungen treffen, meist in Form eines einfachen Festpreisvertrages, in dem Liefertermin und Gesamtkosten beschrieben sind. Der Auftraggeber sollte je nach Umfang 10-15% der Festpreiskosten für Change Requests einkalkulieren. Zu beachten sind die Zahlungstermine beim Festpreis, da häufig bereits eine gewisse Summe zur Beauftragung fällig wird.
Fixed Price Incentive Fee Contract (FPIF)	Festpreis mit Anreiz	Die Variante mit zusätzlichem Anreiz, etwa bei vorzeitiger Fertigstellung durch den Auftragnehmer, wird in der Softwareentwicklung selten eingesetzt. Es gibt häufig zu viele Abhängigkeiten, die nicht vom Projekt respektive dem Auftragnehmer kontrolliert werden können.
Fixed Price with Economic Price Adjustment (FP-EPA)	Festpreis mit Preisangleichung	Da Sie als Auftraggeber mit über den Vertrag bestimmen, werden Sie keinen Festpreis mit Preisangleichung wählen. Hier werden individuelle Marktentwicklungen berücksichtigt, also z.B. sich verändernde Tarifverträge. Die Vertragsform wird zuweilen von der öffentlichen Hand angeboten, selten jedoch für Softwareprojekte.
Costreimbursable contracts	Kostenerstattung	Diese Vertragsformen sind in Deutschland in der Softwareentwicklung nicht üblich. Sie sehen den Ersatz der Aufwände des Dienstleisters plus eine bestimmte Gebühr vor, also z.B. eine feste Zahlung oder eine Zahlung basierend auf der Zufriedenheit des Auftraggebers. Vor allem die letzte Variante würde aufgrund der Subjektivität der Bewertung zu regelmäßigen gerichtlichen Auseinandersetzungen führen. Diese Vertragsformen haben in Deutschland keine oder nur geringe Praxisrelevanz, sind aber dennoch Bestandteil der Prüfung zum PMP.

Methoden, Techniken, Werkzeuge

- Longlist
- Shortlist
- Bewertungsmatrix mit Kriterien und Gewichtungsfaktoren
- Projektunabhängige Anbieterbewertung
- Präsentationen der Endrundenteilnehmer
- Vertragsformen

Ergebnisartefakte

- Rollen- und Aktivitätenmatrix (Aktualisierung, sofern erforderlich)
- Ganzheitlicher Projektplan (Aktualisierung, sofern erforderlich)
- Verträge mit externen Anbietern (extern, optional)

5.12 Kostenplanung initialisieren (P.12)

Möglicherweise sind Sie in der glücklichen Lage, dass Sie in der Vorbereitungsphase die Projektkosten noch nicht schätzen mussten. Dann können Sie nun auf stabileren Bedingungen eine Schätzung erarbeiten. Sie kennen den ganzheitlichen Projektplan im Detail, die Anforderungen sind (zumindest in großen Teilen) bekannt und Sie wissen, wo und wann externe Ressourcen zum Einsatz kommen sollen. Abbildung 5–21 zeigt den Prozess P.12 »Kostenplanung initialisieren«, dessen Aktivität im folgenden Abschnitt im Detail beschrieben wird.

5.12.1 Voraussichtliche Projektkosten ermitteln (P.12.1)

Die Wahrheit ist: Ein Projektverlauf, in dem Sie erst zu einem so späten Zeitpunkt eine Aussage zu den Kosten machen müssen, ist eine Seltenheit. Meist muss der designierte Projektmanager sehr früh einen Richtpreis nennen, wie bereits in Abschnitt 4.1.3 detailliert beschrieben. Ist das nicht der Fall, so nehmen Sie nun die Erstschätzung gemäß der Definition der genannten Aktivität vor. Haben Sie in der Vorbereitungsphase eine Schätzung erstellt, so ist diese nun mit den gleichen Mitteln wie in der Aktivitätenbeschreibung vorgesehen zu überprüfen. Sofern Sie einen ganzheitlichen Projektplan erstellt haben, haben Sie den Abgleich bereits implizit durchgeführt und Abweichungen von der Ursprungsplanung bei der Erstellung des Plans festgehalten. Die Dokumentation ist wichtig, denn Sie können nicht eine Determinante des Projekts ohne Zustimmung des Projektsteuerungsgremiums eigenmächtig verändern. Mit anderen Worten: Stellen Sie nun fest, dass die

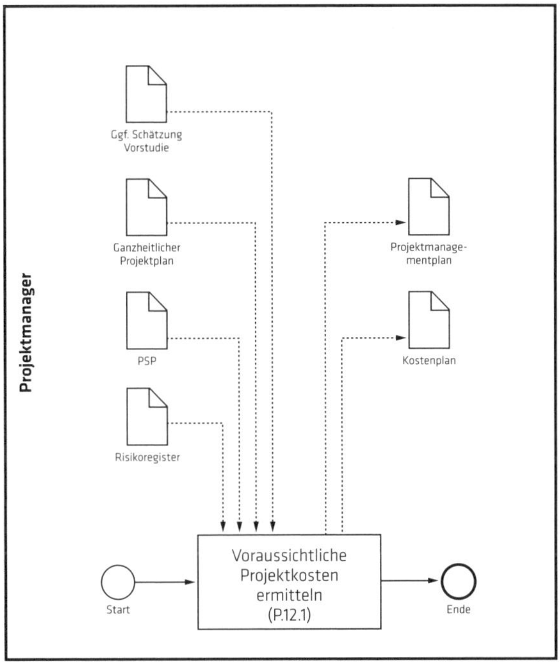

Abb. 5–21
Prozess P.12 »Kostenplanung initialisieren«

geschätzten Aufwände für die Arbeitspakete von den ursprünglichen außerhalb gewisser Toleranzgrenzen abweichen, gleich ob Mehr- oder Minderaufwand, so sollten Sie sich die Änderungen genehmigen lassen. Das gilt auch, wenn durch Verschiebungen zwar die Gesamtkosten konstant geblieben sind, einzelne Posten sich jedoch maßgeblich verändert haben. Der PMBOK Guide handelt diesen in Projekten häufig kritischen Prozess etwas nachlässig unter »7.2.2.5 Funding Limit Reconciliation« ab.

P!TPM

Basierend auf der Schätzung erstellen Sie den Kostenplan, der die »Ausgabenkurve« und damit den Verlauf der Projektkosten über den gesamten Projektzeitraum skizziert. Das ist einfach, wenn die Kosten rein personalbezogen entstehen. Zwangsläufig kann die Kurve keine negative Steigung haben, die Steigung kann höchstens null sein. Das würde bedeuten, dass das Projekt in diesem Zeitraum vollkommen stillsteht, was in der Praxis nicht vorkommen sollte. Abbildung 5–22 zeigt einen beispielhaften Kurvenverlauf der Projektkosten (abgebildet als PV= Planned Value). Im Reporting werden später kontinuierlich die aufgelaufenen Kosten abgetragen, sodass sich Abweichungen frühzeitig projizieren lassen.

Im Projektmanagementplan beschreiben Sie zudem, wie Sie die Aufwands- und Kostenkontrolle durchführen wollen. Als grundlegendes Verfahren bietet sich das verbreitete und auch im PMBOK Guide

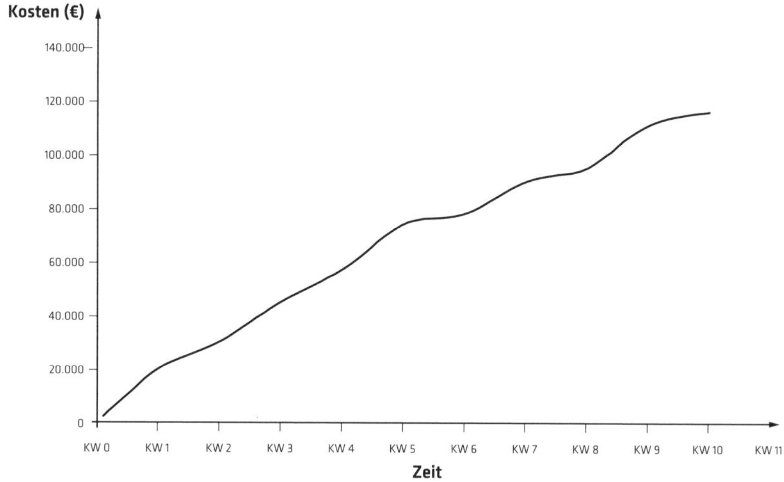

Abb. 5–22 *Kostenplan (Projektausgaben)*

erläuterte Earned Value Management bzw. die Earned-Value-Analyse an. Die Handhabung wird in Abschnitt 6.8.2 im Detail beschrieben.

Prozessverwandtschaft im PMBOK Guide

- Knowledge Area »Project Cost Management«
- Die Schätzung ist in Prozess »7.1 Estimate Costs« beschrieben.
- Die Erstellung des Kostenplans findet sich in Prozess »7.1 Determine Budget«.

Eingangsartefakte

- Schätzung aus der Vorbereitungsphase, sofern vorhanden
- Ganzheitlicher Projektplan, sofern bereits vorhanden, sonst der PSP
- Risikoregister, sofern dort Rückstellungen gebildet wurden, die nicht in ein Arbeitspaket eingeflossen sind

Methoden, Techniken, Werkzeuge

- Der PMBOK Guide beschreibt etliche Verfahren, letztlich muss jedoch die Planung in eine Kurve übernommen werden.
- Um die Kosten zu aggregieren, braucht es daher meist nicht mehr als den Dreisatz.

Ergebnisartefakte

- Kostenplan, zum Erstellungszeitpunkt identisch mit der Schätzung
- Übernahme der Daten und des Vorgehens in den Projektmanagementplan

5.12.2 Kontrollpunkt 3: Projektplanung abgenommen

Der Nebel am Horizont lichtet sich: Als Projektmanager wissen Sie nun, was auf Sie zukommt. Während Sie zu Beginn der Planungsphase über den detaillierten Verlauf noch weitestgehend im Unklaren waren, haben Sie mit der abgeschlossenen Planung nun einen klaren Fahrplan für Ihr Vorhaben. Die Planungsunterlagen sollten abgenommen werden, denn sie dienen auch als Basis für sämtliche Änderungen. Andernfalls fehlt Ihnen sonst die Bezugsgröße, wenn sich durch einen Change Request Änderungen in der Planung ergeben. Zur Abnahme muss das Projekt konfiguriert und geplant worden sein, sodass jetzt folgende Kriterien erfüllt sein sollten:

- Die Prozesse zum Anforderungsmanagement sind beschrieben.
- Die Anforderungen wurden auf einer Ebene erfasst, die eine Detailplanung und mittelbar deren Umsetzung zulässt. Es ist zudem möglich, einzelne Anforderungen zu benennen und sie zu Iterationen zusammenzufassen.
- Die Risikoplanung wurde initialisiert und ein erster Risikoworkshop hat stattgefunden. Die Maßnahmen wurden, wo nötig, in den Projektplan aufgenommen bzw. in der Kostenplanung berücksichtigt.
- Die Qualitätsplanung wurde aufgesetzt. Die Prozesse wurden festgelegt und lassen sich im Projekt wie beschrieben einsetzen.
- Die Kommunikationsplanung wurde bezogen auf Inhalte und Adressatenkreise aufgestellt und berücksichtigt die individuellen Belange der Stakeholder.
- Die Prozesse der Beschaffungsplanung wurden beschrieben.
- Der Projektplan und damit einhergehend der Kostenplan und die zu beschaffenden Objekte wurden in verlässlicher Detailtiefe beschrieben, sodass die daraus entstehenden Artefakte die Basis einer zuverlässigen Planung bilden.
- Im Projektplan sind die einzelnen Releases mit festen Terminen geplant. Iterationen sind zu diesem Zeitpunkt ggf. noch nicht definiert.

Wohlgemerkt: Die erste Iteration wurde noch nicht im Detail geplant. Erst zum Kontrollpunkt 4 »Planung der Iteration abgenommen« (s. Abschnitt 5.14.7) muss die Planung für die Iteration vorliegen.

5.13 Iteration planen (P.13)

Zur Softwareentwicklung sollte ein iteratives Vorgehen befolgt werden, sodass von Iteration zu Iteration eine Menge von zumeist inhaltlich zusammengehörenden Anforderungen implementiert wird. Eine bzw. mehrere Iterationen der Softwareentwicklung führen zu einem bestimmten Softwarerelease, das dem Kunden ausgeliefert wird. Das auf Basis der in Abschnitt 5.8.8 beschriebenen Aktivität »Anforderungsdokument erstellen (P.8.8)« erstellte Dokument dient folglich der inhaltlichen Planung der jeweiligen Iteration. Wie Abbildung 5–23 mit P.13 »Iteration planen« zeigt, werden anhand des Anforderungsdokuments oder einer daraus extrahierten Liste, in der nur Nummer und Titel der Anforderungen aufgeführt sind, die umzusetzenden Inhalte für die kommende Iteration festgelegt. Die Aktivitäten des Prozesses werden in den folgenden Abschnitten im Detail erläutert.

Abb. 5–23
Prozess P.13 »Iteration planen«

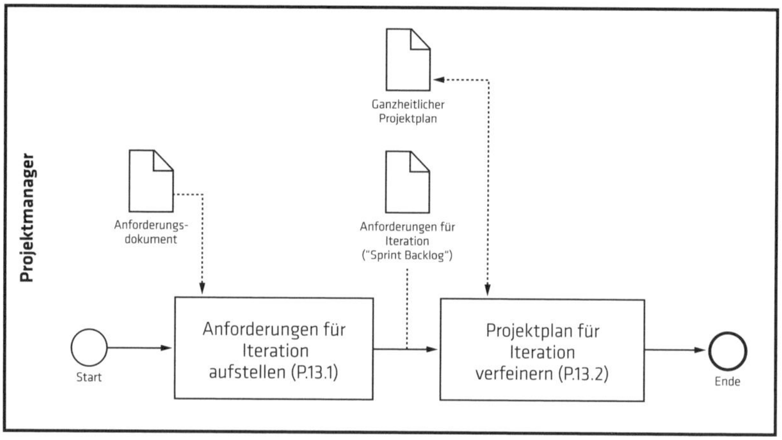

5.13.1 Anforderungen für Iteration aufstellen (P.13.1)

Wie in Abschnitt 3.7 beschrieben, werden die einzelnen Anforderungen für eine Iteration mit Prioritäten versehen. Sie müssen zudem auch technisch zueinander passen und inhaltlich aufeinander aufbauen. Aus diesem Grund sollte die Planung für eine Iteration nur gemeinsam zwischen Projektmanager, technischem Projektleiter und idealerweise dem Auftraggeber vereinbart werden. Da die einzelnen Anforderungen in Abschnitt 4.1.3 bzw. spätestens in Abschnitt 5.12.1 mit Aufwänden geschätzt wurden, sollten sich Dauer und Aufwand für eine geplante Iteration relativ zügig ermitteln lassen. Zu beachten ist, dass nur etwa 80% des geplanten Aufwands einer Iteration mit Anforderungen der höchsten Priorität belegt werden sollten, der Rest dient als Puffer. Dafür werden mit absteigender Priorität zusätzliche Anforderungen eingeplant, auf deren Umsetzung in der laufenden Iteration im Falle einer Verzögerung aber verzichtet werden kann.

Tipp: Achtzigzwanzig

Achten Sie darauf, wirklich nur bis max. 80% der zur Verfügung stehenden Aufwände auf hochpriore Anforderungen zu verplanen. Wir sehen immer wieder, dass sogar über 100% (sic!) der zur Verfügung stehenden Kapazität auf Anforderungen mit höchster Priorität verplant wird. Schaufeln Sie sich nicht Ihr eigenes Grab – Sie werden den Puffer noch schätzen lernen. Außerdem haben Ihre Teammitglieder ein Recht auf freie Wochenenden. Wer von vornherein »überplant«, bringt seinen Teammitgliedern nicht den erforderlichen Respekt entgegen.

Führen Sie die Planung so früh wie möglich durch, um die notwendige Planungssicherheit zu erreichen. Diese Aktivität ist der Auftakt jeder Iteration. Die Planung muss aber auch so spät erfolgen, dass sie die Ergebnisse einer möglicherweise zuvor abgelaufenen Iteration berücksichtigen kann. Vielleicht konnten einzelne, für die letzte Iteration geplante Anforderungen nicht umgesetzt werden, oder es konnten im Gegenteil sogar geringer priorisierte Anforderungen berücksichtigt werden. Die Planung für die folgende Iteration muss die Ergebnisse der vorherigen Iteration in jedem Fall berücksichtigen.

Die Anforderungen einer einzelnen Iteration werden gesondert festgehalten. Im Scrum wird ein vergleichbares Artefakt eingesetzt, das dort »Sprint Backlog« genannt wird. Es enthält die aus dem »Product Backlog« gewonnenen Anforderungen für eine Iteration.

Prozessverwandtschaft im PMBOK Guide

- Knowledge Area »Project Scope Management«: Prozess »5.1 Collect Requirements«, Abschnitt 5.1.3.1 »Requirements Documentation« beschreibt das Artefakt, wenn auch nicht exakt in der hier beschriebenen Form.

Eingangsartefakte

- Anforderungsdokument

Methoden, Techniken, Werkzeuge

- Grobgliederung der Anforderungen

- Priorisierungsworkshop für die Inhalte der folgenden Iteration
- Excel-Liste als Basis für die Projektplanung

Ergebnisartefakte

- Anforderungen für Iteration (»Sprint Backlog«)

5.13.2 Projektplan für Iteration verfeinern (P.13.2)

Die beschlossenen Anforderungen werden nun im Detail im ganzheitlichen Projektplan vorgesehen. Dazu wird der Plan nur für die folgende Iteration verfeinert. Die verbleibende Planung sollte bei fortschreitendem Projektverlauf in etwa zeigen, wann welche Anforderung umgesetzt werden sollte.

Allein durch die Feinplanung wird in den meisten Fällen ein Teil des in der vorigen Aktivität beschriebenen Puffers verbraucht, da sich gelegentlich Überschneidungen im Personalbedarf oder andere Abhängigkeiten ergeben, die in der Grobplanung so nicht ersichtlich waren. Dennoch sollten Sie versuchen, den Puffer weitestgehend unangetastet zu lassen. Die von Ihnen erstellte Planung muss im folgenden Kontrollpunkt 4 abgenommen werden.

Prozessverwandtschaft im PMBOK Guide

- Die Erstellung des Projektplans wird im PMBOK in der Knowledge Area »Project Time Management« abgehandelt.
- Dazu gehören die Prozesse »6.1 Define Activities«, »6.2 Sequence Activities«, »6.3 Estimate Activity Resources« und »6.4 Estimate Activity Durations«.
- Die Planung wird schließlich in Prozess »6.5 Control Schedule« zusammengeführt.

Eingangsartefakte

- Anforderungen für Iteration
- Ganzheitlicher Projektplan

Methoden, Techniken, Werkzeuge

- Detailplanung der folgenden Iteration, meist mit MS Project oder anderen projektplanerischen Hilfsmitteln

Ergebnisartefakte

- Ganzheitlicher Projektplan mit Feinplanung für die folgende Iteration

5.14 Softwareentwicklung für aktuelle Iteration planen (P.14)

In der Planung der Softwareentwicklung für die aktuelle Iteration wird auf Basis der für diese Iteration ermittelten Anforderungen die Spezifikation für die technische Umsetzung erstellt. Wie Abbildung 5–24 zeigt, wird letztlich der Entwurf für die Entwickler abgenommen und freigegeben. Der Weg von den Anforderungen einer Iteration zum Entwurf ist in mehrere Aktivitäten gegliedert, die in den folgenden Abschnitten im Detail erläutert werden.

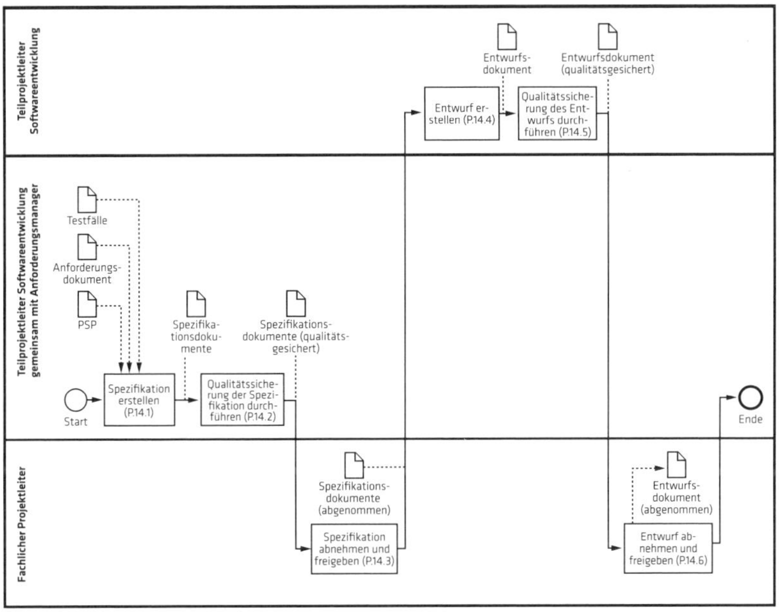

Abb. 5–24
Prozess P.14 »Softwareentwicklung für aktuelle Iteration planen«

5.14.1 Spezifikation erstellen (P.14.1)

Die Inhalte dieser Aktivität beziehen sich auf die in dieser Iteration umzusetzenden Inhalte. Die Anwendungsfälle aus der Anforderungsanalyse beschreiben die Abläufe und Interaktionen des Benutzers mit dem zu entwickelnden Softwaresystem. Sie gliedern sich jeweils in eine Reihe einzelner Aktivitäten. Um identische oder ähnliche Aktivitäten unterschiedlicher Anwendungsfälle zu identifizieren und somit Modellredundanzen zu erkennen und zu beseitigen, sind die identifizierten Anwendungsfälle detailliert zu beschreiben. Dazu werden für jeden identifizierten Anwendungsfall entsprechende UML-Aktivitätsdiagramme erstellt. Jeder Teilschritt aus einem Anwendungsfall entspricht dabei einer Aktion. Dadurch lassen sich Abhängigkeiten, Parallelitäten und Nebenläufigkeiten sowie Entscheidungs- und Verzweigungspunkte des Anwendungsfalls präzise darstellen. Dabei kann es vorkommen, dass Aktionen weiter unterteilt und neue Zusammenhänge und Abhängigkeiten identifiziert werden. Eine eindeutige und aussagekräftige Namensgebung sowie ein einheitliches Abstraktionsniveau sind für die Durchführung dieser Aktivität zweckmäßig. Das Ergebnisdokument zur Detaillierung der Anwendungsfälle ist vom verantwortlichen Teilprojektleiter Softwareentwicklung zu erstellen. Es beinhaltet die UML-Aktivitätsdiagramme für jeden identifizierten Anwendungsfall (vgl. [Vollmer 2001, S. 53]).

Definition der fachlichen Architektur

Auf Basis der detaillierten Anwendungsfälle ist vom Teilprojektleiter Softwareentwicklung zur Definition der fachlichen Architektur ein Objekt- bzw. Klassenmodell mithilfe eines UML-Klassendiagramms zu erstellen (vgl. [Gruhn & Thiel 2000]). Das Modell liefert einen ersten strukturellen Überblick über den Anwendungsbereich. Hierbei werden aus fachlicher Sicht

- die Geschäftsobjekte des Anwendungsbereichs identifiziert,
- die Verantwortlichkeiten jedes Geschäftsobjekts bestimmt,
- die Zusammenarbeit und Interaktion mit anderen Geschäftsobjekten beschrieben (vgl. [Oestereich 1998]).

Die Geschäftsobjekte entsprechen den elementaren Begriffen des Anwendungsbereichs aus Benutzersicht. Die identifizierten Verantwortlichkeiten stellen einen groben Entwurf der Schnittstellen der Geschäftsobjekte und zugehörigen Klassen dar. Die Zusammenarbeit und Interaktion zwischen den Geschäftsobjekten führt zu ersten, groben Assoziationsbeziehungen, die im Klassendiagramm entsprechend wiedergegeben werden. Die Zielsetzung ist – im Sinne einer objektorientierten und komponentenbasierten Softwareentwicklung – die Identifizierung der Softwarekomponenten des zu entwickelnden Softwareprodukts, wobei Feinheiten und Details im ersten Schritt vernachlässigt werden können (vgl. [Oestereich 1998]). Eine grobgranulare Zuordnung der sukzessive identifizierten Klassen, aus denen eine Softwarekomponente zusammengesetzt ist, zu inhaltlich zusammengehörigen Paketen mithilfe eines UML-Paketdiagramms ist in dieser stark fachlich orientierten Phase oftmals sehr hilfreich.

GUI-Spezifikation

Des Weiteren sind im Rahmen dieser Aktivität die einzelnen Dialoge und Dialogabläufe zu spezifizieren. Ergänzend kann es vor allem für größere Neuentwicklungen sinnvoll bzw. notwendig sein, ein eigenes Teilprojekt für das Interaktions- und GUI-Design aufzusetzen. In vielen Fällen ist es sinnvoll, dazu auch einen GUI-Prototyp zu entwickeln (sofern er nicht ohnehin schon vorhanden ist, vergleiche dazu auch die Aktivitäten der Anforderungsanalyse). Zudem soll durch die frühzeitige Erstellung und Verwendung von Wegwerf-Prototypen der grafischen Benutzungsoberfläche eine enge Integration des Kunden in die Verfeinerung der Anforderungsbestimmung erzielt werden.

Anschließend werden die spezifizierten Dialoge und Dialogabläufe dahingehend geprüft, ob für jeden Dialog bzw. jede grafische Benutzungsoberfläche die Beantwortung der folgenden vier Fragen möglich ist (vgl. [Nievergelt & Ventura 1983]):

- Wo bin ich hier?
- Was kann ich hier tun?
- Wie kam ich hier hin?
- Wo komme ich auf welchem Weg von hier aus hin?

Tipp zur Spezifikation

Insgesamt ist die Qualität der Spezifikation von großer Bedeutung für den weiteren Projektverlauf. Fehler, die in dieser Phase gemacht werden, können zu großen Problemen führen und haben erhebliche Auswirkungen im weiteren Projektverlauf. Daher ist es besonders wichtig, dass der Anforderungsmanager den Prozess nicht passiv begleitet und die Anforderungen lediglich aufnimmt, sondern aktiv unterstützt und so die Spezifikation zu einem Bild *aller* Projektbeteiligten formt. Dazu muss er häufig selbst Lösungsvorschläge erarbeiten, meist unterstützt von anderen Fach- oder Aufgabenbereichen. In seltenen Fällen wird die Spezifikation nach der ersten Fassung sofort endgültig vorliegen, meist sind dafür jedoch etliche Durchläufe bzw. Iterationen mit ausgewählten, aber oftmals auch unterschiedlichen Projektbeteiligten nötig.

Prozessverwandtschaft im PMBOK Guide

- Knowledge Area »Project Scope Management«: Prozess »5.3 Define Scope«. Die kooperative Entwicklung zwischen fachlichem und technischem Projektleiter ist dort jedoch nicht Bestandteil.

Eingangsartefakte

- Anforderungsdokument
- PSP
- Testfälle

Methoden, Techniken, Werkzeuge

- Zur Fixierung der Spezifikation hilfreiche Softwareanwendungen (Textverarbeitung)
- UML-Modellierungswerkzeug

Ergebnisartefakte

- Spezifikationsdokumente (inkl. GUI-Modell)

5.14.2 Qualitätssicherung der Spezifikation durchführen (P.14.2)

Der Teilprojektleiter Softwareentwicklung sowie ein verantwortlicher Softwarearchitekt überprüfen im Rahmen eines Reviews die vom Anforderungsmanager fertiggestellten Dokumente auf formale Korrektheit, Vollständigkeit und Verständlichkeit. Das Ergebnis wird in der Dokumenthistorie bzw. Versionierung des Anforderungsdokuments mit entsprechender Versionsnummer dokumentiert. Die folgenden Qualitätskriterien werden in diesem Schritt überprüft:

- eindeutig (genau eine mögliche Interpretation)
- konsistent (keine Widersprüche bei der Beschreibung, konsistente Terminologie, Glossar-Konformität, Konsistenz zwischen Darstellung in Text und Bild, redundanzfrei)
- verständlich (gegliedert, übersichtlich)
- vollständig (in sich abgeschlossen, explizite Kennzeichnung von offenen Punkten)
- prüfbar (Ableitung von Abnahmekriterien möglich)
- gewichtet nach Priorität (aus Sicht des internen Projektmanagements)
- verfolgbar (jede Systemanforderung ist eindeutig identifizierbar, Quellen der Anforderungen sind festgehalten, Verweise zwischen den Anforderungen sind korrekt)

Prozessverwandtschaft im PMBOK Guide

- Dieser Prozess hat keine direkte Entsprechung im PMBOK Guide.

Eingangsartefakte

- Spezifikationsdokumente

Methoden, Techniken, Werkzeuge

- Review der Spezifikation

Ergebnisartefakte

- Spezifikationsdokumente (qualitätsgesichert)

5.14.3 Spezifikation abnehmen und freigeben (P.14.3)

Fertiggestellte und qualitätsgesicherte Spezifikationsdokumente, die laut Vertrag vom Kunden bzw. Auftraggeber abgenommen werden müssen, werden zur Abnahme bereit gestellt. Die offizielle Abnahme wird schriftlich erteilt und entsprechend dokumentiert. In diesem Schritt werden vor allem die folgenden Qualitätskriterien überprüft:

- vollständig (alle Kundenerwartungen abgedeckt, richtige Kennzeichnung von offenen Punkten)
- korrekt (keine Verfälschung der fachlichen Inhalte)
- richtig gewichtet bzw. priorisiert (aus Sicht der Kunden)

Die Fachabteilung bzw. der Fachverantwortliche prüft die Spezifikation und nimmt sie ab. Die Abnahme kann durch Korrekturen an der Spezifikation begleitet werden, sofern noch Mängel festgestellt wurden. Allerdings sollten die Änderungen aufwandsneutral und daher nur von sehr geringem Umfang sein, da sich sonst der Umfang nicht mehr mit der ursprünglichen Planung deckt.

Prozessverwandtschaft im PMBOK Guide

- Dieser Prozess hat keine direkte Entsprechung im PMBOK Guide.

Eingangsartefakte

- Spezifikationsdokumente

Methoden, Techniken, Werkzeuge

- Review der Spezifikation

Ergebnisartefakte

- Abgenommene und freigegebene Spezifikationsdokumente

5.14.4 Entwurf erstellen (P.14.4)

In dieser Aktivität werden durch einen sogenannten Komponentenschnitt die Softwarekomponenten des zu entwickelnden Softwareprodukts bestimmt. Dazu wird das Spezifikationsdokument benötigt.

Fachlich und technisch getriebene Softwarekomponenten

Die Identifizierung der Softwarekomponenten erfolgt auf fachlicher Ebene, um die Softwarekomponenten anschließend auf technischer Ebene entwerfen zu können. Darüber hinaus sind solche Softwarekomponenten auf technischer Ebene zu identifizieren, die keinen fachlichen Ursprung haben und somit in der Regel Querschnittsaufgaben übernehmen. Die Gliederung ist hierbei so vorzunehmen, dass fachlich zusammenhängende Klassen des UML-Klassenmodells aus der Spezifikation formal zusammengefasst werden. Die Zuordnung von Klassen zu realisierenden Komponenten im Komponentenschnitt ist vom Softwarearchitekten mithilfe eines bzw. mehrerer UML-Paketdiagramme durchzuführen. Dabei ist darauf zu achten, dass jede Klasse möglichst nur von einer Komponente realisiert wird. Dadurch wird eine Mehrfachrealisierung verhindert und die Wiederverwendung der Komponente unterstützt (vgl. [Gruhn & Thiel 2000], [Vollmer 2001, S. 56 ff.]).

Spezifikation der Komponenten

Jede Aktivität der UML-Aktivitätsdiagramme aus dem Spezifikationsdokument ist nun eindeutig einer identifizierten Softwarekomponente zuzuordnen. Die Zuordnung der Aktivitäten ist in der Regel einfach, wobei in Zweifelsfällen die Schnittstellen und Abhängigkeiten zwischen den Softwarekomponenten zu minimieren sind (vgl. [Oestereich 1998]).

Komponentenschnittstellen identifizieren

Die Komponentenschnittstellen werden identifiziert, indem die Stellen im UML-Aktivitätsdiagramm bestimmt werden, an denen der Kontrollfluss eine Komponentengrenze überschreitet.

Aktivitätsdiagramme

Durch die Überschreitung einer Komponentengrenze wird es notwendig, dass die Komponente, von der der Kontrollfluss ausgeht, einen Dienst der Komponente, bei der die anschließende Aktion liegt, aufruft. Allerdings sind die UML-Aktivitätsdiagramme der Anwendungsfälle nur eine Basis für die Identifikation der Komponentenschnittstellen.

Klassendiagramme

Zusätzlich sind die Komponentenschnittstellen auf Basis des verfeinerten UML-Klassendiagramms zu identifizieren, da dort die fachlich relevanten Strukturen beschrieben werden, die ebenfalls Komponentengrenzen überschreiten (vgl. [Oestereich 1998]). Es ist darauf zu achten, dass die Komponenten einfach beschrieben werden und eine klare Trennung zwischen normalen und sicherheitstechnischen Komponenten vorgenommen wird. Zur effizienten und effektiven Wart- und Erweiterbarkeit der Softwareanwendung ist es darüber hinaus erforderlich, die entworfenen Softwarekomponenten – in Abhängigkeit ihrer Funktionalität – einer der folgenden drei Schichten zuzuordnen:

- Schicht der Anwendungslogik
- Präsentationsschicht (GUI)
- Datenhaltungsschicht (DBMS)

Zur Spezifikation der Softwarekomponenten gehören die Dienste, die die Komponente anderen Komponenten anbietet, sowie die Signaturen und Spezifikationen der angebotenen Dienste. Des Weiteren ist anzugeben, welche Komponenten die zu spezifizierende Komponente verwendet und von welchen Komponenten die zu spezifizierende Komponente aufgerufen wird. Das Ergebnisdokument dieser Aktivität ist das Entwurfsdokument mit der Spezifikation der Softwarekomponenten. Dieses Artefakt wird vom Softwarearchitekten erstellt. Dazu sind Spezifikationssprachen einzusetzen, wobei sich strukturierte und auf natürlicher Sprache basierende Ansätze bewährt haben (vgl. [Gruhn & Thiel 2000], [Vollmer 2001, S. 56 ff.]).

P!TPM

Prozessverwandtschaft im PMBOK Guide

- Knowledge Area »Project Scope Management«: Prozess »5.3 Define Scope«. Die kooperative Entwicklung zwischen fachlichem und technischem Projektleiter ist dort jedoch nicht Bestandteil.

Eingangsartefakte

- Spezifikationsdokumente

Methoden, Techniken, Werkzeuge

- Objektorientierter Entwurf

Ergebnisartefakte

- Entwurfsdokument

5.14.5 Qualitätssicherung des Entwurfsdokuments durchführen (P.14.5)

Das Entwurfsdokument wird projektintern qualitätsgesichert. Dazu wird auf Basis der allen verantwortlichen Projektbeteiligten (Projektmanager, technischer Projektleiter, Softwarearchitekt, Anforderungsmanager) zugänglich gemachten Entwurfsdokumente sowie relevanter Prüfungskriterien ein Review durchgeführt und schriftlich dokumentiert. Hierbei werden vor allem die folgenden Qualitätskriterien überprüft:

- Vollständigkeit
- Korrektheit
- Konsistenz zum Spezifikations- und Anforderungsdokument

Prozessverwandtschaft im PMBOK Guide

- Dieser Prozess hat keine direkte Entsprechung im PMBOK Guide.

Eingangsartefakte

- Entwurfsdokument

Methoden, Techniken, Werkzeuge

- Review des bzw. der Entwurfsdokumente

Ergebnisartefakte

- Überarbeitetes und qualitätsgesichertes Entwurfsdokument

5.14.6 Entwurf abnehmen und freigeben (P.14.6)

Abnahme möglichst schriftlich dokumentieren

Fertiggestellte und qualitätsgesicherte Entwurfsdokumente, die laut Vertrag vom Auftraggeber abzunehmen sind, werden dem Kunden zur Abnahme und Freigabe bereitgestellt. Die Abnahme wird im Rahmen eines Reviews durchgeführt und schriftlich dokumentiert. In diesem Schritt werden vor allem die folgenden Qualitätskriterien überprüft:

- vollständig (alle Kundenerwartungen abgedeckt, richtige Kennzeichnung von offenen Punkten)
- korrekt (keine Verfälschung des fachlichen Inputs)
- richtig gewichtet bzw. priorisiert (aus Sicht der Kunden)

Die Fachabteilung bzw. der Fachverantwortliche prüft den Entwurf aus fachlicher Sicht und nimmt ihn ab. Die Abnahme kann durch Korrekturen am Entwurf begleitet werden, sofern noch geringe Mängel festgestellt wurden. Allerdings sollten die Änderungen aufwandsneutral und daher nur von sehr geringem Umfang sein, da sich sonst der Umfang nicht mehr mit der ursprünglichen Planung deckt.

Prozessverwandtschaft im PMBOK Guide

- Dieser Prozess hat keine direkte Entsprechung im PMBOK Guide.

Eingangsartefakte

- Entwurfsdokument

Methoden, Techniken, Werkzeuge

- Review des Entwurfsdokuments

Ergebnisartefakte

- Abgenommenes und zur Implementierung freigegebenes Entwurfsdokument

5.14.7 Kontrollpunkt 4: Planung der Iteration abgenommen

Wie vorab in Abschnitt 3.7 erläutert, sollte die Planung einer jeden Iteration abgenommen werden. Je nach Vertragsform kann die Abnahme durch verschiedene Gremien erfolgen:

- In einem reinen Innenverhältnis sollte zwischen dem Projektmanager, dem fachlichen Projektleiter und dem technischen Projektleiter Konsens über die Planung der Iteration bestehen. Hier wirkt der »Auftraggeber« konsequent an der Planung der Inhalte mit.
- Ganz anders in einem Festpreisprojekt: Hier wird der Kunde in der Planung einer Iteration u.U. gar nicht beteiligt oder nur über die Ergebnisse informiert. Das Management des Auftragnehmers gibt dem Projektteam die Planung frei.
- Alle weiteren Konstellationen hängen maßgeblich von der Vertragssituation ab.

Abnahme bezieht sich auf die Inhalte, nicht auf die Planung

Sämtliche Abnahmen, gleich durch welches Gremium oder durch welche Person erteilt, beziehen sich auf die Anforderungen. Ob die Planung solide ist, kann von Außenstehenden schwerlich überprüft werden und ist daher nicht Bestandteil der Abnahme. Dennoch sollten Änderungen an den Inhalten einer laufenden Iteration vermieden und frühestens für die folgende Iteration vorgesehen werden.

6 Durchführungsphase (D)

Es bleibt spannend: In der Durchführungsphase setzen Ihr Team und Sie das Projekt gemäß Ihrer Planung um. Jetzt zeigt sich, wie weit und präzise Sie vorausgedacht haben und wie solide Ihre daraus abgeleitete Planung ist. Analog zur Planungsphase gibt es einen umfassenden Steuerungsprozess, der die untergeordneten Prozesse der verschiedenen Disziplinen koordiniert.

Zwei Kontrollpunkte sichern die Qualität der Durchführungsphase:

- K5: Bereitstellung zur Abnahme (BzA)
- K6: Abnahme erteilt

In K5 stellen Sie ein Release oder das fertige Produkt dem Auftraggeber zur Abnahme bereit (s. Abschnitt 6.9.5).

Bereitstellung zur Abnahme ist wichtigster Meilenstein

Handelt es sich um das Endprodukt, so ist dieser Kontrollpunkt der wichtigste Meilenstein aus Sicht des Auftragnehmers, da die Leistung an und zu diesem Termin gemessen wird. Übergeben wird je nach Projektvertrag ein abgeschlossenes, in jedem Fall vollständig funktionsgetestetes Produkt, das ggf. um Nebenprodukte wie Dokumentation, Schulungsunterlagen usw. zu ergänzen ist. Ab der Bereitstellung zur Abnahme greifen oft harte Vorgaben zur Behebung von Fehlern, sodass auch die Projektorganisation darauf vorbereitet sein muss. Das gilt auch für ein Release, das in den meisten Fällen ebenfalls produktiv gesetzt wird und zu dem auch Wartungsaufwände anfallen.

Erteilung der Abnahme

Der nächste Kontrollpunkt K6 ist schließlich die Erteilung der Abnahme durch den Auftraggeber (s. Abschnitt 6.10.6). Wird die Abnahme für das Endprodukt erteilt, bedeutet das die Entlastung des gesamten Projektteams, da – von einigen Nacharbeiten abgesehen – das wichtigste Projektziel erreicht wurde. Im Falle einer Releaseabnahme steht zwar die Erstellung des Endproduktes in den folgenden

Iterationen noch aus, dennoch haben Sie ein wichtiges Zwischenziel erreicht.

Nicht für ein Release vorgesehene Iterationsergebnisse müssen die Kontrollpunkte 5 und 6 nicht durchlaufen.

6.1 Projekt steuern (D.1)

Die Führung des Projekts ist die ureigenste Aufgabe des Projektmanagers und nimmt folglich einen besonderen Platz ein. Abbildung 6–1 mit D.1 »Projekt steuern« verdeutlicht diese komplexe Aufgabe durch Einbindung der Steuerungsprozesse der übrigen Knowledge Areas.

Abb. 6–1
Prozess D.1 »Projekt steuern«

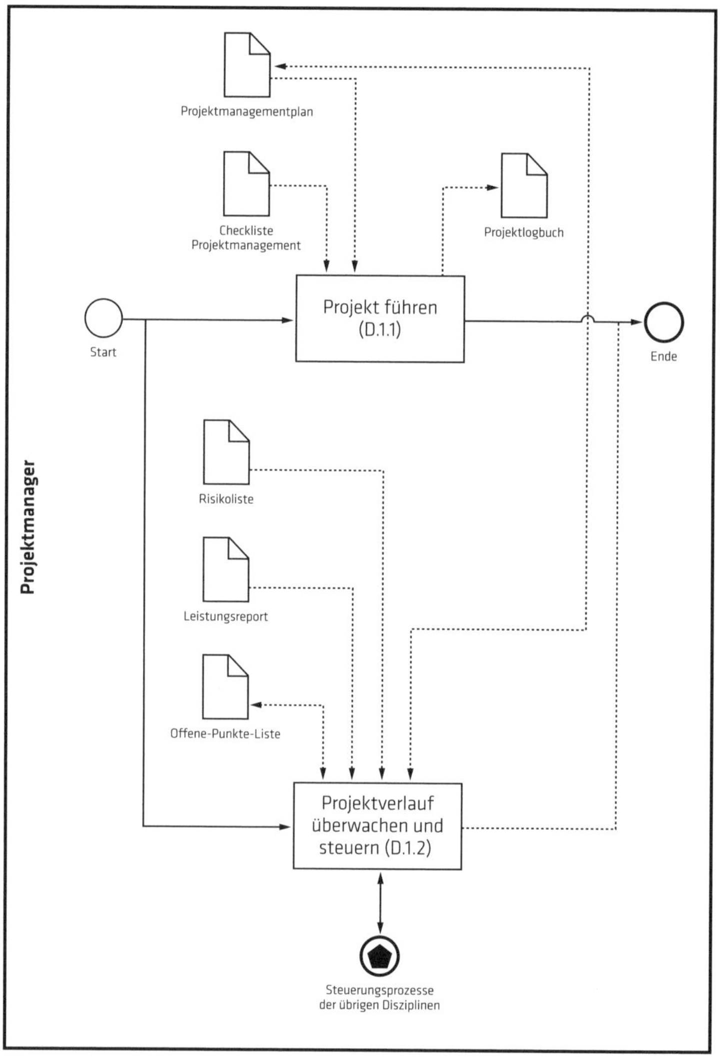

Jedes Vorgehen stößt in diesem oder einem davon abhängigen Prozess zwangsläufig an seine Grenzen. Wer sich als Projektmanager introvertiert, egoistisch oder rücksichtslos verhält, wird auch durch ein gutes Vorgehensmodell nicht besser.

Die Aktivitäten des Prozesses werden in den folgenden Abschnitten im Detail erläutert.

6.1.1 Projekt führen (D.1.1)

Anders als im PMBOK Guide, in dem der Prozess »4.3 Direct and Manage Project Execution« der »Initiating Process Group« zugeordnet ist und je nach Projektphase mit unterschiedlichen Schwerpunkten durchgeführt wird, ist in PITPM der Projektführungsprozess explizit in der Durchführungsphase abgebildet. Er bezieht sich damit weitestgehend auf die Durchführung der Iterationen.

Auch dieser Prozess sollte ein Artefakt hervorbringen: Relevante Ereignisse, die in der Kundenkommunikation von Bedeutung sein können, sollte der Projektmanager im Projektlogbuch festhalten. Zudem kann es gelegentlich erhellend sein, wenn man sich am Abend überlegt, mit welchen Aufgaben und Problemstellungen man den Tag verbracht hat. Das gehört zwar eher in ein Journal, kann aber auch im Logbuch festgehalten werden.

Prozessverwandtschaft im PMBOK Guide

- Knowledge Area »Project Integration Management«
- Prozess »4.3 Direct and Manage Project Execution«

Eingangsartefakte

- Projektmanagementplan
- Checkliste Projektmanagement

P!TPM

Methoden, Techniken, Werkzeuge

- Checkliste Projektmanagement
- Beobachtung und Durchsprachen
- Konfliktmanagementmethoden und -techniken
- Ggf. einzelne Arbeitsaufträge

Ergebnisartefakte

- Projektlogbuch

6.1.2 Projektverlauf überwachen und steuern (D.1.2)

Diese Aktivität umfasst vor allem die »tägliche Projektarbeit« des Projektmanagers und seiner Mitarbeiter, um das Projektziel zu erreichen. Alles, was ein Teammitglied im Rahmen eines laufenden Projekts an Arbeit verrichtet, fällt unter diese Aktivität, in dessen Rahmen der zuvor erstellte Projektmanagementplan »nur« angewandt wird. Hier zeigt sich, ob der »Plan der Pläne« sorgfältig erarbeitet wurde, alle Disziplinen abdeckt und tatsächlich Praxisnutzen bietet. Andernfalls hat mangelnde Vorbereitung möglicherweise aufwendige Nacharbeiten zur Folge. Änderungen werden im Projektmanagementplan festgehalten.

Zur Beurteilung der Projektsituation werden zudem die Leistungsreporte bewertet. Sie bestehen im Wesentlichen aus der reinen Aufsummierung der geleisteten Aufwände für jedes Arbeitspaket sowie sonstiger Projektkosten und geben so Aufschluss darüber, ob einzelne Pakete im Plan liegen oder eine intensivere Betreuung benötigen.

Wichtigstes Werkzeug der Aktivität ist die Führung der »Liste offener Punkte«, die disziplinübergreifende Fragen beinhaltet und deren zugehörige Antworten protokolliert.

Prozessverwandtschaft im PMBOK Guide

- Knowledge Area »Project Integration Management«
- Prozess »4.4 Monitor and Control Project Work«

Eingangsartefakte

- Projektmanagementplan
- Risikoliste
- Leistungsreport
- Offene-Punkte-Liste (sofern bereits vorhanden)

P!TPM

Methoden, Techniken, Werkzeuge

- Agenda Statusmeeting

Ergebnisartefakte

- Offene-Punkte-Liste (Aktualisierung)
- Projektmanagementplan (Aktualisierung)

6.2 Projektumfang kontrollieren und anpassen (D.2)

Nach der Definition der Anforderungen ist die dauerhafte Kontrolle der Einhaltung des Projektumfangs ein bedeutender Prozess, um das Projekt laufend auf die eigentliche Aufgabe zu fokussieren und von der Umwelt abzugrenzen. Wie in Abbildung 6–2 mit Prozess D.2 »Projektumfang kontrollieren und anpassen« dargestellt, wird bei einem erkannten Änderungsbedarf der Change-Request-Prozess ausgelöst. Die einzelnen Aktivitäten des Prozesses werden in den folgenden Abschnitten erläutert.

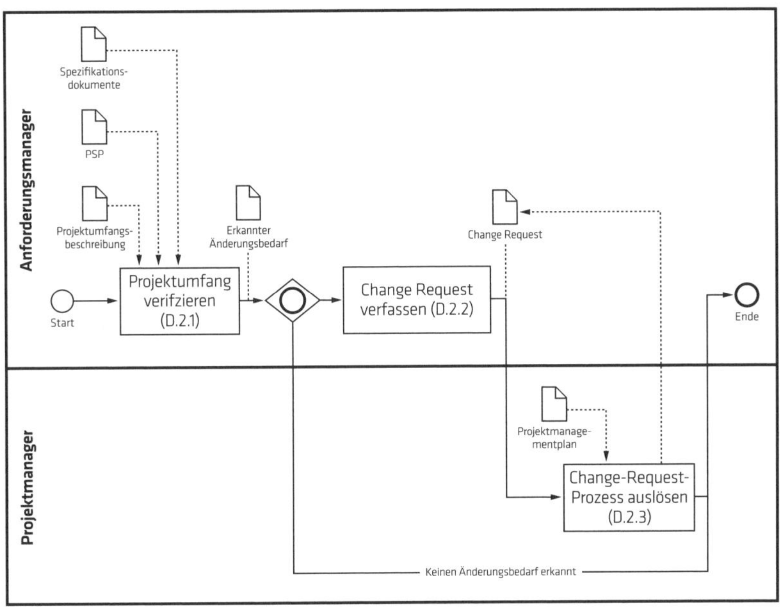

Abb. 6–2
Prozess D.2 »Projektumfang kontrollieren und anpassen«

6.2.1 Projektumfang verifizieren (D.2.1)

Die Verifizierung des Projektumfangs hat letztlich zum Ziel, die Liefergegenstände des Projekts vom Auftraggeber bzw. Kunden abnehmen zu lassen. In der Durchführungsphase wird der Anforderungsmanager daher regelmäßig überprüfen, ob die Umsetzung im Rahmen der Vorgaben erfolgt. Der Projektmanager erhält so ein klares Bild über die Situation und stellt vor allem das Auftreten von Projektänderungen rechtzeitig fest.

Dauerhafter Abgleich der Liefergegenstände

Der erste Schritt ist der dauerhafte Abgleich aller Liefergegenstände mit dem in der Projektumfangsbeschreibung angegebenen Zustand und den definierten Anforderungen für die aktuelle Iteration.

Erst zu einem Release oder zum Projektende erfolgt dann die Abnahme durch den Auftraggeber bzw. Kunden. Möglicherweise ergeben sich aus der Prüfung auch Änderungsvorschläge am zu entwickelnden Softwareprodukt.

Prozessverwandtschaft im PMBOK Guide

- Knowledge Area »Project Scope Management«
- Prozess »5.4 Verify Scope«

Eingangsartefakte

- Projektumfangsbeschreibung
- Projektstrukturplan
- Spezifikationsdokumente

Methoden, Techniken, Werkzeuge

- Prüfung und Review der Liefergegenstände vor der Freigabe

Ergebnisartefakte

- Ggf. erkannter Änderungsbedarf

6.2.2 Change Request verfassen (D.2.2)

Sofern sich aus der vorangegangenen Aktivität Änderungsbedarfe ergeben, bedingt dies möglicherweise die Auslösung eines »Change Request« (CR). Hat die Änderung keinen Einfluss auf Umfang, Kosten und Zeit, so kann guten Gewissens auf einen Change Request verzichtet werden. Ist die Änderung jedoch umfassender, betrifft sie weitere Knowledge Areas oder verändert sie Umfang, Zeit oder Kosten, so ist in jedem Fall ein Change Request gemäß der im Projektmanagementplan vereinbarten Vorgehensweise aufzusetzen. Je nach aufrufendem Prozess wird der Change Request vom Urheber erfasst; das kann z.B. der Anforderungs- oder der Qualitätsmanager sein.

Prozessverwandtschaft im PMBOK Guide

- Knowledge Area »Project Integration Management«
- Prozess »4.5 Perform Integrated Change Control«

Eingangsartefakte

- Erkannter Änderungsbedarf

Methoden, Techniken, Werkzeuge

- Es werden keine besonderen Methoden eingesetzt.

Ergebnisartefakte

- Change Request, Abbildung 6–3 zeigt die »Teilansicht Dokumentenvorlage Change Request«.
- Häufig werden CRs direkt elektronisch in Ticket-Systemen erfasst.

Fehlermeldung und Änderungsanforderung

Verfasser			
Erfassungsdatum			
Verfasser Name, Org.-Einheit			
Verfasser Kontaktdaten			
Projektleiter (des Auftraggebers)			

Fehlermeldung / Änderungsanforderung			
Anforderungs-ID (Vergabe durch Auftragnehmer)			
Bezeichnung der Anforderung	☐ Änderung	☐ Fehler	☐ Erweiterung
Art der Änderung	☐ Kritisch	☐ Wichtig	☐ Wünschenswert
Klassifizierung			
Umzusetzen bis (Wunschtermin /Wunschrelease)			
Komponente / System			
Arbeitspaket (Nr. / Titel)			
Version / Release			
Org.-Einheit / Team			

Fehlermeldung / Änderungsanforderung Details	
Beschreibung	
Fachlicher Grund / Nutzen	
Technischer Grund / Nutzen	

Abb. 6–3
Teilansicht Dokumentenvorlage Change Request

P!TPM

6.2.3 Change-Request-Prozess auslösen (D.2.3)

Der Projektmanager steuert den Change Request nun gemäß den Vorgaben aus dem Projektmanagementplan in das Projekt ein (vgl. auch den Prozessvorschlag in Abschnitt 5.2.3). Für gewöhnlich wird der

Change-Request-Prozess eine Schätzung der damit verbundenen Aufwände vorsehen. Die Details werden im Projektmanagementplan beschrieben.

Prozessverwandtschaft im PMBOK Guide

- Knowledge Area »Project Integration Management«
- Prozess »4.5 Perform Integrated Change Control«

Eingangsartefakte

- Projektmanagementplan
- Change Request

Methoden, Techniken, Werkzeuge

- Es werden keine besonderen Methoden eingesetzt.

Ergebnisartefakte

- Change Request (Aktualisierung), ggf. sollte dessen Genehmigung dokumentiert werden

6.3 Produktqualität kontrollieren (D.3)

Die Ergebnisse einer Iteration der Softwareentwicklung müssen einem abschließenden Test unterzogen werden. Erst nach erfolgreicher Testdurchführung kann das Iterationsprodukt bzw. das ggf. entstandene Softwarerelease zur Abnahme gestellt und ausgeliefert werden. Abbildung 6–4 zeigt mit Prozess D.3 »Produktqualität kontrollieren« die für die Vorbereitung und Durchführung des Tests erforderlichen Aktivitäten, die in den folgenden Abschnitten im Detail erläutert werden.

6.3.1 Testplan erstellen (D.3.1)

P!TPM

In dieser Aktivität wird der Testplan erstellt, der dediziert darüber Auskunft gibt, welche Tests zu welchen Zeitpunkten an welchem Produkt der Softwareentwicklung von welcher Person bzw. Rolle durchgeführt werden. Hierbei wird in Abhängigkeit der Entwicklungsstufen und des Reifegrads des Liefergegenstands zwischen verschiedenen Tests unterschieden:

- Klassentest
- Komponententest

- Integrationstest
- Schnittstellentest
- Systemtest
- Benutzbarkeitstest (Usability-Test)
- Lasttest
- Performance-Test und Leistungstest
- Abnahmetest

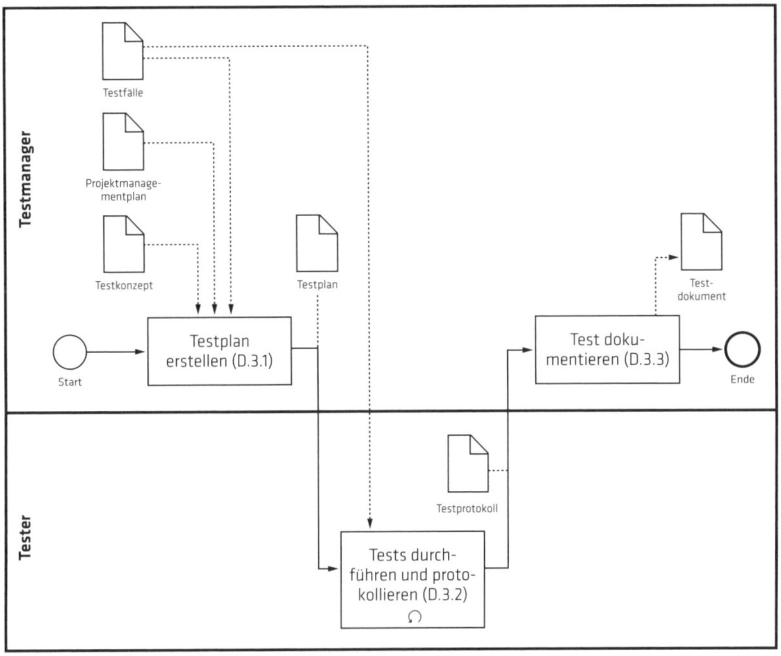

Abb. 6–4
Prozess D.3 »Produktqualität kontrollieren«

Bei den Testmethoden wird prinzipiell zwischen Blackbox- und Whitebox-Tests unterschieden, wobei es für jede Entwicklungsstufe unterschiedliche Ausprägungen dieser Tests gibt (s. auch [Liggesmeyer 2002]).

Im Rahmen eines Blackbox-Tests wird das gesamte System gegen die vorab definierten Anforderungen rein funktional geprüft. Blackbox-Tests lassen damit die technische Implementierung unbeachtet. Ein Whitebox-Test (auch Glass-Box-Test) hingegen berücksichtigt beim Testen die Implementierung und erlaubt auch einen Blick in den Code, um Anforderungen zu verifizieren.

Beide Methoden haben Vor- und Nachteile, daher sollte die Testmethode abhängig von der Rolle und dem Entwicklungsstand gewählt werden. Wie getestet werden soll, ist im Detail im Testplan aufzuführen.

Prozessverwandtschaft im PMBOK Guide

- Knowledge Area »Project Quality Management«
- Prozess »8.1 Plan Quality«

Eingangsartefakte

- Projektmanagementplan
- Testkonzept
- Testfälle

Methoden, Techniken, Werkzeuge

- Es werden keine besonderen Methoden eingesetzt.

Ergebnisartefakte

- Testplan

6.3.2 Tests durchführen und protokollieren (D.3.2)

In dieser Aktivität wird das Ergebnis einer Iteration der Softwareentwicklung einer eingehenden Überprüfung im Rahmen von Testmaßnahmen unterzogen. Die Durchführung des Tests orientiert sich organisatorisch an den Rahmenbedingungen aus dem Testplan und wird jeweils von einem oder ggf. mehreren Testern durchgeführt und protokolliert.

Prozessverwandtschaft im PMBOK Guide

- Knowledge Area »Project Quality Management«
- Prozess »8.3 Perform Quality Control«

Eingangsartefakte

- Testplan
- Testfälle

Methoden, Techniken, Werkzeuge

- Tests gemäß Projektauftrag
- Grafische Auswertungen

Ergebnisartefakte

- Testprotokoll

6.3.3 Test dokumentieren (D.3.3)

In dieser Aktivität wird das Testdokument als Ergebnis eines Testdurchlaufs erstellt. Im Testdokument wird festgehalten,

- wann welche Tests
- von welchen Artefakten des Softwareprodukts
- von welchem Tester
- mit welchem Ergebnis durchgeführt wurden.

Anschließend wird bewertet, ob der Test erfolgreich oder fehlerhaft war. Es wird außerdem betrachtet, welche Fehler zu einem gegebenen Zeitpunkt noch in welcher Softwarekomponente vorhanden waren. Wenn die Fehler nicht umgehend von einem zuständigen Softwareentwickler behoben werden, ist zudem zu vermerken, wie und zu welchem Zeitpunkt die Fehlerbehebung vorgesehen ist.

Wenn Sie ein Ticketing-System für die Aufnahme von Fehlern verwenden, lassen sich Großteile der erforderlichen Testdokumentation mit wenigen Handgriffen direkt aus dem System erzeugen.

Prozessverwandtschaft im PMBOK Guide

- Knowledge Area »Project Quality Management«
- Prozess »8.3 Perform Quality Control«

Eingangsartefakte

- Testprotokoll

Methoden, Techniken, Werkzeuge

- Trouble-Ticket-System bzw. Bug- oder Defect-Tracking-System

Ergebnisartefakte

- Testdokument

6.4 Projektkommunikation steuern (D.4)

Die Steuerung der Projektkommunikation ist ein Metaprozess, der im Projekt beständig durchgeführt wird. Der in Abbildung 6–5 dargestellte Prozess D.4 »Projektkommunikation steuern« bezieht sich vornehmlich auf die Verteilung relevanter Informationen wie z.B. den periodisch zu erstellenden Statusbericht. Die einzelnen Aktivitäten des Prozesses werden in den folgenden Abschnitten im Detail erläutert.

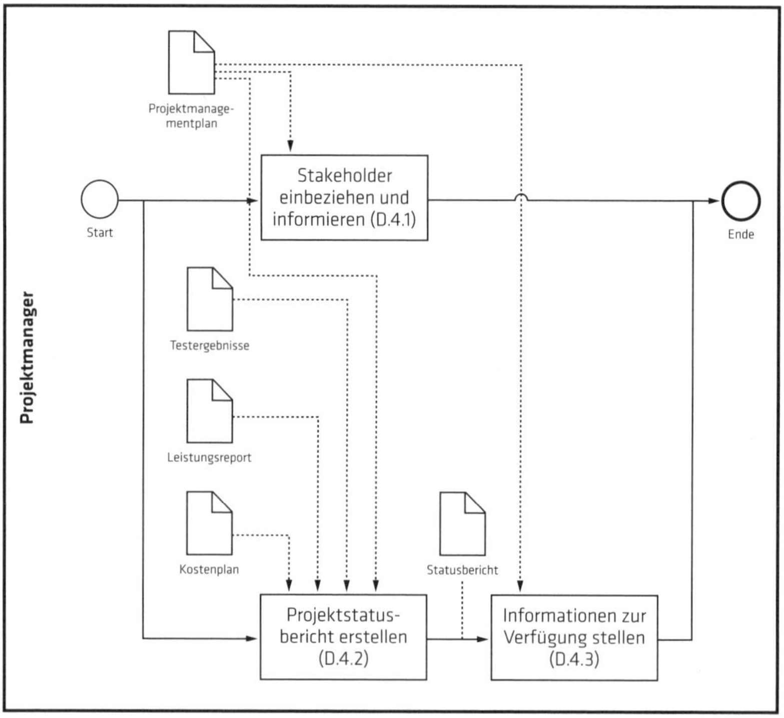

Abb. 6–5
Prozess D.4 »Projektkommunikation steuern«

6.4.1 Stakeholder einbeziehen und informieren (D.4.1)

Die Stakeholder und darunter vor allem die Sponsoren haben maßgeblichen Einfluss auf den Verlauf des Projekts. Ihre Erwartungen, Bedenken und Rückmeldungen sollten daher vom Projektmanager gesteuert werden. Wichtigstes Steuerungsinstrument ist der antizipative Umgang des Projektmanagers mit allen Stakeholdern:

Probleme nicht verschleppen

- Die Verschleppung oder Verschleierung eines projektbezogenen Problems ist in den wenigsten Fällen gerechtfertigt. Möglicherweise erkauft sich der Projektmanager dadurch etwas Reaktionszeit. Wenn ein Problem jedoch für den Kunden sichtbar wird, sollte es vom Projektmanager frühzeitig kommuniziert werden. Das bedeutet im Umkehrschluss nicht, dass jedes Detail sofort veröffentlicht werden muss. Ist jedoch z.B. erkennbar, dass gestellte Anforderungen nicht erfüllt werden können, so sollte das Problem unmittelbar nach dessen Identifikation mit allen Konsequenzen den Sponsoren bewusst gemacht werden.
- Die enge Einbindung aller Stakeholder und das aktive Abfragen von deren »Befindlichkeiten« erhöht zudem die Transparenz und schafft frühzeitig wesentlich mehr Akzeptanz im Projekt. Es wird dem Pro-

jektmanager dann auch leichter fallen, »schlechte« Nachrichten unterzubringen, wie zum Beispiel die Verschiebung eines Meilensteins. Wenn Sie zuvor zumindest die entscheidenden Stakeholder eingebunden haben, so kommt die Nachricht ja nicht überraschend. »Pflicht« ist die regelmäßige Erstellung und Veröffentlichung von Statusberichten, aus denen die Projektsituation ersichtlich wird. Erfahrungsgemäß werden solche Reports jedoch nur von einem geringen Teil der Stakeholder gelesen, sodass die »Kür« darin besteht, mit allen Personenkreisen den Kontakt zu halten und sie dadurch eng in das Projekt einzubinden.

Kommunikation findet immer statt

Die rechtzeitige Information der Stakeholder mit relevanten Daten ist erforderlich, um sie einzubeziehen, sowie Entscheidungen und ggf. deren Eingreifen zu ermöglichen. Der Projektmanagementplan gibt vor, wie und wann die Stakeholder über welche Ereignisse und Vorkommnisse zu informieren sind.

Prozessverwandtschaft im PMBOK Guide

- Knowledge Area »Project Communications Management«
- Prozess »10.4 Manage Stakeholder Expectations«: Der Prozess im PMBOK Guide geht etwas über diese Definition hinaus und umfasst das gesamte Stakeholder-Management.

Eingangsartefakte

- Projektmanagementplan

Methoden, Techniken, Werkzeuge

- Im Projektmanagementplan festgelegte Kommunikationswege etablieren
- Offene-Punkte-Liste führen

Ergebnisartefakte

- Keine, da es sich um den Kommunikationsprozess an sich handelt
- Im Rahmen der Aktivitäten werden die Stakeholder informiert.

6.4.2 Projektstatusbericht erstellen (D.4.2)

Der Projektstatusbericht führt alle relevanten Informationen des Projekts zusammen und aggregiert sie auf ein verständliches, aber dennoch aussagefähiges Maß. In ihm sind die wesentlichen Informationen enthalten, wie offene Punkte, zusammengefasste Risiken, Verbrauchszahlen und Schätzungen zur Fertigstellung, erreichte Meilensteine, erledigte und nachfolgende Aufgaben.

Ergebnisse der Earned-Value-Analyse

Ein weiterer Bestandteil ist das Ergebnis der Earned-Value-Analyse, die im Rahmen der Kostenverfolgung erstellt wird. Die Analyse wird in Abschnitt 6.8.2 detailliert beschrieben.

Die Informationen und Daten, die im Statusbericht enthalten sein sollen, wurden im Projektmanagementplan festgelegt. Dort sollte neben den Empfängern auch die Frequenz hinterlegt sein, mit der der Bericht erstellt und verteilt werden sollte.

Prozessverwandtschaft im PMBOK Guide

- Knowledge Area »Project Communications Management«
- Prozess »10.5 Report Performance«

Eingangsartefakte

- Projektmanagementplan
- Testergebnisse
- Leistungsreport
- Kostenplan

Methoden, Techniken, Werkzeuge

- Statusreviews mit den Teilprojekten bzw. Teilprojektleitern
- Möglichst Visualisierung der Ergebnisse und der Entwicklung
- Berichte aus den Reporting-Systemen, sofern vorhanden

Ergebnisartefakte

- Statusbericht. Abbildung 6–6 zeigt eine Teilansicht der Vorlage Statusbericht.

Abb. 6–6
Teilansicht der Vorlage Statusbericht

P!TPM

Legende:

↑	**Planmäßig**	Es liegen keine Abweichungen vom Projektplan vor.
↗	**Geringfügige Abweichung**	Es liegen Abweichungen vom Projektplan vor, die allerdings nicht den Ablauf des Projektplans und/ oder das Budgets beeinflussen.
↘	**Abweichung**	Es liegen Abweichungen vom Projektplan vor, die den Ablauf des Projektplans und/ oder das Budget beeinflussen.
↓	**Starke Abweichung (Out of Line)**	Es liegen Abweichungen vom Projektplan vor, die den Ablauf des Projektplans und/ oder das Budget beeinflussen. Eine Eskalierung in die nächste Projektinstanz ist erforderlich. Diese Eskalation ist für folgende Projekte als anführendes Beispiel zu dokumentieren.

Bemerkung:
Die Erläuterung des Projektstatus sollte alle außergewöhnliche Sachverhalte/Fakten enthalten, die den Verlauf des Projektplans (Status s.o.) maßgeblich beeinflusst haben.

6.4.3 Informationen zur Verfügung stellen (D.4.3)

Die Aktivität befasst sich mit der Umsetzung des Projektmanagementplans für den Bereich der Projektkommunikation. Dabei geht es um die Strukturierung der Kommunikation gemäß den Vorgaben, also um die Einhaltung von gesetzten Meetingterminen, deren Dokumentation sowie die Verteilung von Informationen wie vorgesehen.

Prozessverwandtschaft im PMBOK Guide

- Knowledge Area »Project Communications Management«
- Prozess »10.3 Distribute Information«

Eingangsartefakte

- Projektmanagementplan
- Statusbericht, sofern vorhanden

Methoden, Techniken, Werkzeuge

- Informationsverteilung nach Projektmanagementplan (Mail, Dokumentenplattform usw.)
- Meetings, Workshops usw. gemäß Definition
- Protokolle

Ergebnisartefakte

- Keine, da es sich um den Kommunikationsprozess an sich handelt

6.5 Risiken überwachen (D.5)

Wie Abbildung 6–7 mit Prozess D.5 »Risiken überwachen« zeigt, wird im Rahmen der Risikoüberwachung ein ähnlicher Prozess wie zur Risikoidentifikation innerhalb der Planungsphase durchlaufen, jedoch ist bei diesem Durchlauf bereits ein Risikoregister vorhanden. In der anschließenden Aktivität werden die einzelnen Maßnahmen auf Basis der im Risikoregister angegebenen Risiken geplant. Die Aktivitäten werden in den folgenden Abschnitten im Detail erläutert.

6.5.1 Bestehendes Risikoregister abgleichen und ergänzen (D.5.1)

In dieser Aktivität wird zu bestehenden Risiken der Erfolg der eingeleiteten Maßnahmen kontrolliert und ggf. nachjustiert. Zudem sollte zu diesem Zeitpunkt das gesamte Projektteam einen Erkenntnisprozess

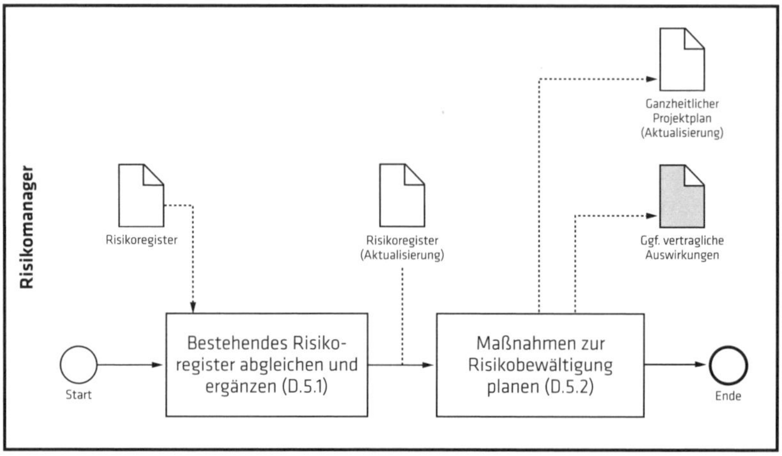

Abb. 6–7
Prozess D.5 »Risiken überwachen«

durchlaufen haben und nun einen anderen Wissensstand als in der ersten Erfassung ausweisen. Neue Risiken werden also aufgenommen, nicht eingetretene Risiken werden entsprechend markiert.

Wenn möglich sollte regelmäßig ein von anderen Meetings getrennter Risikoworkshop stattfinden, um das Register zu aktualisieren und mögliche Folgeaktivitäten einleiten zu können. Dazu kann die Aufnahme eines zusätzlichen Arbeitspakets in den Projektplan ebenso gehören wie die Formulierung eines Change Request aus dem Projektteam heraus (s. dazu auch in Abschnitt 5.9.1 die verwandte Aktivität Risiken identifizieren (P.9.1) sowie in Abschnitt 5.9.2).

Prozessverwandtschaft im PMBOK Guide

- Knowledge Area »Project Risk Management«
- Prozess »11.2 Identify Risks« beschreibt den Prozess zur Identifikation von Risiken.

Eingangsartefakte

Darunter sind alle Dokumente zu verstehen, die zur Einschätzung der Projektrisiken beitragen können. Unter anderem:

- Bestehendes Risikoregister
- Sämtliche Dokumente und Erkenntnisse

Methoden, Techniken, Werkzeuge

Jegliches Instrument zur Identifizierung von Risiken ist angebracht (s. dazu auch in Abschnitt 5.9.1 die verwandte Aktivität »Risiken identifizieren (P.9.1)«).

Ergebnisartefakte

- Risikoregister (aktualisierte Fassung)

6.5.2 Maßnahmen zur Risikobewältigung planen (D.5.2)

Jedes Risiko sollte genau von einem Verantwortlichen verfolgt werden

Nach der statistischen Einschätzung eines Risikos aus dem Risikoregister sollte jeder Eintrag *genau einem* Projektmitarbeiter zugewiesen werden, der für dessen Kontrolle und Bewältigung verantwortlich ist.

Anschließend werden in der Reihenfolge der Priorisierung Bewältigungsmaßnahmen zu jedem einzelnen Risiko geplant. Die Risikoverantwortlichen müssen entscheiden, wann und ob eine Maßnahme eingeleitet werden soll. Die Gegenmaßnahmen und deren Auslöser werden im Risikoregister festgehalten und dort verwaltet.

Diese Aktivität verläuft analog zu der in Abschnitt 5.9.3 beschriebenen Aktivität »Maßnahmen zur Risikobewältigung planen (P.9.3)«.

Prozessverwandtschaft im PMBOK Guide

- Knowledge Area »Project Risk Management«
- Prozess »11.5 Plan Risk Responses« beschreibt den Prozess zur Planung von Risikosteuerungsmaßnahmen.

Eingangsartefakte

- Risikoregister

Methoden, Techniken, Werkzeuge

- Strategien für Risiken: Vermeiden, Übertragen, Mildern oder Hinnehmen
- Strategien für Chancen (positive Risiken): Nutzen, Teilen, Ausbauen oder Hinnehmen

Ergebnisartefakte

- Risikoregister
- Vertragliche Auswirkungen (extern, optional): mögliche Maßnahme, z.B. eine Versicherung oder andere externe Vereinbarungen mit einem Dritten

6.6 Projektteam steuern (D.6)

Ebenso wie die Steuerung der Projektkommunikation ist die Steuerung des Projektteams ein dauerhafter Prozess. Abbildung 6–8 zeigt daher nur solche Aktivitäten, die ein unmittelbares Ergebnis liefern. Dazu gehört die Zusammenstellung der Teams ebenso wie die Erstellung dedizierter Arbeitsaufträge für jedes Teammitglied. Die Aktivitäten des Prozesses werden in den folgenden Abschnitten im Detail erläutert.

Abb. 6–8
Prozess D.6
»Projektteam steuern«

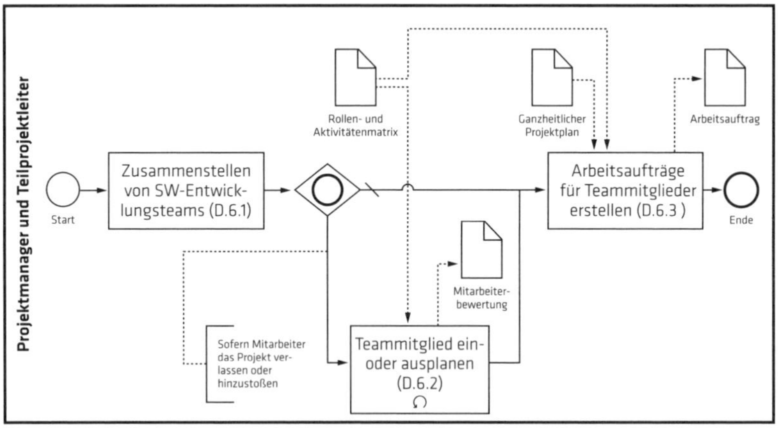

6.6.1 Zusammenstellen von Softwareentwicklungsteams (D.6.1)

In dieser Aktivität werden die Softwareentwicklungsteams zusammengestellt, wobei immer darauf geachtet werden sollte, durch unterschiedliche Charaktere eine heterogene, aber Erfolg versprechende Mischung von Personen zusammenzustellen. So sollte es Spezialisten im Team geben, die in ihrem Gebiet absolute Fachexperten sind und möglicherweise etwas eigenbrötlerisch daherkommen, aber auch kommunikativ starke Generalisten, die in der Lage sind, Führungsaufgaben im Team zu übernehmen. Zudem sollten Sie daran denken, jungen, möglicherweise noch etwas unerfahrenen Juniorentwicklern jeweils einen oder mehrere erfahrene Softwareentwickler als Ansprechpartner zuzuordnen, der bzw. die ihnen mit verständlichen Erklärungen zur Hand gehen können. Darüber hinaus sollten zusammengewachsene Teams aus früheren, erfolgreichen Projekten bei der Zusammenstellung der Softwareentwicklungsteams berücksichtigt werden. In diesem Kontext sollten Sie abgeschlossene Projekte auch im Hinblick auf den jeweils vorgenommenen Personaleinsatz auswerten und analysieren.

Im Rahmen einer Iteration sollte lediglich geprüft werden, ob die bestehenden Team angepasst werden müssen oder ob sie weiter wie bisher zum Einsatz kommen sollen.

Prozessverwandtschaft im PMBOK Guide

- Knowledge Area »Project Human Resource Management«
- Prozess »9.2 Acquire Project Team«

Eingangsartefakte

- Keine

Methoden, Techniken, Werkzeuge

- Es werden keine besonderen Methoden eingesetzt.

Ergebnisartefakte

- Keine Artefakte, aber die zusammengestellten Softwareentwicklungsteams

6.6.2 Teammitglied ein- oder ausplanen (D.6.2)

Verschiedene Faktoren können dazu führen, dass ein Projektmitglied aus dem Projekt genommen werden muss, es also »ausgeplant« wird: Spezialisten wird man meist nur für eine dedizierte Aufgabe einsetzen, gefragte Ressourcen verliert man u.U. an strategisch wichtigere Projekte oder eine extern eingekaufte Kraft entspricht nicht den Erwartungen. Wichtig ist, dass der Projektmanager der Situation mit der nötigen Sensibilität begegnet. War die Beteiligung des Teammitglieds von vornherein zeitlich begrenzt, so ist der Zeitpunkt des Ausplanens beiden Parteien bekannt. In anderen Fällen ist es wichtig, dem (dann ehemaligen) Projektmitglied genau zu erläutern, woran eine Weiterbeschäftigung scheitert. Andernfalls nimmt man dem Mitarbeiter eine wesentliche Basis zur persönlichen Weiterentwicklung.

P!TPM

In jedem Fall sollte die Arbeit des Mitarbeiters mit ihm bewertet werden. Das kann im Rahmen eines Gespräches geschehen oder – bei größeren Projekten – gemeinsam mit dem Linienvorgesetzten des Mitarbeiters. Je nach Organisationsform können die Ergebnisse auch schriftlich festgehalten werden, etwa in einer rein projektbezogenen Personaldatei.

Die Bewertung der Arbeit bekommt bei externen Partnern einen besonderen Stellenwert. Durch eine entsprechende Notiz in der Zulie-

> **Tipp: Betriebsrat hinzuziehen**
>
> So sinnvoll die Einrichtung einer Personaldatei für Projekte auch ist: In Deutschland sind die Mitarbeitergesetze bezüglich der Aufzeichnung persönlicher Daten von Mitarbeitern sehr genau geregelt. Sprechen Sie daher die Einführung einer Personaldatei in dieser Form zuvor mit dem Betriebs- bzw. Personalrat ab – sofern es einen gibt.

fererdatenbank kann sichergestellt werden, dass bei künftigen Projekten bestimmte Ressourcen gemieden oder bevorzugt werden. Externe Partner werden in der Folgeaktivität bewertet.

Möglicherweise müssen Sie aber auch zusätzliche Mitarbeiter während des Projekts hinzuziehen, also *ein*planen. Die neuen Kollegen benötigen u.U. spezielle Vorbereitungsmaßnahmen, sodass sie zumindest in Teilen die Aktivität »Projektteam formen und entwickeln (P.10.5)« durchlaufen müssen. Sie benötigen meist eine individuelle Einarbeitung, da sie die »Geschichte« des Projekts nicht kennen. Dabei hilft ihnen vor allem der Projektmanagementplan, da in ihm sämtliche Projektprozesse im Detail beschrieben sind. Zusätzlich wird die Umfangsbeschreibung einen guten Einstieg in das Projekt vermitteln können.

Prozessverwandtschaft im PMBOK Guide

- Knowledge Area »Project Human Resource Management«
- In Teilen in Prozess »9.2 Acquire Project Team«
- Das Ausplanen aus Projekten ist nicht expliziter Bestandteil eines im PMBOK Guide beschriebenen Prozesses.

Eingangsartefakte

- Rollen- und Aktivitätenmatrix

Methoden, Techniken, Werkzeuge

- Persönliches Gespräch

Ergebnisartefakte

- Mitarbeiterbewertung

6.6.3 Arbeitsaufträge für Teammitglieder erstellen (D.6.3)

Auf Basis der Rollen- und Aktivitätenmatrix können nun explizite Arbeitsaufträge für einzelne Projektmitarbeiter erstellt werden. Jeder

Arbeitsauftrag sollte sich auch im ganzheitlichen Projektplan auf der untersten Ebene wiederfinden, idealerweise ist der Titel eines Arbeitsauftrags mit dem Titel einer Aufgabe im Projektplan samt Gliederungsnummer identisch. Das erleichtert später die Zuordnung einzelner Aufträge.

Besonders wichtig ist die Erstellung eines Arbeitsauftrags für externe Mitarbeiter. Möglicherweise wurde die Vorlage eines schriftlichen Arbeitsauftrags in den Vertrag aufgenommen, sodass das Dokument rechtlich bindend ist. Mit entsprechender Sorgfalt sollte es erstellt werden.

Arbeitsaufträge beschreiben die Inhalte eines Arbeitspakets im Detail

Intern wird auf Arbeitsaufträge (leider) häufig verzichtet. Dabei muss es sich nicht immer um ein sehr umfassendes Dokument handeln, es reicht meist eine kurze Dokumentation im Projektplan, z.B. in den Notizen zu einem PSP-Element.

Tipp:
Pragmatische Ebene für die Definition eines Arbeitsauftrags finden

Nicht alle Mitglieder Ihres Projektteams sind gleich. Sie werden vielleicht Mitarbeiter im Team haben, die mit wenig Erfahrung in das Projekt gekommen sind. Sie werden dankbar sein, wenn ihnen ein detaillierter Arbeitsauftrag zur Verfügung gestellt wird. Erfahrene Kollegen, die möglicherweise sogar wiederkehrende Aufgaben im Projekt wahrnehmen, brauchen keine oder weniger Anleitung. Bei ihnen kann u.U. der Titel des Arbeitspakets ausreichend sein. Besprechen Sie mit Ihren Mitarbeitern individuell, wie detailliert die Aufgabenbeschreibung ausfallen sollte.

Prozessverwandtschaft im PMBOK Guide

- Knowledge Area »Project Human Resource Management«
- Prozess »9.4 Manage Project Team«

Eingangsartefakte

- Ganzheitlicher Projektplan
- Rollen- und Aktivitätenmatrix

Methoden, Techniken, Werkzeuge

- Detaillierte Beschreibung der Aufgabe aus dem Projektplan

Ergebnisartefakte

- Arbeitsauftrag. Abbildung 6–9 zeigt eine Teilansicht der Vorlage Arbeitsauftrag.

Abb. 6–9
Teilansicht der Vorlage Arbeitsauftrag

Arbeitsauftrag	Arbeitspaket ID: 210473
Inhaltliche Aspekte	
Kurzbezeichnung	
Beschreibung **Beschreibung des Auftrags, Arbeitsziele. Gliederung des Auftrags in einzelne Aktivitäten und Teilergebnisse.**	
Abgrenzung **Abgrenzung zu davorliegenden, parallelen und nachfolgenden Aufgaben desselben Projekts sowie zu anderen Projekten und Systemen; insbesondere durch Ausschließen, was nicht zu bearbeiten ist.**	
Voraussetzungen **Hinweise auf vor Beginn durchzuarbeitende Unterlagen, auf vorgegebene organisatorische Lösungen, auf Bedingungen, auf Kompetenzen, Methoden und unterstützende Gesprächspartner etc.**	
Besondere Risiken **Welche bekannten Risiken wirken sich besonders auf dieses Arbeitspaket aus. Hier dürfen nur Risiken genannt werden, die im Risikomanagement bekannt sind.**	
Arbeitsunterlagen **Unterlagen für Einarbeitung, Handbücher, Beschreibungen, Links etc.**	

6.7 Externe Leistungen kontrollieren (D.7)

Die vertraglichen Möglichkeiten einer externen Zulieferung können vielfältig sein. Sie reichen von der einfachen Integration eines einzelnen Mitarbeiters in das Projektteam bis zur Erstellung kompletter Gewerke weitestgehend außerhalb des eigentlichen Projekts (s. dazu auch die vertraglichen Regelungen in Aktivität »Anbieter auswählen (P.11.2)«). Abbildung 6–10 zeigt den Prozess D.7 »Externe Leistungen kontrollieren«. Die einzelnen Aktivitäten werden in den folgenden Abschnitten im Detail erläutert.

6.7.1 Externe Lieferungen kontrollieren und bewerten (D.7.1)

Im Rahmen dieser Aktivität werden die Leistungen bewertet, die sich auf den zu diesem Zeitpunkt vorgelegten Liefergegenstand beziehen. Es geht also nicht um die Bewertung des Zulieferers in seiner Gesamtheit, sondern rein um die Betrachtung seiner Lieferung. Die Bewertung ist entscheidend für das weitere Vorgehen und die vertragliche Regelung mit dem Partner – nur wenn alles stimmt, wird gezahlt. Zu diesem

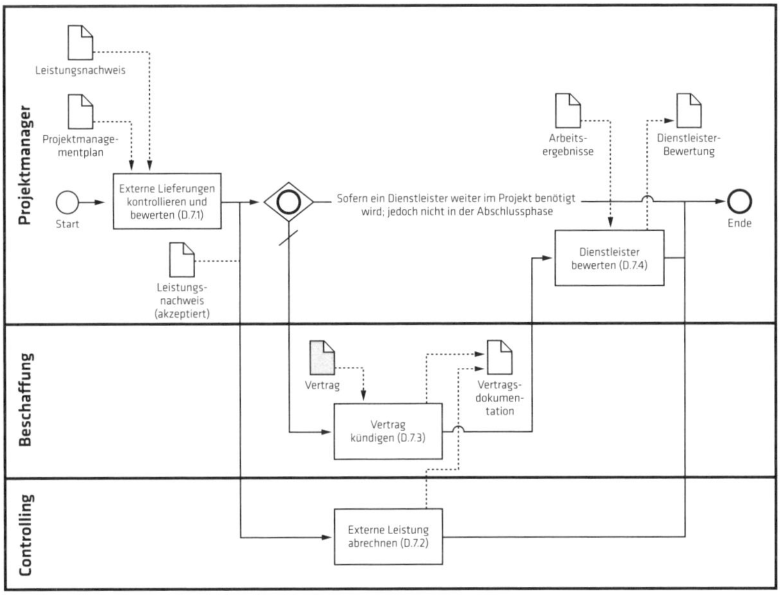

Abb. 6–10
Prozess D.7 »Externe Leistungen kontrollieren«

Zweck steuert der Vertragspartner seinen Leistungsnachweis bei. Je nach Vertragsform kann das eine Zusammenfassung der erbrachten Leistungen oder, wie bei Verträgen nach Zeit und Aufwand (Time & Material, T&M) üblich, die reine Stundenabrechnung sein. Anhand des Projektmanagementplans kann der Projektmanager entscheiden, ob die Arbeiten wie vereinbart erbracht wurden, wo noch offene Posten liegen und ob der Vertrag beendet werden kann.

Da die reine Administration des Vertrages meist in der Linienorganisation erfolgt, ist das Controlling mit entsprechenden Informationen zu versorgen, z.B. die Freigabe der Zahlung nach Abzeichnung der Stundenzettel oder der Stopp der Auszahlung bei nicht vertragskonformer Leistung.

Prozessverwandtschaft im PMBOK Guide

- Knowledge Area »Project Procurement Management«
- In Teilen in Prozess »12.3 Administer Procurements«

Eingangsartefakte

- Leistungsnachweis der externen Ressource(n)
- Projektmanagementplan

Methoden, Techniken, Werkzeuge

- Performance-Review des Zulieferers

- Zuliefererdatenbank mit relevanten Informationen über Personen oder Firma füllen

Ergebnisartefakte

- Akzeptierter Leistungsnachweis

6.7.2 Externe Leistung abrechnen (D.7.2)

Das Controlling leitet auf Anweisung des Projektmanagers oder des verantwortlichen Teilprojektleiters die Abrechnung ein. Als Basis dient der Leistungsnachweis, der die vom externen Partner erbrachten Leistungen beschreibt und mit finanziellen Werten versieht.

Auch wenn es aus Projektsicht nebensächlich erscheint: Die rechtzeitige Bezahlung der vom Projekt extern beschafften Leistungen ist wichtig, da sie auch eine vertrauensbildende Maßnahme ist. Um es mit Kant zu halten: »Handle so, dass die Maxime deines Willens jederzeit zugleich als Prinzip einer allgemeinen Gesetzgebung gelten könne.« Mit anderen Worten: Sie sollten jede gerechtfertigte Rechnung möglichst sofort, in jedem Fall aber innerhalb der gesetzten Frist begleichen. Andersherum dürfen Sie auch erwarten, dass eine von Ihnen ausgestellte Rechnung im gesetzten Zeitrahmen beglichen wird.

Prozessverwandtschaft im PMBOK Guide

- Knowledge Area »Project Procurement Management«
- In Teilen Prozess »12.3 Administer Procurements«
- Dort das Werkzeug »12.3.2.5 Payment Systems«

Eingangsartefakte

- Leistungsnachweis

Methoden, Techniken, Werkzeuge

- Kaufmännische Buchungssysteme

Ergebnisartefakte

- Dokumentation der beglichenen Rechnung

6.7.3 Vertrag kündigen (D.7.3)

Dieser Prozess ist nur durchzuführen, wenn externe Leistung eingekauft wurde und eines der folgenden Kriterien eintritt:

- Die Unterstützung eines externen Zulieferers wird nicht mehr benötigt.
- Das Projekt wird beendet.

Verträge rechtzeitig kündigen

In beiden Fällen ist zudem Voraussetzung, dass der geschlossene Vertrag tatsächlich gekündigt werden muss und nicht selbstständig ausläuft. Dann muss das Vertragsverhältnis mit dem Zulieferer rechtzeitig vertragskonform beendet werden. In jedem Fall ist vorher zu prüfen, ob verbindliche Kündigungsfristen einzuhalten sind. Nach Möglichkeit wurde bereits bei Vertragsabschluss eine dem Auftraggeber entgegenkommende Vertragsform gewählt, wie z.B. Vertragsende bei Erfüllung, ohne dass explizit gekündigt werden muss. Dennoch kann es Konstellationen geben, die das Projekt nachteilig beeinflussen könnten.

Nachdem festgestellt wurde, dass der Zulieferer bzw. ein oder mehrere Mitarbeiter des Zulieferers im Rahmen des Projekts nicht mehr benötigt werden, löst die Beschaffung die entsprechende Vertragskündigung aus. Die Kündigung selbst kann je nach Konstellation auch von anderer Stelle erfolgen, z.B. vom betreuenden Projektmanager selbst. In jedem Fall ist die Kündigung in der Vertragsakte zu dokumentieren.

Prozessverwandtschaft im PMBOK Guide

- Knowledge Area »Project Procurement Management«
- In Teilen Prozess »12.3 Administer Procurements«
- In Teilen Prozess »12.4 Close Procurements«

Eingangsartefakte

- Vertrag
- Ggf. Auftrag zur Kündigung vom Projektmanager, wenn die Kündigung durch die Linienorganisation erfolgen soll

Methoden, Techniken, Werkzeuge

- Der PMBOK Guide schlägt »Beschaffungsaudits« vor, bei denen der Partner und seine Leistungen bewertet werden. Da bereits in vorgelagerten Prozessen die Liefergegenstände des Zulieferers bewertet wurden, muss abschließend lediglich noch der Partner selbst bewertet werden. Das erfolgt jedoch in einem gesonderten Schritt zu Projektende.

Ergebnisartefakte

- Vertragsdokumentation

6.7.4 Dienstleister bewerten (D.7.4)

Auch wenn der Prozess nach einer Linienaufgabe klingt: Hier geht es vor allem um die Bewertung des Zulieferers bzw. der von ihm geleisteten Arbeit in seiner Gesamtheit. Die kann realistisch nur der Projektmanager bzw. die mit dem Zukauf befassten Projektmitarbeiter bewerten. Dabei ist nicht nur die formale Einhaltung des Vertrages zu überprüfen, sondern auch schwieriger zu messende Kriterien wie Arbeitsgeschwindigkeit, Ergebnisqualität, Zuverlässigkeit usw. Während harte Faktoren über den Finanzfluss entscheiden (wenn die Arbeit erbracht wurde, wird die Rechnung bezahlt), entscheiden die eher weichen Faktoren über die künftige Zusammenarbeit. Sie werden zwar erst zum Abschluss des Projekts in der Aktivität »Verträge beenden (A.4)« konsolidiert, dennoch sollten die Informationen schon im Rahmen der Durchführungsphase gesammelt werden.

Prozessverwandtschaft im PMBOK Guide

- Knowledge Area »Project Procurement Management«
- Teile des Prozesses »12.3 Administer Procurements«
- Dort der Output »12.3.3.2 Organizational Process Assets Updates: Seller Performance Evaluation Documentation«

Eingangsartefakte

- Im weitesten Sinne die Arbeitsergebnisse des Zulieferers. Dabei handelt es sich jedoch nicht um ein vordefiniertes Artefakt.

Methoden, Techniken, Werkzeuge

- Befragung von Schnittstellenmitarbeitern
- Bewertung der Arbeitsergebnisse

Ergebnisartefakte

- Dienstleisterbewertung

6.8 Projektkosten kontrollieren (D.8)

Die Kostenkontrolle ist eine wichtige Aufgabe des Projektmanagers. Zur reinen Kontrolle genügen die Leistungsreporte mit den Verbrauchsdaten. Hier verbucht jedes Teammitglied seine erbrachten Aufwände. Diese können mit dem Kostenplan (s. Abschnitt 4.1.3 bzw. Aktivität »Aufwand abschätzen (V.1.3)«) ins Verhältnis gesetzt werden, um zu überprüfen, ob die Aufwände wie geplant erbracht wurden.

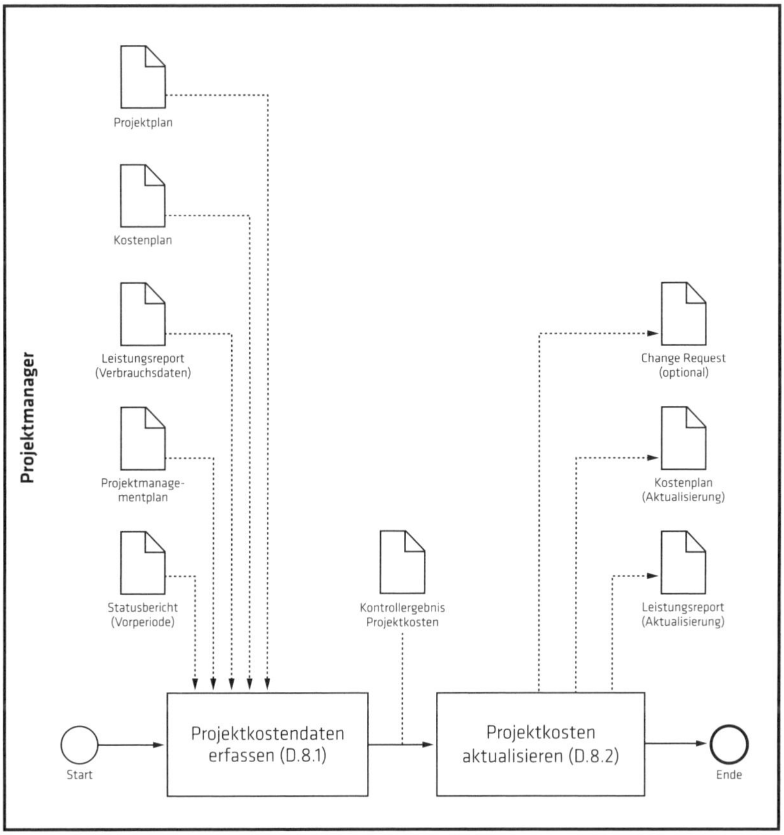

Abb. 6–11
Prozess D.8 »Projektkosten kontrollieren«

Der Abgleich zwischen geschätztem und realem Aufwand allein erlaubt jedoch noch keinen Rückschluss auf den Projektzustand, wie auch Abbildung 6–11 mit Prozess D.8 »Projektkosten kontrollieren« zeigt. Erst die Analyse der Kosten mit der Erstellung des periodischen Leistungsreports ermöglicht diesen Rückschluss. Die Aktivitäten dieses Prozesses werden in den folgenden Abschnitten im Detail erläutert.

6.8.1 Projektkostendaten erfassen (D.8.1)

Allein durch das Verhältnis geplanter Aufwand zur Planung kann eine Abweichung nicht sichtbar werden. Es wird daher eine weitere Komponente in der Bewertung benötigt, die eine Aussage über den Fertigstellungsgrad erlaubt. Dabei ist es wenig hilfreich, die Fertigstellung in Prozent anzugeben: Viele Softwareentwickler geben sich optimistisch und vermelden recht früh eine Fertigstellung von 90% (meist bleibt der Wert dann einige Berichtsperioden konstant, obwohl weiter am Paket gearbeitet wird). »Gefühlt« steht der Rohbau ihrer Aufgabe, doch die restlichen Feinarbeiten ziehen sich häufig länger hin. Daher wird nach Möglichkeit nicht die Fertigstellung, sondern der geplante Restaufwand geschätzt. Diese Umkehrung der Denkweise nötigt den Projektmitarbeiter dazu, die restlichen Aufgaben seines Arbeitspakets im Detail zu durchdenken, und übergibt ihm zudem mehr Verantwortung für seine eigene Arbeit.

In den ersten Berichtsperioden – wobei nach Möglichkeit eine Periode nur eine Woche umfassen sollte – leitet der Projektmanager oder der verantwortliche Teilprojektleiter die Restschätzung individuell an. Die Denkweise wird vielleicht für einige Teammitglieder neu sein und anfänglich nicht immer breite Akzeptanz finden, da deutlich mehr Transparenz geschaffen wird. Die Restaufwandschätzungen erfolgen zumindest anfänglich möglichst im Einzelgespräch, denn es kann meist nicht an alle Mitarbeiter der gleiche Leistungsanspruch gestellt werden. Die persönlichen Fähigkeiten beeinflussen die Schätzung, und der Projektmanager muss das Umfeld entsprechend berücksichtigen und bewerten.

In die Berechnung der Projektkosten fließen also in erster Linie die Verbrauchsdaten aus den Leistungsreporten ein, die mit den Restaufwandschätzwerten aus dem Statusbericht der Vorperiode sowie dem Kostenplan abgeglichen werden. Daraus werden wesentliche Kennzahlen abgeleitet, die die Bewertung einzelner Arbeitspakete sowie des Gesamtprojekts zulassen. Der Projektplan gibt außerdem Aufschluss darüber, welche Aufgaben ursprünglich zeitlich eingeplant waren. Abweichungen davon sind ebenfalls zu dokumentieren. Das gesamte Verfahren sollte im Detail im Projektmanagementplan beschrieben sein (s. dazu auch Abschnitt 5.12 »Kostenplanung initialisieren (P.12)«).

Als Zwischenartefakt produziert der Projektmanager das Kontrollergebnis Projektkosten, also die komplette Aufsummierung aller angefallenen Aufwände zum Stichtag. Das Zwischenergebnis bestimmt maßgeblich den Inhalt des Folgeprozesses zur Aktualisierung der Projektkosten.

Prozessverwandtschaft im PMBOK Guide

- Knowledge Area »Project Cost Management«
- Prozess »7.3 Control Costs«

Eingangsartefakte

- Projektplan (hier sind die wesentlichen Eckdaten festgelegt)
- Kostenplan (als Richtschnur für die Verbrauchswerte)
- Leistungsreport (nur die Verbrauchsdaten für die aktuelle Berichtsperiode)
- Projektmanagementplan
- Statusbericht (Vorperiode) zum Abgleich der dort geschätzten Restaufwände mit den tatsächlich erbrachten Restaufwänden

Methoden, Techniken, Werkzeuge

- Earned-Value-Technik und entsprechende damit verbundene Restaufwandschätztechniken

Ergebnisartefakte

- Kontrollergebnis Projektkosten

6.8.2 Projektkosten aktualisieren (D.8.2)

Im Rahmen der »Neuschätzung« für die Folgeberichtsperiode wird der aktuelle Report mit den neuen Verbrauchs- und Schätzdaten ergänzt und weitergeführt. In einzelnen Arbeitspaketen ergeben sich dadurch Veränderungen, die ggf. einen Change Request bedingen.

Nachschätzungen sind immer eine Gratwanderung: Sie sind auf der einen Seite notwendig, um die Situation reell einschätzen zu können. Auf der anderen Seite darf es nicht zur Gewohnheit werden, die Schätzung jede Woche erneut anzupassen und so den Gesamtbedarf für ein Arbeitspaket sukzessive zu erhöhen. Die Erstschätzung hat weiterhin den größten Stellenwert und bildet so lange den Kostenplan, bis aus einer geplanten Änderung ein beauftragter Change Request wird. Das Reporting zeigt daher frühzeitig auf, bei welchen Arbeitspaketen es zu Mehraufwänden kommen kann und ob sich diese ggf. durch Minderaufwände in anderen Paketen kompensieren lassen können.

Im Rahmen dieser Aktivität aktualisiert der Projektmanager sämtliche Verbrauchs- und Schätzzahlen, die von den einzelnen Teammitgliedern gemeldet wurden. Ergibt sich dadurch eine für das Projekt bedrohliche Situation, z.B. weil Zeit- oder Kostenvorgaben voraussichtlich nicht eingehalten werden können, so wird diese im Statusbericht dokumentiert. Möglicherweise muss der Projektmanager daraus auch einen oder mehrere Change Requests ableiten.

Die Projektkosten werden auf Basis der Earned-Value-Analyse verfolgt. Ihre detaillierten Inhalte und Variablen werden im Folgenden beschrieben.

Earned-Value-Analyse (EVA), auch Earned-Value-Management (EVM)

Die Nomenklatur für die in der Earned-Value-Analyse verwandten Größen wurde vom PMBOK Guide Edition 3 (vgl. [PMI 2004]) zu Edition 4 leicht verändert. Insbesondere wurde das Forecasting um einige Varianten erweitert, die jedoch für die hier vorgestellte arbeitspaketbezogene Schätzung von Restaufwänden irrelevant sind.

Einige der hier aufgeführten Größen stammen dennoch aus dem Forecasting (und nicht aus der Earned-Value-Analyse), so wie es bereits im Vorgänger des aktuellen PMBOK Guide definiert war. Die Einbettung solcher ausgewählten Werte ist unerlässlich, um zu einer signifikanten Aussage zu kommen.

Die Methode lässt sich auf einzelne Arbeitspakete ebenso anwenden wie auf das gesamte Projekt. Alle Größen werden zu einem Stichtag t gemessen und neu bewertet, dabei sollte t möglichst periodisch ausgelegt sein (z.B. jeden Freitag).

Endergebnis ist zu jedem Berichtstermin ein Diagramm, in dem die wichtigsten Kennzahlen abgetragen sind. Aus ihnen ist der historische Projektverlauf ebenso erkennbar wie eine Projektion in die Zukunft. Abbildung 6–12 zeigt die Zusammenhänge in der Earned-Value-Analyse. Um die Anwendung zu verdeutlichen, werden die einzelnen Größen anhand eines Beispiels erläutert.

Ein Projekt zur Implementierung eines Content-Management-Systems wurde auf eine Laufzeit von 10 Kalenderwochen geplant. Die Projektkosten inkl. Personaleinsatz, Hardware und aller Nebenkosten wurden in der Erstschätzung mit 128.000 € beziffert.

BAC: Budget at Completion

Die geschätzten Gesamtkosten des Projekts, die bis zur Annahme eines Change Request gültig sind.

In unserem Beispiel ist BAC also = 128.000 €.

Abbildung 6–12 zeigt den Bericht zum Stichtag $t=5$, also am Ende der KW 5. In der Basisplanung war vorgesehen, zu diesem Termin $t=5$ einen Wert von 74.000 € geschaffen zu haben.

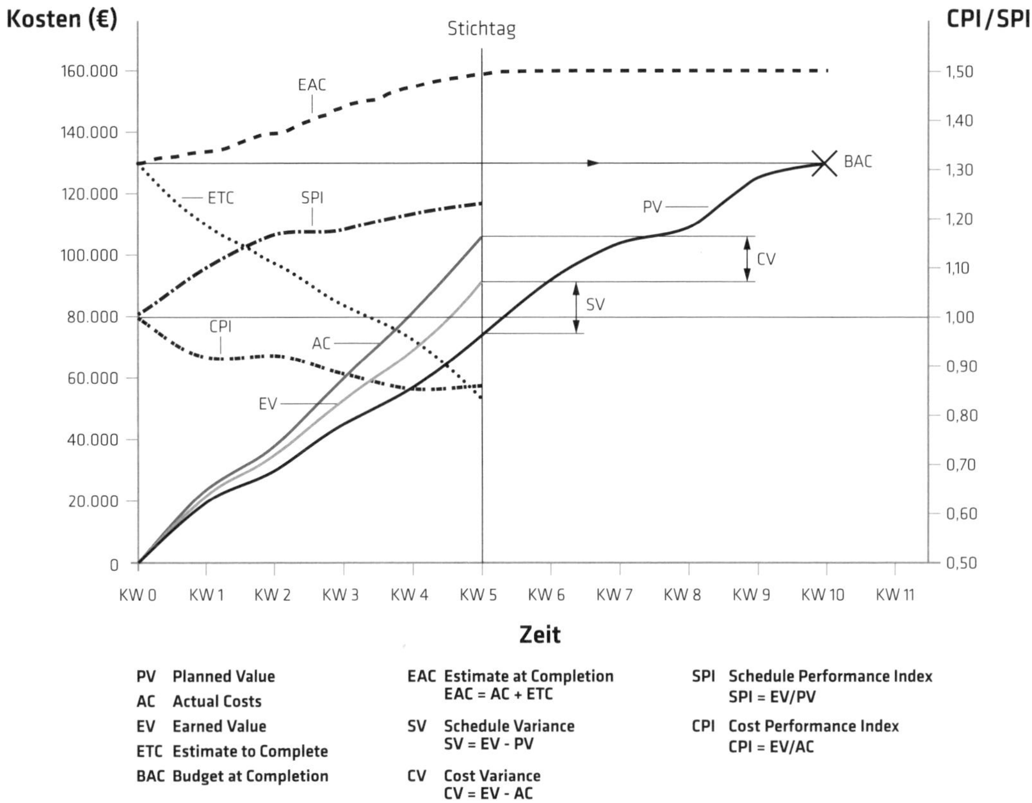

Abb. 6–12
Relevante Größen der Earned-Value-Analyse

In PV müssen neben dem reinen Personaleinsatz auch alle weiteren Ressourcen eingeplant werden, z.B. Schulungen zu einem bestimmten Termin oder der Zukauf von Hardware. Zudem kann es auch beabsichtigt sein, ein Arbeitspaket einen bestimmten Zeitraum lang unbearbeitet zu lassen. Daher ist die PV-Kurve nicht zwangsläufig linear.

PV: Planned Value

Die geplanten Aufwände für ein Arbeitspaket zum Stichtag *t*.

In unserem Beispiel ist PV_5 = 74.000 €.

Dem geplanten Wert werden die tatsächlich entstandenen Kosten gegenübergestellt. Zum Zeitpunkt *t*=5 betragen sie 106.000 €.

AC: Actual Cost

Die entstandenen Aufwände für ein Arbeitspaket zum Stichtag *t*.

In unserem Beispiel ist AC_5 also = 106.000 €.

Als weitere Größe müssen die geschätzten Restaufwände pro Arbeitspaket ermittelt werden, die in Summe den geschätzten Restaufwand für das Projekt ergeben (vgl. dazu Abschnitt 6.8.1). Sofern die Erstschätzung auf sicherer Basis erfolgte, sollte der Kurvenverlauf der Restaufwandschätzung kontinuierlich fallen. Große Sprünge in der Kurve sind häufig ein Zeichen für Schätzfehler, können aber auch auf punktuell hohe Ausgaben für z.B. Hardware oder andere Investitionen hinweisen. Während die PV-Kurve unverändert bleibt (von akzeptierten Change Requests abgesehen) und von vornherein über die gesamte Projektlaufzeit abgetragen wird, wird die Restaufwandskurve jede Woche angepasst und endet mit dem Stichtag – Restaufwandschätzungen für künftige Perioden wären unseriös. Vom Projektstart bis zum Stichtag liegen die Werte ja bereits vor, da sie zu jedem Bericht errechnet wurden.

ETC: Estimate to Complete

Der geschätzte Restaufwand vom Stichtag t bis zur Fertigstellung des Arbeitspakets oder des Projekts.

In unserem Beispiel ist ETC_5 = 54.000 €.

Eine Veränderung des ETC hat unmittelbaren Einfluss auf die Gesamtschätzung. Während der PV nur nach einem Change Request angepasst werden darf, sollte der Gesamtaufwand aber zu jedem Berichtstermin neu geschätzt werden. Er setzt sich zusammen aus AC und ETC, also aus den bisherigen Kosten und der Restaufwandschätzung. Der Verlauf des geschätzten Gesamtaufwands verdeutlicht Abweichungen von der Erstschätzung. Eine steigende Kurve bedeutet, dass zu gering geschätzt wurde, während eine fallende Kurve darauf hinweist, dass die Schätzung zu hoch angesetzt war.

EAC: Estimate at Completion

Das geplante Gesamtbudget eines Arbeitspakets bis zur Fertigstellung, gemessen am Stichtag t.
EAC = AC + ETC

In unserem Beispiel ist EAC_5 = 106.000 € + 54.000 € = 160.000 €.

Zusätzlich wird der Wert der tatsächlich anrechenbaren Leistung benötigt. Er ist neben der Restaufwandschätzung die schwierigste Angabe und erfordert viel Fingerspitzengefühl bei der Ermittlung. Es ist grundsätzlich nicht richtig, sich allein auf die Aussage des Arbeitspaket-Verantwortlichen zu verlassen, da sonst schnell Werte wie »90%« oder »fast fertig« zu falschen Annahmen führen. Wenn möglich beurteilt der Projektmanager gemeinsam mit dem Arbeitspaket-Verantwortlichen, welcher Wert durch die bisherige Arbeit tatsächlich entstanden ist. Im Zweifel ist es sinnvoller, die anrechenbare Leistung geringer als angenommen zu setzen, auch um zu vermeiden, im Folgereporting $t+1$ bei gestiegenen Aufwänden den gleichen Wert wie zu t zu berichten.

In Softwareentwicklungsprojekten, die vorrangig über Personalaufwände abgerechnet werden, kann die tatsächlich anrechenbare Leistung auch über einen anderen Weg ermittelt werden: Dazu wird zum Stichtag pro Arbeitspaket der EAC der Vorperiode abzüglich der aktuellen Restaufwandschätzung ermittelt, der dann ein reelles Bild über die erbrachte Leistung liefert. Die Restaufwandschätzung (ETC, Estimate to Complete) wird zum Ende dieses Abschnitts erläutert.

Die Angabe erfolgt in der gleichen Einheit wie PV und AC.

EV: Earned Value

Der im Projekt produzierte Wert zum Stichtag *t*. In Softwareprojekten, die vorrangig über Personalaufwände abgerechnet werden, ist auch EV = PV – ETC zulässig.

In unserem Beispiel wird EV_5 = 91.000 € gesetzt.

Anhand der Angaben zu PV, AC und EV lassen sich nun absolute Abweichungen für den Termin und die Kosten errechnen.

Zur Berechnung der Planabweichung eines Arbeitspakets oder des Gesamtprojekts wird der EV abzüglich des PV berechnet. Ein negativer Wert deutet auf eine Verzögerung hin.

SV: Schedule Variance

Die Planabweichung eines Arbeitspakets zum Stichtag *t*.
SV = EV – PV

In unserem Beispiel ist SV_5 = 91.000 € – 74.000 € = 17.000 €. Die Zahl ist positiv, sodass das Projekt vor dem Zeitplan liegen muss. Die Größe von SV ist jedoch ohne Bezug nicht aussagefähig, sie wird daher in einem späteren Schritt bei der Berechnung des Schedule Performance Index (SPI) normiert.

Zur Berechnung der Kostenabweichung eines Arbeitspakets wird EV abzüglich der AC berechnet. Ein negativer Wert deutet auf ungeplante Mehraufwände hin.

CV: Cost Variance

Die Kostenabweichung eines Arbeitspakets zum Stichtag *t*.
CV = EV – AC

In unserem Beispiel ist CV_5 = 91.000 € – 106.000 € = -15.000 €. Die Zahl ist negativ, sodass das Projekt teurer als geplant sein muss. Analog zu SV ist die Größe von CV ohne Bezug nicht aussagefähig, sie wird daher in einem späteren Schritt bei der Berechnung des Cost Performance Index (CPI) normiert.

Setzt man den Earned Value in das Verhältnis zum Planned Value, so erhält man die verhältnismäßige Abweichung zur ursprünglichen Zeitplanung. Da zu diesem Zweck EV / PV geteilt wird, bedeutet ein Wert > 1 einen Vorsprung gegenüber der Planung. Ein Wert < 1 deutet auf eine Verzögerung hin. Bei Projektstart ist der Index immer 1.

SPI: Schedule Performance Index

Indikator für die Termintreue zum Stichtag *t*.
SPI = EV / PV

In unserem Beispiel ist EV_5 = 91.000 €, PV_5 = 74.000 €. Dadurch ergibt sich ein SPI_5 von 1,23. Der Wert deutet darauf hin, dass die Arbeitspakete zügiger als geplant abgearbeitet werden. Das lässt sich anhand der SPI-Kurve in Abbildung 6–12 verfolgen. Die Werte beziehen sich auf die rechte Sekundärachse und liegen beständig über 1,0. Die größte Steigung ist in den ersten zwei Wochen zu erkennen, anschließend baut das Projektteam offensichtlich relativ konstant den Vorsprung aus.

Das Gegenstück zum SPI setzt die Kosten ins Verhältnis zum erbrachten Wert und erlaubt somit einen Rückschluss auf die verhältnismäßige Abweichung zum geschätzten Aufwand. Da EV/AC geteilt wird, bedeutet ein Wert > 1 eine Kostenunterschreitung, wohingegen ein Wert < 1 eine Überschreitung darstellt. Bei Projektstart ist der Index immer 1.

CPI: Cost Performance Index

Indikator für die Schätzverfehlung zum Stichtag *t*.
CPI = EV / AC

In unserem Beispiel ist EV_5 = 91.000 €, AC_5 = 106.000 €. Dadurch ergibt sich ein CPI_5 von 0,86 (in Abb. 6–12 ist die Kurve wie SPI der rechten Sekundärachse zuzuordnen). Das Projekt liegt also recht deutlich über den geplanten Kosten. Unter diesem Aspekt muss beachtet werden, dass die Kosten nicht mit dem Planwert PV ins Verhältnis gesetzt werden, sondern mit dem anrechenbaren Wert EV. Die Mehrkosten können also nicht mit einem SPI > 1 begründet werden, sondern müssen andere Ursachen haben.

Zwar sind vor allem die Indizes ein Indikator für den weiteren Projektverlauf, dennoch ist der Rückschluss nicht erlaubt, dass ein Projekt mit SPI und CPI < 1 letztlich teurer und nicht zum geplanten Termin fertiggestellt wird.

Die Größen mit ihren Werten gemäß dem obigen Beispiel finden Sie auch in Tabelle 6–1 (Verlauf aller beschriebenen Größen bis zum Stichtag) und Tabelle 6–2 (Schätzwerte vom Stichtag bis zum Projektende).

Tab. 6–1
Beispiel für eine Earned-Value-Analyse (Vergangenheitswerte bis Stichtag)

Größe / Formel		Ziel	KW 0	KW 1	KW 2	KW 3	KW 4	KW 5
PV	Planned Value		0	20.000	30.000	45.000	57.000	74.000
AC	Actual Costs	AC <= PV	0	24.000	38.000	60.000	81.000	106.000
EV	Earned Value	EV >= PV	0	22.000	35.000	53.000	69.000	91.000
SV	Schedule Variance SV = EV – PVt	>= 0	0	2.000	5.000	8.000	12.000	17.000
CV	Cost Variance CV = EV – AC	>= 0	0	-2.000	-3.000	-7.000	-12.000	-15.000
SPI	Schedule Performance Index SPI = EV / PV	>=1	1,00	1,10	1,17	1,18	1,21	1,23
CPI	Cost Performance Index CPI = EV / AC	>= 1	1,00	0,92	0,92	0,88	0,85	0,86
EAC	Estimate at Completion EAC = AC + ETC	Konstant	130.000	134.000	136.000	144.000	154.000	160.000
ETC	Estimate to Complete	ETC <= AC – EAC	130.000	110.000	98.000	84.000	73.000	54.000

Aus dem Projektverlauf gewonnene Daten stehen für die Zukunft natürlich nicht zur Verfügung, sodass einige Zellen leer bleiben. Die Graphen in Abbildung 6–12 wurden mit den Zahlen aus diesen beiden Tabellen erstellt.

Tab. 6–2
Beispiel für eine Earned-Value-Analyse (Schätzwerte bis Projektende)

Größe	KW 6	KW 7	KW 8	KW 9	KW 10
PV	92.000	104.000	109.000	125.000	128.000
AC					
EV					
SV					
CV					
SPI					
CPI					
EAC	160.000	160.000	160.000	160.000	160.000
ETC					

Sämtliche Daten werden in einer Excel-Liste konsolidiert und im Rahmen des Reportings den relevanten Stakeholdern zur Verfügung gestellt.

Prozessverwandtschaft im PMBOK Guide

- Die Aktualisierung der Projektkosten und damit die Anpassung der Vorhersage des weiteren Projektverlaufs ist im PMBOK Guide keine eigene Aktivität. Sie ist jedoch von so exponierter Bedeutung, dass ihr in PITPM entsprechender Stellenwert eingeräumt wird.
- Knowledge Area »Project Cost Management«
- Teile sind in Prozess »7.3.3 Control Costs: Outputs« beschrieben, insbesondere Work Performance Measurements und Budget Forecasts.

Eingangsartefakte

- Kontrollergebnis Projektkosten

Methoden, Techniken, Werkzeuge

Zur Earned-Value-Analyse wird eine Excel-Datei eingesetzt. Voraussetzung ist, dass der Projektleiter die Arbeitspakete aufgestellt und sie mit Schätzungen versehen hat und dass die Mitarbeiter eine Möglichkeit haben, ihre Aufwände zu verbuchen.

Der Reporting-Prozess kann aus mehreren Aktivitäten bestehen. Ein Beispiel:

1. Die Mitarbeiter buchen ihre Stunden täglich auf einzelne Arbeitspakete.
2. Zu einem regelmäßigen Stichtag (möglichst wöchentlich, z.B. immer freitags) wird das Reporting »geschlossen«. Die Mitarbeiter können dann nicht mehr auf vergangene Kalendertage buchen.
3. Der Projektmanager erstellt am Stichtag einen Report auf Basis der Arbeitspaketsummen. Es werden also nicht die einzelnen Buchungen der Mitarbeiter als Basis herangezogen, sondern die summierte Zusammenfassung.

Die Earned-Value-Analyse soll nicht nur Stichtagsdaten liefern, sondern auch historische Daten aufzeigen. Sie erlauben oft einen Rückschluss auf bestimmte Entwicklungen. Im Bericht laufen schließlich alle Zahlen der aktuellen Periode zusammen: Im Kopf werden die wichtigsten Kennziffern, die Werte der Vorwoche sowie Veränderungen angezeigt. Zusätzliche Graphen für den Verlauf der Indizes Schedule Performance (SPI) und Cost Performance (CPI) sowie der wichtigsten Kostenwerte verdeutlichen den Verlauf.

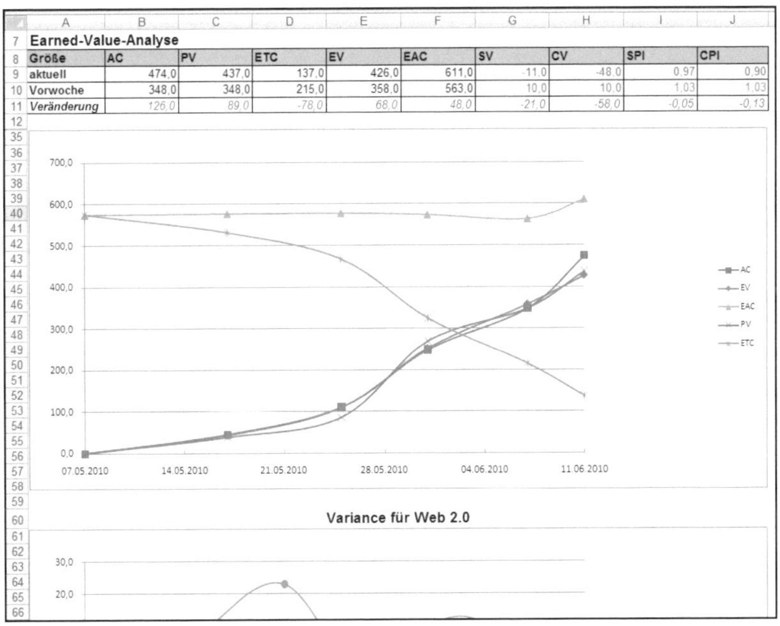

Earned-Value-Analyse

Größe	AC	PV	ETC	EV	EAC	SV	CV	SPI	CPI
aktuell	474,0	437,0	137,0	426,0	611,0	-11,0	-48,0	0,97	0,90
Vorwoche	348,0	348,0	215,0	358,0	563,0	10,0	10,0	1,03	1,03
Veränderung	126,0	89,0	-78,0	68,0	48,0	-21,0	-58,0	-0,05	-0,13

Abb. 6-13 *Teilansicht des Leistungsreports*

Ergebnisartefakte

- Kostenplan (Aktualisierung)
- Leistungsreport (Aktualisierung). Abbildung 6–13 zeigt die Teilansicht des Leistungsreports.
- Change Request (optional)

6.9 Softwareprodukt entwickeln (D.9)

Der Prozess D.9 »Liefergegenstand entwickeln« wie in Abbildung 6–14 dargestellt hat zum Ziel, die Software als Produkt einer Iteration zu erstellen, zu integrieren und abschließend zu testen. Die einzelnen Aktivitäten werden in den folgenden Abschnitten im Detail erläutert.

Abb. 6–14 *Prozess D.9 »Liefergegenstand entwickeln«*

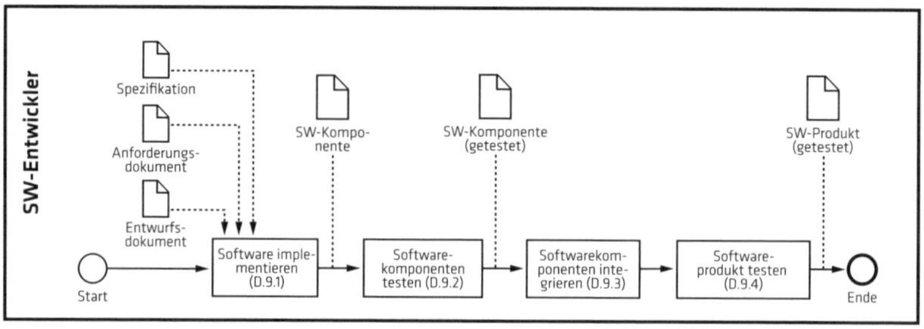

6.9.1 Software implementieren (D.9.1)

In dieser Aktivität wird mithilfe der installierten Softwareentwicklungsumgebung die Software entwickelt. Dabei basiert die Softwareimplementierung auf dem Spezifikations- und Entwurfsdokument sowie dem GUI-Modell. In Einzelfällen – insbesondere bei Unklarheiten – kann auch das Anforderungsdokument zurate gezogen werden, da dieses in der Regel rechtsverbindlichen Charakter hat. Zudem sind ggf. definierte und verabschiedete Programmierrichtlinien zu berücksichtigen. Das Ergebnis dieser Aktivität ist der Quellcode der Softwareanwendung.

Prozessverwandtschaft im PMBOK Guide

- Dieser Prozess hat keine direkte Verwandtschaft mit einem Prozess aus dem PMBOK Guide.

Eingangsartefakte

- Anforderungsdokument
- Spezifikationsdokument
- Entwurfsdokument

Methoden, Techniken, Werkzeuge

- Objektorientierte Programmierung
- Softwareentwicklungsumgebung

Ergebnisartefakte

- Quellcode des Softwareprodukts in Form von einzelnen Softwarekomponenten

6.9.2 Softwarekomponenten testen (D.9.2)

Jede implementierte Softwarekomponente ist vom Softwareentwickler umfassend zu testen. Dazu werden die definierten Testfälle auf Basis des Klassenmodells verwendet. Zudem lassen sich geeignete Testfälle aus den identifizierten Anwendungsfällen und den funktionalen Anforderungen im Anforderungsdokument ableiten. Soweit möglich, sind auch Tests für nicht funktionale Anforderungen vorzusehen. Anschließend sind die Softwarekomponenten anhand der definierten Testfälle zu testen. Als Ergebnisdokument des Komponententests ist der Testplan vom Tester um die Istergebnisse zu aktualisieren, die zu jedem Testfall erzielt werden. Wenn eine Abweichung zwischen Ist- und Sollergebnis auftritt, ist die getestete Softwarekomponente an den verantwortlichen Softwareentwickler zur Korrektur zu übergeben. Dabei ist zusätzlich der Testplan mit den Ergebnissen der Testfälle für die Softwarekomponente vorzulegen. Sofern in der Komponentenspezifikation oder im Anforderungsdokument Fehler, Mängel oder Widersprüche festgestellt werden, ist dies zu dokumentieren und eine Korrektur zu veranlassen. Zur Automatisierung und Vereinfachung des Komponententests bietet sich beispielsweise der Einsatz von JUnit (ein Java-Framework zum Testen von einzelnen Java-Klassen und Java-Softwarekomponenten) an, ähnliche Produkte gibt es für andere Technologien.

Prozessverwandtschaft im PMBOK Guide

- Knowledge Area »Project Quality Management«
- Prozess »8.3 Perform Quality Control«

Eingangsartefakte

- Softwarekomponente

Methoden, Techniken, Werkzeuge

- Testen

Ergebnisartefakte

- Getestete und fehlerbereinigte Softwarekomponente

6.9.3 Softwarekomponenten integrieren (D.9.3)

Im Integrationstest werden alle erfolgreich getesteten Softwarekomponenten sukzessive zur Softwareanwendung integriert. Dabei sind unter anderem die Interaktionen zwischen der grafischen Benutzungsoberfläche und den Softwarekomponenten zu testen (vgl. [Sommerville 2001]). Schrittweise werden den bereits integrierten und auf fehlerfreie Zusammenarbeit getesteten Dialogen und Softwarekomponenten neue Softwarekomponenten hinzugefügt. Der Test wird fortgeführt, bis die Softwareanwendung vollständig integriert ist (vgl. [Balzert 2008]). Im Testplan sind vom Tester alle Istergebnisse zu dokumentieren und bei Abweichungen vom Sollergebnis ist eine Korrektur zu veranlassen. Fehlerhafte Softwarekomponenten sind daher mit dem Testplan an den verantwortlichen Softwareentwickler zur Fehlerkorrektur zu übergeben (vgl. [Vollmer 2001, S. 69]).

Prozessverwandtschaft im PMBOK Guide

- Dieser Prozess hat keine direkte Entsprechung im PMBOK Guide.

Eingangsartefakte

- Getestete und fehlerbereinigte Softwarekomponente

Methoden, Techniken, Werkzeuge

- Erfahrung bei der Integration von Softwarekomponenten

Ergebnisartefakte

- Integriertes Softwareprodukt nach bestandenem Integrationstest

6.9.4 Softwareprodukt testen (D.9.4)

Systemtest

Nach bestandenem Integrationstest ist das komplett integrierte Softwareprodukt (also ein Release oder das Endprodukt) auf der Zielplattform im sogenannten Systemtest zu testen. Beim Systemtest werden alle funktionalen und nicht funktionalen Anforderungen sowie sämtliche Anwendungsfälle aus dem Anforderungsdokument getestet. Dabei ist zu überprüfen, ob sämtliche Anforderungen umgesetzt wurden und alle implementierten Funktionen gemäß der Spezifikation einwandfrei funktionieren. Zudem sind sämtliche Übergänge zwischen den Dialogen zu testen, um mögliche Sackgassen zu identifizieren. Dabei wird für jeden Dialogübergang überprüft, ob er exakt zum vorgesehenen Dialog führt (vgl. [Vollmer 2001, S. 70]).

Iterativer Usability-Test

Ferner wird im Rahmen des Systemtests ein iterativer Usability-Test durchgeführt, um die Benutzungsfreundlichkeit des entwickelten Softwareprodukts zu testen. Für jede Iteration dieses Tests ist ein Team von fünf bis zehn potenziellen Benutzern zu bilden. Anschließend führt ein Benutzerteam mehrere Anwendungsfälle durch, wobei auftretende Probleme vom Tester zu dokumentieren sind (vgl. [Nielsen 2000]). Danach veranlasst der Tester mögliche Verbesserungen der Benutzungsfreundlichkeit, um nach deren Umsetzung eine neue Iteration des Usability-Tests mit dem gleichen oder einem neuen Benutzerteam durchzuführen. Die Anzahl der durchzuführenden Usability-Tests hängt von der Anzahl und vom Umfang der Probleme ab, die vom jeweiligen Benutzerteam identifiziert werden.

Lasttest

Darüber hinaus ist ein ausführlicher Lasttest ein wichtiger und zentraler Bestandteil des Systemtests. Der Lasttest kann nur auf der tatsächlichen Produktionsplattform durchgeführt werden. Dabei gilt es, zu berücksichtigen, dass ein Lasttest sehr umfangreich sein kann, wenn beispielsweise die Performance des Softwareprodukts bei tausend oder mehr gleichzeitigen Benutzern getestet werden soll. Daher empfiehlt es sich, einen ausführlichen Lasttest separat zu den Entwicklungskosten zu berechnen und Aufgaben und Verantwortlichkeiten sowohl für den Auftraggeber als auch den Auftragnehmer zu definieren. Als Ergebnisdokument wird vom Tester der Testplan zum Systemtest aktualisiert, in dem alle Istergebnisse zu dokumentieren sind. Bei Fehlern oder Abweichungen vom Sollergebnis ist vom Tester eine Korrektur der gegebenenfalls fehlerhaften Softwarekomponenten bzw. der entsprechenden Dialoge der grafischen Benutzungsoberfläche zu veranlassen (vgl. [Vollmer 2001, S. 70]).

Prozessverwandtschaft im PMBOK Guide

- Knowledge Area »Project Quality Management«
- Prozess »8.3 Perform Quality Control«

Eingangsartefakte

- Integriertes Softwareprodukt nach bestandenem Integrationstest

Methoden, Techniken, Werkzeuge

- Testen gemäß Spezifikation

Ergebnisartefakte

- Indirekt das getestete Softwareprodukt (Systemtest, Lasttest, Performance-Test, Usability-Test), das jedoch nicht als bestimmtes Artefakt im Sinne von PITPM geführt wird.

6.9.5 Kontrollpunkt 5: Bereitstellung zur Abnahme

Auf diesen Tag haben Sie und das Projektteam hin gearbeitet: Die Bereitstellung zur Abnahme (BzA) übergibt das Release oder das Endprodukt an den Auftraggeber mit dem Auftrag, es abzunehmen. Auch wenn es zu diesem Zeitpunkt vermutlich noch nicht in Produktion genommen wird: Der schwierigste Teil des Projekts liegt nun hinter Ihnen.

Voraussetzung für K5 ist, dass das Release oder Endprodukt tatsächlich sämtliche Anforderungen erfüllt. Dazu wird vor Erteilung der BzA die Spezifikation noch einmal im Detail geprüft. Letztlich geben aber die erfolgreich absolvierten Testfälle darüber Auskunft, ob das Produkt der Spezifikation entspricht. Nach Möglichkeit sollte die BzA erst mit einem völlig fehlerfreien Produkt erfolgen – in der Praxis ist das jedoch kaum möglich. Als Mindestanforderung gilt daher, dass keine abnahmeverhindernden Fehler auftreten dürfen. Diese haben Sie zuvor im Projektmanagementplan oder im Vertrag mit dem Auftraggeber im Detail definiert.

Sind diese Punkte erfüllt, so kann Ihr Produkt zur Abnahme bereitgestellt werden.

6.10 Abnahmetest durchführen (D.10)

Nach der Bereitstellung zur Abnahme mit Kontrollpunkt 5 wird nun der Abnahmetest zur Lieferung durchgeführt. Dabei kann es sich um ein Release oder das Endprodukt handeln. Wie aus Abbildung 6–15 ersichtlich, sollte der Prozess nach Möglichkeit mit der Abnahmeerklärung enden. Die einzelnen Aktivitäten des Prozesses werden in den folgenden Abschnitten erläutert.

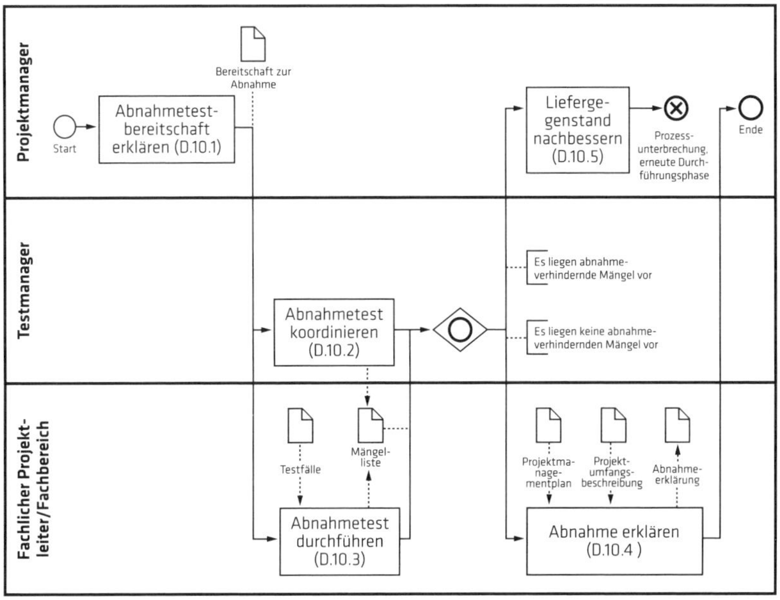

Abb. 6–15
Prozess D.10 »Abnahmetest durchführen«

6.10.1 Abnahmetestbereitschaft erklären (D.10.1)

Der Projektmanager erklärt dem Auftraggeber die Bereitstellung zur Abnahme des definierten Liefergegenstands. Da der Auftraggeber die Abnahme auch seinerseits vorbereiten muss, wird häufig vertraglich vereinbart, die Bereitstellung zur Abnahme mit einem gewissen Vorlauf schriftlich anzukündigen. Die Einhaltung dieser Vorgaben kann von großer Bedeutung sein, denn haben Sie die Anmeldung versäumt, so können Sie einen möglicherweise gesetzten Termin nicht mehr halten.

P!TPM

Tipp: Ankündigung zur BzA in den Projektplan aufnehmen

Nehmen Sie die Ankündigung zur BzA in den Projektplan auf. Sonst geht sie im schlimmsten Fall verloren – und es wäre ärgerlich, wegen einer solchen Nichtigkeit in Verzug zu geraten.

Prozessverwandtschaft im PMBOK Guide

- Die Bereitstellung zur Abnahme ist nicht explizit Bestandteil eines PMBOK Guide-Prozesses.
- Teile können der Knowledge Area »Project Integration Management«, Prozess »4.6.1 Close Project or Phase: Inputs« entnommen werden. Dort werden die Liefergegenstände aus der Inhalts- und Umfangskontrolle angeführt.

Eingangsartefakte

- Liefergegenstand, je nach Vertrag weitere Nebenprodukte und Artefakte

Methoden, Techniken, Werkzeuge

- Keine

Ergebnisartefakte

- Erklärung der Bereitschaft zur Abnahme, dem Kunden zugestellt

6.10.2 Abnahmetest koordinieren (D.10.2)

Der Abnahmetest liegt in der Verantwortung des Auftraggebers. Er ist für die Vorbereitung, Koordination, Durchführung und Dokumentation verantwortlich. Dennoch ist es im Interesse des Projektmanagers, die Abnahmetests aus Projektsicht aktiv zu begleiten.

Kriterien zur Fehlereinteilung vorab festlegen

Für gewöhnlich wird für die Tests ein angemessener Zeitraum im Vertrag und in der Gesamtprojektplanung vorgesehen, der es dem Auftraggeber ermöglicht, das Produkt im Detail zu testen. Gefundene Fehler werden dokumentiert und in Kategorien eingestuft. Die Kriterien zur Einstufung wurden vorab im Vertrag oder im Projektmanagementplan fixiert. Abnahmeverhindernde Fehler wie etwa Systemstillstand oder der Ausfall geschäftskritischer Funktionalitäten ohne Alternative müssen häufig binnen weniger Stunden behoben werden.

Um von vornherein nur Meldungen aufzunehmen, die tatsächlich Fehler sind und keine Änderungsanforderungen, sollte der gesamte Test vom Testmanager koordiniert werden. Er kann zudem eingreifen, wenn die Abnahme nicht wie geplant erfolgt. So ist es zum Beispiel nicht im Interesse des Projekts, wenn in einer vierwöchigen Abnahmephase der Großteil der Tests erst in der letzten Woche beginnt – zu kurz wäre da die Reaktionszeit.

Tipp: Test-Kick-off durchführen

Als lohnenswert hat sich die Durchführung einer Kick-off-Veranstaltung zum Auftakt der Abnahmephase erwiesen. Dazu werden die wichtigsten Stakeholder und Tester eingeladen und im Rahmen einer Schulung mit dem gelieferten System vertraut gemacht. Anschließend werden die ersten Testfälle gemeinsam durchgeführt. Als Projekt- oder Testmanager können Sie sich vor Ort ein reelles Bild des Systemeinsatzes verschaffen und ggf. lenkend eingreifen.

Der Abnahmetest wird vom Auftraggeber nicht immer systematisch vorbereitet. Zwar ist auch das sogenannte freie Testen (Testen ohne explizite Testfälle) Bestandteil der Abnahmephase, es sollte jedoch nicht ausschließlich angewandt werden. Andernfalls läuft das Projekt Gefahr, dass Fehler nur durch Zufall oder sogar erst in der Produktion gefunden werden.

Prozessverwandtschaft im PMBOK Guide

- Diese koordinative Aufgabe hat keine Entsprechung im PMBOK Guide.

Eingangsartefakte

- Keine

Methoden, Techniken, Werkzeuge

- Koordination
- Testworkshops
- Spätestens jetzt die Bereitstellung eines Werkzeugs zum Verfolgen gemeldeter Fehler (»Defect Tracking Tool« oder »Trouble Ticket Tool«)

Ergebnisartefakte

- Mängelliste, sofern der Testmanager die Koordination übernimmt

6.10.3 Abnahmetest durchführen (D.10.3)

Der Kunde führt den Abnahmetest im Rahmen der vertraglichen Regelungen durch. Gefundene Fehler stellt er unmittelbar nach dem Auffinden in das Defect Tracking Tool ein oder meldet sie über andere festgelegte Kanäle an den Auftragnehmer.

Prozessverwandtschaft im PMBOK Guide

- Der Prozess »5.4 Verify Scope« der Knowledge Area »Project Scope Management« beschreibt den Abgleich von Inhalt und Umfang mit dem Liefergegenstand und ist nicht speziell auf die Endabnahme bezogen, kann dort aber mit eingesetzt werden.

Eingangsartefakte

- Bereitschaft zur Abnahme
- Testfälle

Methoden, Techniken, Werkzeuge

- Systematische Tests
- Freie Tests

Ergebnisartefakte

- Mängelliste

6.10.4 Abnahme erklären (D.10.4)

Die Endabnahme hat letztlich zum Ziel, das Projekt abzuschließen. Nur mit der Bestätigung des Kunden, dass das Produkt den formulierten Erfordernissen entspricht, kann z.B. die Abschlussrechnung gestellt werden. Daher kommt spätestens an dieser Stelle der Projektumfangsbeschreibung besondere Bedeutung zu, denn dort wurden die An- und Abnahmekriterien definiert. Sind diese erfüllt, muss das Produkt abgenommen werden.

Prozessverwandtschaft im PMBOK Guide

- Diese Aktivität hat keine direkte Entsprechung im PMBOK Guide.

Eingangsartefakte

- Projektmanagementplan
- Projektumfangsbeschreibung

Methoden, Techniken, Werkzeuge

- keine

Ergebnisartefakte

- Abnahmeerklärung. Abbildung 6–16 zeigt eine Teilansicht der Vorlage Abnahmeerklärung.

Kunde:	
Anschrift:	
Projekt:	<Projektname>
Releaseversion:	
Ansprechpartner Kunde:	
Ansprechpartner adesso:	

Folgende Gegenstände werden zur Abnahme von NAME vorgelegt:

Bezeichnung	Anzahl

☐ Wir erklären hiermit die Abnahme des <Dateiname>.

☐ Wir erklären hiermit die Abnahme des <Dateiname>, falls die nachfolgend aufgelisteten Mängel beseitigt werden:

☐ Das Produkt wird nicht abgenommen aus den folgenden Gründen:

Abb. 6–16
Teilansicht der Vorlage Abnahmeerklärung

P!TPM

6.10.5 Liefergegenstand nachbessern (D.10.5)

Genau genommen darf dieser Prozess nie angestoßen werden. Wenn der Projektmanager und die Projektmitarbeiter zuvor sauber und gewissenhaft gearbeitet haben, kann der Liefergegenstand keinen abnahmeverhindernden Fehler mehr haben. Ist das doch der Fall, so sind möglicherweise während des Projektverlaufs einige Prozesse nicht korrekt durchgeführt worden.

Wenn der Projektmanager doch in die missliche Lage kommt, ein Produkt mit abnahmeverhindernden Fehlern ausgeliefert zu haben, so ist er gezwungen, diese im Rahmen des Projekts zu beheben. Dieser Prozess produziert zwangsläufig Kosten, die voll dem Projekt zugeschlagen werden müssen. Sie sind zudem in keiner Planung berücksichtigt, da nicht mit dem Auftreten abnahmeverhindernder Fehler geplant werden sollte (natürlich brauchen Sie einen Puffer, aber den wollen Sie ja möglichst unversehrt über die Ziellinie retten). Sofern es im Projekt ein gut funktionierendes Risikomanagement gibt, sollten für diesen Extremfall zumindest Rücklagen gebildet worden sein.

Zur Nachbesserung des Liefergegenstands ist eine eigene Planung erforderlich. Die Liefertermine sind meist vertraglich vorgegeben, sodass der Projektmanager nun nur noch reagieren kann.

Arbeiten Sie als Projektmanager mit allen Kräften daran, dass diese Aktivität nicht angestoßen werden muss.

Prozessverwandtschaft im PMBOK Guide

- Dieser Prozess hat keine direkte Entsprechung im PMBOK Guide.
- Verwandtschaft besteht mit Prozess »8.3 Perform Quality Control« der Knowledge Area »Project Quality Management«, auch wenn dort eher die integrierte Überprüfung während des Produktionsprozesses Gegenstand ist.

Eingangsartefakte

- Mängelliste

Methoden, Techniken, Werkzeuge

- Anpassung der Planung, sofern erforderlich

Ergebnisartefakte

- Die Artefakte sind fehlerbezogen und müssen entsprechend angepasst werden. Jeder Fehler sollte detailliert und mit der korrekten Lösung beschrieben werden.

6.10.6 Kontrollpunkt 6: Abnahme erteilt

Wenn Sie diesen Kontrollpunkt absolviert haben, ist das Projekt zwar noch nicht beendet – Sie haben aber Grund zu feiern. Die Erteilung der Abnahme kann je nach Vertragsform zudem Bedingung zur Rechnungsstellung sein. Das ist etwa bei Festpreisprojekten so, bei denen häufig 30% bei Abnahme fällig werden.

Dieser Kontrollpunkt ist daher zugleich ein Meilenstein, denn erst mit der möglichst schriftlichen Erteilung der Abnahme ist die Durchführungsphase beendet. Sofern Nachbesserungen erforderlich sind, kann der Kontrollpunkt erst dann durchlaufen werden, wenn alle abnahmeverhindernden Fehler beseitigt wurden.

Anders als die vorangegangenen Kontrollpunkte steht hier nicht die Projektqualität im Vordergrund, sondern die Erreichung des Meilensteins auf formaler Basis.

7 Einführungsphase (E)

7.1 Einführung planen (E.1)

Verantwortung klären

Die Planung der Einführung des Softwareprodukts gehört in einigen Projekten zu den alleinigen Aufgaben des Projektmanagers. Es gibt aber auch – je nach Auftraggeber-Auftragnehmer-Situation – Projekte, in denen die Einführung gemeinsam oder gar in Eigenregie durch den Auftraggeber geplant und später durchgeführt wird. Im Folgenden wird davon ausgegangen, dass der Projektmanager des Auftragnehmers für die Planung der Einführung zuständig ist.

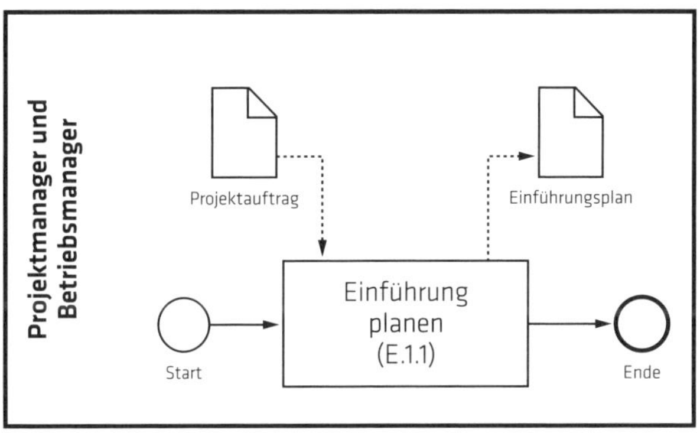

Abb. 7–1
Prozess E.1 »Einführung planen«

Alle Verantwortlichen zusammenholen

Im Rahmen der Aktivität »Einführung planen (E.1.1)« involviert der Projektmanager auf Basis des Projektauftrags sämtliche Projektbeteiligten, die im Einführungsprozess eine relevante Rolle spielen bzw. innehaben. Abbildung 7–1 zeigt, dass dazu auch und vor allem der Betriebsmanager gehört. Als Ergebnis wird der Einführungsplan erstellt.

Die dazugehörigen Projektbeteiligten sind für gewöhnlich von Projekt zu Projekt unterschiedlich; meist gehört das Benutzermanagement, der IT-Betrieb und bei Projekten mit entsprechender Außenwirkung oftmals auch das Marketing dazu. Der Projektmanager ist hierbei dafür verantwortlich, dass die Planung solide und nachhaltig durchgeführt wird. Schlussendlich verantwortet er das Projekt bis zur erfolgreichen Einführung. Aber wie zuvor beschrieben, kann die Rollenverteilung hier im konkreten Einzelfall auch anders aussehen.

Tipp: Einführung bereits im Projektauftrag beschreiben

Nicht selten kommen bis zu diesem Zeitpunkt vorbildlich geführte Projekte nun in unerwartet raues Fahrwasser. Das große Ziel war immer die Fertigstellung des Produktes – und nun kommt mit der Einführung eine Aktivität, die häufig ganz andere Fertigkeiten verlangt.

Planen Sie nach Möglichkeit die Einführung von vornherein als feste Aufgabe bereits im Projektauftrag ein. Das hilft Ihnen später bei der Durchsetzung Ihrer Ziele, da Sie den Projektauftrag und damit den Auftraggeber bzw. den Kunden hinter sich wissen.

Der daraus entstehende Einführungsplan ist ein »kleiner Projektplan« für die Einführungsphase. In ihm wird unter anderem beschrieben, auf welchem Wege, also mit welchen aufeinander aufbauenden Aktivitäten, und in welchem terminlichen Rahmen die Einführung erfolgen soll.

Für den Fall, dass mit dem neu entwickelten Softwareprodukt eine softwarebasierte Altanwendung ersetzt werden soll, gilt es mit dem Kunden bzw. Auftraggeber intensiv zu diskutieren und zu entscheiden, ob

- das neu entwickelte Softwaresystem auf einen Schlag eine bislang laufende Altanwendung ersetzen soll oder ob
- der Einführungsprozess eine sukzessive, also schrittweise Ersetzung des Altsystems vorsehen soll, was in der Regel – aufgrund des notwendigen Anpassungsprozesses – vorteilhafter ist.

Aber auch für den Fall, dass mit dem neu entwickelten Softwareprodukt *keine* softwarebasierte Altanwendung ersetzt werden soll, ist mit dem Kunden bzw. Auftraggeber abzustimmen, ob

- das neu entwickelte Softwaresystem auf einen Schlag eingeführt werden soll oder ob
- es zunächst für eine möglicherweise besonders motivierte oder betroffene Key-User-Group zur Verfügung gestellt werden sollte und es dann schrittweise für alle potenziellen Benutzer eingeführt werden soll.

Rollout und Datenmigration

Zudem gibt es bei Kunden bzw. Auftraggebern mit einer umfangreichen und vor allem geschäftskritischen IT-Infrastruktur oftmals sogenannte »Rollout-Fenster«, in denen die Einführung erfolgen muss. In diesem Zusammenhang sollten Datenmigrationen möglichst kurz vor der Einführung – also dem eigentlichen Rollout – durchgeführt werden, aber dennoch sollte genug zeitlicher Spielraum für Tests und Nachbearbeitungen vorhanden sein. Hierbei ist darauf zu achten, dass Datenänderungen, die während der Datenmigration stattfinden, auf Eis gelegt werden, um sie nach der Migration in der Datenbasis zu berücksichtigen.

Kurz zusammengefasst: Es sind zahlreiche Aufgaben zu steuern, die häufig voneinander abhängig sind und in einigen Fällen nicht direkt im Projektteam durchgeführt werden können. Zu diesem Zweck ist ein relativ feingranularer und detaillierter Einführungsplan zu erstellen, der kontinuierlich anzupassen und zu aktualisieren ist. Sind mehrere, parallel betriebene Hardware- bzw. Softwaresysteme zu bestücken, wird aufgrund des komplexen Sachverhalts eine sehr detaillierte Planung erforderlich.

Tipp: Lieber zweimal fragen

Der Schlüssel zum Erfolg dieser Aktivität liegt in der Beteiligung aller für die Einführung verantwortlichen Parteien. Jeder Projektbeteiligte sollte gefragt werden, jeder muss seine Bedingungen einbringen. In den seltensten Fällen werden die Beteiligten auf Sie zukommen – Sie moderieren und leiten den Prozess. Und fragen Sie zur Sicherheit lieber zweimal nach.

Häufig wird der Prozess der Betriebsplanung in die Einführungsplanung integriert. Hierbei sind Abhängigkeiten zwischen beiden Planungen zu berücksichtigen. Der IT-Betrieb bzw. die Rolle des IT-Betriebsmanagers ist eine wesentliche Größe im gesamten Einführungsprozess.

IT-Betrieb rechtzeitig involvieren

Bei der Einführung eines komplett neuen Softwareprodukts kann die gesamte IT-Betriebsplanung Bestandteil des Projekts sein, sie kann aber ebenso gut ausgegliedert und gesondert durchgeführt werden. Der eigentliche Betrieb des Softwareprodukts gehört nicht mehr zum Projekt, da es sich um einen ständigen Prozess handelt. Die Initiierung der Planung des Betriebs aber sowie die Heranführung an die möglicherweise neuen Aufgaben und die Wahrnehmung der Verantwortlichkeiten durch den IT-Betrieb gehören zu den Aufgaben des Projektmanagers. Er stößt in diesem Prozess die Planung des IT-Betriebs an und involviert die zuständigen Rollen. Das Ergebnis dieser Aktivität ist neben dem Einführungsplan die Betriebsplanung, die seitens des Kunden bzw. Auftraggebers erfolgt und die im Detail beschreibt, wie das Softwareprodukt als Liefergegenstand des Projekts vom Kunden bzw. Auftraggebers betreut, gepflegt und gewartet wird.

Prozessverwandtschaft im PMBOK Guide

- Diese Aktivität hat keine direkte Entsprechung im PMBOK Guide.

Eingangsartefakte

- Projektauftrag

Methoden, Techniken, Werkzeuge

- Am sinnvollsten sind initiale Planungsworkshops mit allen an der Einführung beteiligten Personen

Ergebnisartefakte

- Einführungsplan (mit tagesaktueller Aktualisierung)

7.2 Produkt einführen (E.2)

Die Einführung des Produktes sollte an sich die Krönung eines jeden Projekts sein. Gelegentlich wird sie aber beeinträchtigt von nicht in die Planung einbezogenen Randbedingungen, die dem Projekt in den letzten Zügen zu schaffen machen. Wie in Prozess E.2 »Produkt einführen« in Abbildung 7–2 dargestellt, gehört neben der Einführung des Produktes auch die Übernahme der Verantwortung durch den Betrieb dazu. Die einzelnen Aktivitäten des Prozesses werden in den folgenden Abschnitten im Detail erläutert.

Abb. 7–2
Prozess E.2 »Produkt einführen«

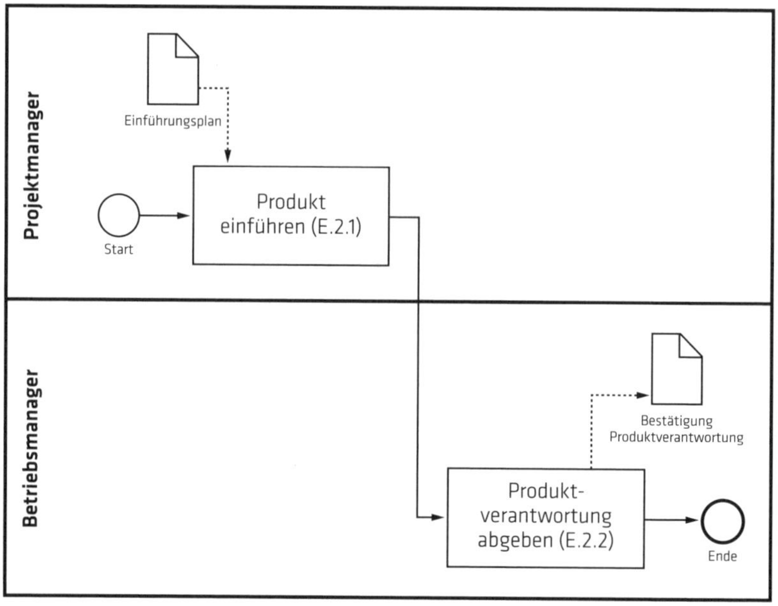

7.2.1 Produkt einführen (E.2.1)

Produktverantwortung abgeben

In dieser Aktivität erkennen Sie, ob die Planungen, die Sie gemeinsam mit Ihren Stakeholdern durchgeführt haben, tatsächlich solide waren. Letztlich wird hier lediglich der Einführungsplan sukzessive abgearbeitet, und zwar mit dem Ziel, die Produktverantwortung möglichst zügig an das IT-Betriebsmanagement des Auftraggebers zu übergeben. Das kann nur funktionieren, wenn Sie diesen letzten Schritt im Projekt mit Bedacht und sicher hinter sich bringen.

Prozessverwandtschaft im PMBOK Guide

- Für die begleitenden Arbeiten zur Einführung des im Projekt erstellten Produktes gibt es keine direkte Entsprechung im PMBOK Guide.
- Die Einführung selbst wird in Abschnitt »4.6 Close Project or Phase« kurz angerissen, jedoch nicht im Detail erläutert.

Eingangsartefakte

- Einführungsplan

Methoden, Techniken, Werkzeuge

- Tägliche Planung
- Exaktes Monitoring aller Vorgänge

Ergebnisartefakte

- Die Einführung des Produktes zieht keine besonderen Artefakte nach sich.

7.2.2 Produktverantwortung abgeben (E.2.2)

Mit der Übernahme der Produktverantwortung in die Produktion bzw. durch den IT-Betrieb haben Sie und Ihr Team das wichtigste Projektziel erreicht. Dennoch sollten Sie nicht darauf verzichten, sich die Übernahme der Produktverantwortung durch den Betrieb kurz bestätigen zu lassen – und sei es nur durch eine E-Mail.

Nutzen Sie das Gefühl und die Zeit und feiern Sie! Der Abschluss eines Projekts ist nichts Alltägliches – gleich wie umfangreich, gleich wie leidvoll oder einfach der Weg gewesen sein sollte, gleich wie lange Sie gebraucht haben sollten. Und vergessen Sie nicht, die Feier von vornherein einzuplanen.

Prozessverwandtschaft im PMBOK Guide

- Diese Aktivität hat keine direkte Entsprechung im PMBOK Guide.

Eingangsartefakte

- Keine

Methoden, Techniken, Werkzeuge

- Workshops, z.B. zur Übergabe an den Betrieb
- Dokumentation, z.B. in einem Betriebshandbuch

Ergebnisartefakte

- Bestätigung Produktverantwortung

7.2.3 Kontrollpunkt 7: Produktionsstart

Wenn Sie, Ihr Projekt und Ihr Team es bis zu diesem Kontrollpunkt geschafft haben, haben Sie den größten und schwierigsten Teil des Weges hinter sich gebracht.

Sind nun Einführung und Betrieb im Detail geplant und wurde der Abnahmetest erfolgreich durchgeführt, so wird vom Projektsteuerungsgremium die Produktivabnahme erteilt. Das Produkt wird damit der Produktion übergeben. Auch wenn dieser Kontrollpunkt, der zudem in den meisten Projekten einen Meilenstein darstellen wird, nur noch eine Formsache sein sollte: Die offizielle Produktivabnahme ist erforderlich, um die Abschlussprozesse im Projekt anzustoßen. Verbunden ist damit letztlich auch die Rechnungsstellung des Auftragnehmers an den Auftraggeber bzw. in reinen Innenverhältnissen die endgültige Abrechnung der Aufwände. Nur mit einer Freigabe haben Sie die Berechtigung, die Projektabschlussprozesse einzuleiten.

8 Abschlussphase (A)

In der Abschlussphase wird das Projekt formell beendet. Sämtliche Prozesse werden zu einem definierten Ende gebracht, und zum Abschluss verfasst der Projektmanager einen Bericht, um das Projekt, den Verlauf und die Ergebnisse kurz zu dokumentieren. Der Bericht muss nicht zwingend ein Textdokument sein, sondern kann in Form von PowerPoints in einem Projektabschlussmeeting gemeinsam mit dem Projektteam erstellt werden.

Projektwissen allen zugänglich machen

Sinn des Berichts ist, das kumulierte Wissen des Projekts künftigen Projekten bzw. deren Mitarbeitern zugänglich zu machen, um so Fehler zu vermeiden und erfolgreiche Prozesse zum »Standard« zu machen.

Das Projekt ist beendet, wenn der abschließende Bericht publiziert wurde.

Diese Phase sollte in jedem Projekt durchlaufen werden, auch wenn es abgebrochen wird.

8.1 Projekt abschließen (A.1)

Wie in Abbildung 8–1 dargestellt, steuert die einzige Aktivität im Prozess A.1 »Projekt abschließen« die Abschlussprozesse der einzelnen Knowledge Areas analog zu den Prozessen in den Abschnitten 5.1 für die Planungsphase bzw. 6.1 für die Durchführungsphase.

Prozessverwandtschaft im PMBOK Guide

- Knowlegde Area »Project Integration Management«
- Prozess »4.6 Close Project or Phase«

Eingangsartefakte

- Projektmanagementplan

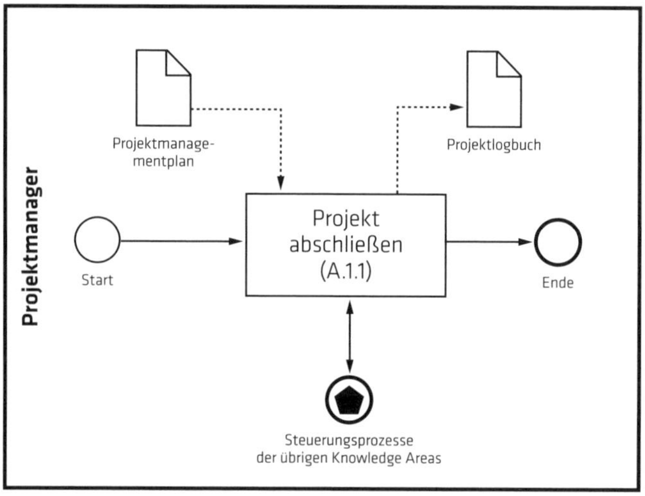

Abb. 8–1
Prozess A.1
»Projekt abschließen«

Methoden, Techniken, Werkzeuge

- Moderation

Ergebnisartefakte

- Ggf. Projektlogbuch

8.2 Risikoregister schließen (A.2)

Im Rahmen der Projektabschlussprozesse sollten die Erkenntnisse aus den Risikoprozessen (s. Abschnitte 5.5, 5.9 und 6.5) festgehalten und bewertet werden. Zudem muss das Risikoregister geschlossen werden, das zu Projektende leer sein müsste. Abbildung 8–2 zeigt den Prozess A.2 »Risikoregister schließen« mit seinen beiden Aktivitäten.

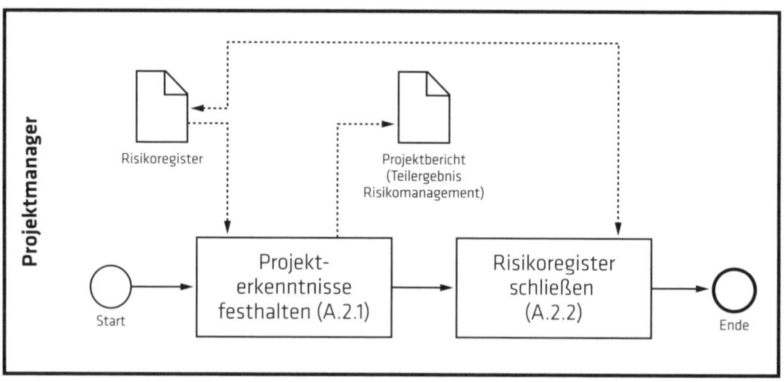

Abb. 8–2
Prozess A.2
»Risikoregister schließen«

8.2.1 Projekterkenntnisse festhalten (A.2.1)

P!TPM

Der Projektbericht beschreibt in Kürze das gesamte Projekt mit dem Ziel, die wesentlichen Inhalte, Ergebnisse und Erkenntnisse Dritten zugänglich zu machen. Die Verwendung des Berichts ist vielfältig und kann von der Anpassung betrieblicher Prozesse bis zum »Lehrstück« für Folgeprojekte reichen.

Erkenntnisse dokumentieren

In diesem Prozess werden die Erkenntnisse aus dem Risikomanagement zusammengefasst. Dazu gehört einerseits die Prozessbetrachtung, die bewerten soll, inwieweit die im Projektmanagementplan verankerten Prozesse zielführend und hilfreich waren. Sofern es Optimierungsbedarf gibt, sollte der hier festgehalten werden. Zum anderen sollen die Risiken an sich betrachtet werden: Welche sind eingetreten, welche Gegenmaßnahmen wurden eingeleitet? Welche Risikomanagementstrategien waren erfolgreich, welche waren eher hinderlich? Verfassen Sie diese Angaben immer vor dem Hintergrund, dass ein Außenstehender die Inhalte verstehen und von ihnen lernen kann.

Prozessverwandtschaft im PMBOK Guide

- Knowlegde Area »Project Integration Management«
- Unterprozess von »4.6 Close Project or Phase«

Eingangsartefakte

- Risikoregister

Methoden, Techniken, Werkzeuge

- Auswertung der Risiken und der ergriffenen Maßnahmen

Ergebnisartefakte

- Projektbericht (Teilergebnis Risikomanagement)

8.2.2 Risikoregister schließen (A.2.2)

Im letzten Schritt der Prozesse des Risikomanagements wird das Risikoregister geschlossen. Da das Projekt beendet wird, können keine Risiken mehr bestehen. Wenn Sie zuvor wie geplant regelmäßig Risikoworkshops abgehalten haben, fällt nun wenig Arbeit an. Andernfalls müssen Sie ein wenig aufräumen: Das Risikoregister ist ein wesentlicher Bestandteil des Projekts und dient anderen Projektleitern möglicherweise als Beispiel – hinterlassen Sie es daher ordentlich.

Prozessverwandtschaft im PMBOK Guide

- Knowlegde Area »Project Integration Management«
- Unterprozess von »4.6 Close Project or Phase«

Eingangsartefakte

- Risikoregister

Methoden, Techniken, Werkzeuge

- Abschließender Workshop

Ergebnisartefakte

- Risikoregister (Aktualisierung)

8.3 Teammitglieder ausplanen (A.3)

Zum Abschluss des Projekts und, wie Abbildung 8–3 mit dem Prozess A.3 »Teammitglieder ausplanen« zeigt, noch vor der Ausplanung der Mitarbeiter sollte nach Möglichkeit ein Projektabschlussworkshop durchgeführt werden. Die »kumulierte Projekterfahrung« der Teilnehmer ist direkt nach Abschluss eines Projekts noch problemlos abrufbar, während mit jedem Tag in einem neuen Projekt die Erinnerungen verblassen.

Abb. 8–3 *Prozess A.3 »Teammitglieder ausplanen«*

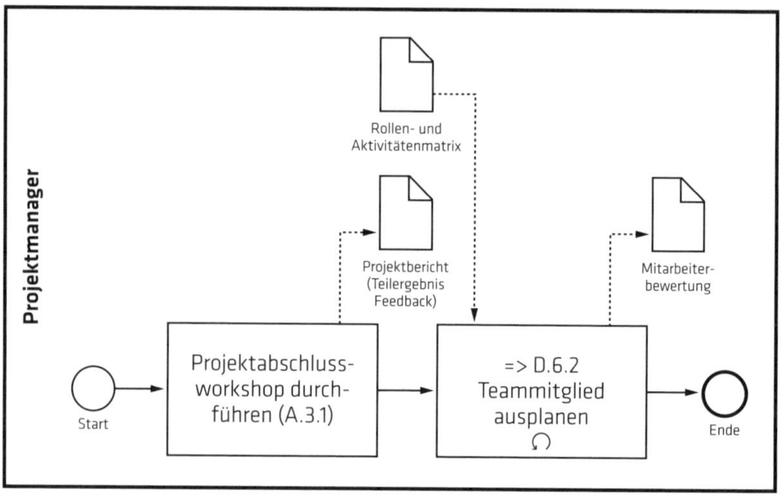

8.3.1 Projektabschlussworkshop durchführen (A.3.1)

Der Projektabschlussworkshop hat in der gelebten Realität viele Namen: Touchdown-Meeting, Post-mortem-Meeting, Projektendetreffen – letztlich stecken doch immer folgende Motivationen dahinter:

- Feedback sammeln zu den im Projektmanagementplan verankerten Prozessen. Was hat gut funktioniert, wo wurden die Prozesse nicht eingehalten? Was lernt die Organisation daraus?
- 360-Grad-Feedback zwischen Projektmanager, Teilprojektleitern, Stakeholdern, Sponsoren und Projektmitarbeitern
- Zudem werden sämtliche Ergebnisse aus den anderen Managementdisziplinen festgehalten.

Die Durchführung eines Projektabschlussworkshops ist verpflichtend, wird aber in der Praxis vor allem in schwierigen Projekten häufig »unterschlagen«. Wenn die Kommunikation zwischen Projektmanagement und Sponsoren oder Shareholdern durch Differenzen schon gestört ist, wird dieser Workshop für alle Beteiligten schwierig. Dennoch sollte sich der Projektmanager diesem Termin stellen, auch um mit dem Projekt selbst abschließen zu können. In ernsten Fällen sollten Sie einen neutralen Moderator hinzuziehen, der ggf. den Druck nehmen kann. Häufig entsteht aber innerhalb eines gemeinsamen Projektabschlussworkshops auch bei solchen Projekten eine positive Stimmung: »Es war streckenweise schwierig, aber wir haben es gemeinsam geschafft.« Die Ergebnisse halten Sie im Projektbericht fest.

Spätestens jetzt sollten Sie den Projektabschluss feiern – sofern Sie das nicht schon vorher gemacht haben.

Prozessverwandtschaft im PMBOK Guide

- Knowlegde Area »Project Integration Management«
- Unterprozess von »4.6 Close Project or Phase«

Eingangsartefakte

- Rollen- und Aktivitätenmatrix. Mittlerweile sollten Sie aber wissen, wer in Ihrem Projekt welche Rolle innehat.

Methoden, Techniken, Werkzeuge

- Workshop

Ergebnisartefakte

- Projektbericht (Teilergebnis Feedback)

Zudem müssen sämtliche Teammitglieder sauber ausgeplant werden. Hier wird die Aktivität »Teammitglied ein- oder ausplanen (D.6.2)« aus Abschnitt 6.6.2 entsprechend durchgeführt.

8.4 Verträge beenden (A.4)

Im PMBOK Guide wird an etlichen Stellen darauf hingewiesen, dass die Verträge mit externen Partnern im Rahmen der Projektendetätigkeiten zu kündigen sind. Dieser Hinweis ist wichtig, denn im Falle eines Projektabbruchs müssen die Verträge u.U. außerordentlich gekündigt werden. Prüfen Sie vor der Erstellung des Feedbacks zur Beschaffung daher, ob tatsächlich alle Verträge ordnungsgemäß gekündigt und abgerechnet wurden. An sich darf es zu diesem Zeitpunkt keinen laufenden Vertrag mehr geben, da die Aktivität »Vertrag kündigen (D.7.3)« implizit durchlaufen werden musste. Abbildung 8–4 zeigt den Prozess A.4 »Verträge beenden«.

Abb. 8–4
Prozess A.4 »Verträge beenden«

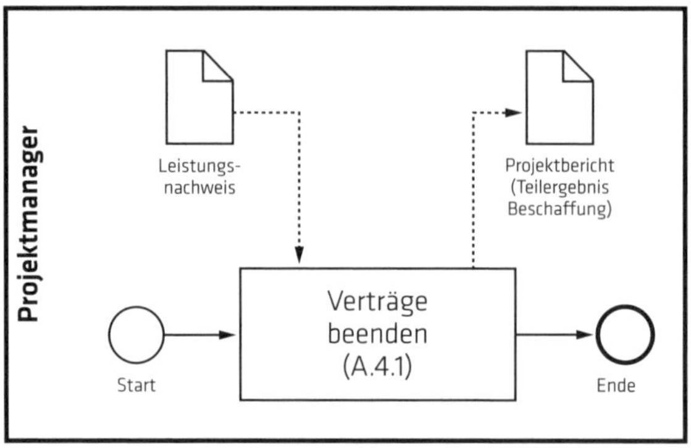

Abschließend erstellen Sie ein kurzes Feedback zur Beschaffung. Machen Sie darin sowohl inhaltliche als auch prozessbezogene Angaben. Hat es im Beschaffungsprozess Probleme gegeben? Was lief besonders gut? Mit welchem Dienstleister waren Sie zufrieden, wo mussten Sie steuernd eingreifen? Begründen Sie Ihre Entscheidungen und tragen Sie so zur internen Prozessverbesserung bei.

Prozessverwandtschaft im PMBOK Guide

- Knowlegde Area »Project Procurement Management«
- Prozess »12.4 Close Procurements« zielt mehr auf die Beendigung der einzelnen Verträge ab, die bereits in »Vertrag kündigen (D.7.3)« durchlaufen wurden.
- Daher außerdem ein Unterprozess von »4.6 Close Project or Phase« aus der Knowlegde Area »Project Integration Management«

Eingangsartefakte

- Leistungsnachweis der einzelnen Zulieferer

Methoden, Techniken, Werkzeuge

- Keine besonderen. Der PMBOK Guide führt hier Procurement Audits an, die sich jedoch nur bei sehr umfangreichen Zukäufen lohnen.
- Die Prüfung der Lieferungen des externen Dienstleisters sollte eine Selbstverständlichkeit sein.

Ergebnisartefakte

- Projektbericht (Teilergebnis Beschaffung)

8.5 Projektkostenrechnung abschließen (A.5)

In der Abschlussphase wird letztmalig der Prozess »Projektkosten kontrollieren (D.8)« aus Abschnitt 6.8 durchgeführt. Da der Prozess hier ohne Abweichungen angewandt werden sollte, wird er in diesem Abschnitt nicht wiederholt beschrieben. Abbildung 8–5 zeigt die Einbindung des Prozesses D.8 sowie die anschließende Erstellung des Feedbacks zum Kostencontrolling.

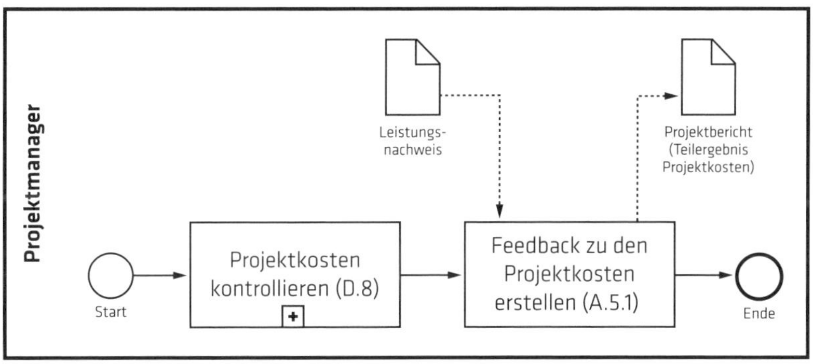

Abb. 8–5
Prozess A.5 »Projektkostenrechnung abschließen«

8.5.1 Feedback zu den Projektkosten erstellen (A.5.1)

Erst nachdem sämtliche Buchungen geschlossen wurden und der letzte Bericht verteilt wurde, erstellen Sie als Projektmanager das Feedback zum Kostencontrolling. Auch hier gilt es wieder, inhaltliche und prozessbezogene Bewertungen vorzunehmen: Welche Arbeitspakete sind weit von der ursprünglichen Planung abgewichen und welche Gründe gab es dafür? Können Folgeprojekte daraus lernen und den Fehler vermeiden? Dabei sind Unterschätzungen genauso zu behandeln wie Überschätzungen. Gab es im Reporting-Prozess Schwierigkeiten? Was lief besonders gut?

Die Zusammenfassung halten Sie im »Projektbericht (Teilergebnis Projektkosten)« fest.

Prozessverwandtschaft im PMBOK Guide

- Knowlegde Area »Project Integration Management«
- Unterprozesse von »4.6 Close Project or Phase«

Eingangsartefakte

- Leistungsnachweis

Methoden, Techniken, Werkzeuge

- Abschluss des Projektreportings

Ergebnisartefakte

- Projektbericht (Teilergebnis Projektkosten)

8.6 Abschlussbericht und Feedback erstellen (A.6)

Im Prozess A.6 »Abschlussbericht und Feedback erstellen« (s. Abb. 8–6) wird das Feedback für die restlichen Knowledge Areas gesammelt und im endgültigen Projektbericht konsolidiert. Die einzelnen Aktivitäten werden in den folgenden Abschnitten im Detail beschrieben.

8.6.1 Qualitätsmanagementprozesse bewerten (A.6.1)

In dieser Aktivität werden sämtliche im Projekt durchgeführten Prozesse des Qualitätsmanagements eingehend analysiert und bewertet. Ziel und Zweck der Aktivität ist die Identifizierung von möglichen Problem- und Fehlerquellen. Bei der Bewertung der Qualitätsmanagementprozesse sollten die konstruktiven und analytischen Qualitätssicherungsprozesse idealerweise getrennt voneinander betrachtet werden. Die Analyse und Bewertung der Qualitätsmanagementprozesse sollte neben statistischen Werten (Anzahl Testfälle, Anzahl Fehler, Anzahl Wiederholungen usw.) Aufschluss darüber geben, wie und mit welchen Mitteln die Tests durchgeführt wurden. Darin sollte die Infrastruktur ebenso beschrieben sein wie Fehlerkorrekturwege. Letztlich werden hier die tatsächlich angewandten Prozesse reflektiert.

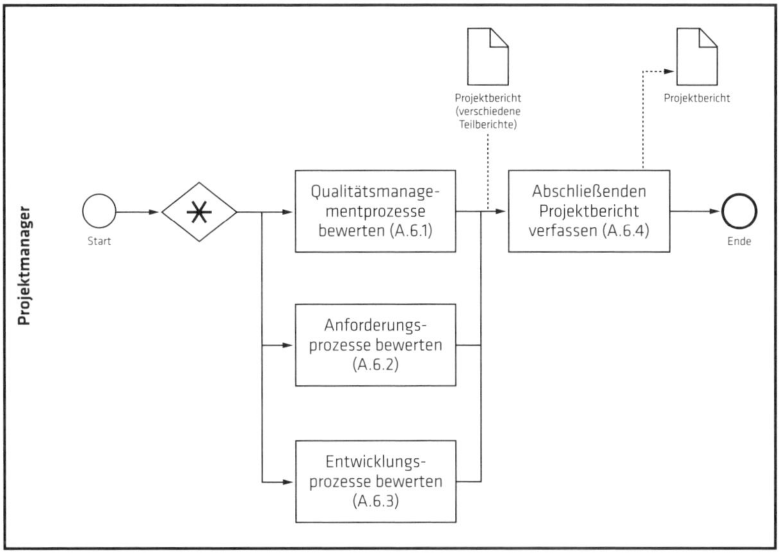

Abb. 8–6
Prozess A.6 »Abschlussbericht und Feedback erstellen«

Aus der Bewertung der Qualitätsmanagementprozesse können schlussendlich Prozessveränderungen abgeleitet werden, sodass bestehende Qualitätsmanagementprozesse modifiziert werden. Dazu können

- neue Verfahren, Methoden oder Werkzeuge eingeführt,
- die Reihenfolge von Prozessaktivitäten verändert,
- zusätzliche Artefakte oder Ergebnisse in den Prozess eingebracht,
- Artefakte oder Ergebnisse aus einem bestehenden Prozess gestrichen,
- neue Rollen definiert bzw.
- neue Verantwortlichkeiten identifiziert werden (vgl. [Sommerville 2008, S. 726]).

Auf Basis der Bewertung sollten zur Prozessverbesserung konkrete Ziele definiert und vereinbart werden. Beispielsweise könnte festgelegt werden, dass die Zahl der identifizierten Fehler beim Integrationstest zukünftig um 25% reduziert werden soll. Auf diese Weise kann die zu erreichende Messlatte selbst definiert und die Fortschritte der Prozessverbesserung einfach, schnell, kontinuierlich und objektiv überprüft werden (vgl. [Sommerville 2008, S. 726 f.]):

- **Verbesserungserkennung:** In dieser Stufe werden die Ergebnisse aus der Prozessanalyse verwendet, um nachvollziehen zu können, vor welchem Hintergrund mögliche Qualitäts-, Zeitplan- oder Kostenengpässe entstanden sind. Ziel ist es, diese Engpässe zu vermeiden, indem zukünftig neue Verfahren, Methoden und Werkzeuge eingesetzt werden.

- **Prioritätensetzung:** Hier werden die möglichen Änderungen an den Qualitätsmanagemenprozessen priorisiert. Das heißt, es werden zunächst die wichtigsten Änderungen ausgewählt, die im ersten Schritt umzusetzen sind. Anschließend ermitteln sie die Änderungen der zweiten, dritten und nachfolgenden Stufen.
- **Einführung von Prozessänderungen:** Die Einführung von Prozessänderungen bedeutet, neue Verfahren, Methoden und Werkzeuge bereitzustellen und diese mit den anderen Prozessaktivitäten zu integrieren. Hierbei ist es wichtig, dem Einführungsprozess genügend Zeit einzuräumen. Zudem sollte sichergestellt werden, dass die vorgesehenen Änderungen mit den anderen Prozessaktivitäten sowie den organisationsspezifischen Verfahren, Regelungen und Standards kompatibel sind.
- **Schulung für Prozessänderungen:** Um die sich mittel- bis langfristig ergebenden Vorteile der Prozessverbesserung auch in vollem Maße nutzen zu können, sind entsprechend zugeschnittene Schulungsmaßnahmen durchzuführen. Ohne Schulungen könnten die Prozessänderungen schnell von den betroffenen Beteiligten abgelehnt werden, sodass die Schulungsmaßnahmen auch motivierenden Charakter besitzen. Allzu häufig wurden Prozessänderungen *ohne* Schulungen eingeführt, sodass die Prozesse eher verschlechtert als verbessert wurden.
- **Änderungsanpassung:** Die empfohlenen Prozessänderungen werden in den seltensten Fällen gleich nach ihrer Einführung zu 100% gelebt und wirksam. Eine Anpassungsphase ist also zweckmäßig, in der in iterativen Zyklen geringfügige Probleme ermittelt sowie Änderungen am Prozess vorgeschlagen und eingeführt werden. Die Anpassungsphase sollte mehrere Wochen bzw. Monate dauern, bis sämtliche betroffenen Projektbeteiligten mit dem neuen Prozess zufrieden sind und ihn problemlos anwenden können.

Prozessverwandtschaft im PMBOK Guide

- Knowlegde Area »Project Integration Management«
- Unterprozesse von »4.6 Close Project or Phase«

Eingangsartefakte

- Alles, was einer Beurteilung des Qualitätsmanagements dienen kann

Methoden, Techniken, Werkzeuge

- Prozessanalyse, -bewertung und -änderung gemäß der dargestellten Vorgehensweise

Ergebnisartefakte

- Projektbericht (Teilbericht Qualitätsmanagement)

8.6.2 Anforderungsprozesse bewerten (A.6.2)

In dieser Aktivität werden sämtliche im Projekt durchgeführten Prozesse des Anforderungsmanagements eingehend analysiert und bewertet. Ziel und Zweck der Aktivität ist die Identifizierung von möglichen Problem- und Fehlerquellen. Die Bewertung der Anforderungsmanagementprozesse sollte aus drei Perspektiven erfolgen:

- Integration und Verständlichkeit für die Fachabteilung des Auftraggebers
- Umsetzbarkeit für die Entwicklungsabteilung des Auftragnehmers
- Kundenzufriedenheit mit dem Projektergebnis

Bewerten Sie, inwieweit die Fachabteilung in die Erstellung der Anforderungs- und Spezifikationsdokumente integriert war, ob die Abnahmen erfolgt sind und ob die Inkremente als Ergebnis einer Spezifikation den Erwartungen des Fachbereichs bzw. des fachlichen Projektleiters entsprachen. Größere Diskrepanzen sind ein Hinweis dafür, dass die Spezifikation vom Fachbereich nicht verstanden (oder gelesen) wurde.

Ein weiteres Bewertungskriterium ist die Umsetzbarkeit für die Softwareentwicklungsabteilung. Betrachtet wird hier, ob durch die Spezifikation die softwaretechnische Umsetzbarkeit gewährleistet war. Natürlich sollten diese Überlegungen bereits im Vorfeld durchgeführt worden sein, aber eine nachträgliche Betrachtung mit »etwas Abstand« führt häufig zu einem klareren Blick.

Der grundsätzliche Ablauf für mögliche Änderungen an den Prozessen des Anforderungsmanagements ist dem vorherigen Abschnitt zu entnehmen.

Prozessverwandtschaft im PMBOK Guide

- Knowlegde Area »Project Integration Management«
- Unterprozesse von »4.6 Close Project or Phase«

Eingangsartefakte

- Soweit erforderlich: Anforderungs-, Spezifikations- und Entwurfsdokumente

Methoden, Techniken, Werkzeuge

- Prozessanalyse, -bewertung und -änderung gemäß der dargestellten Vorgehensweise

Ergebnisartefakte

- Projektbericht (Teilbericht Anforderungsmanagement)

8.6.3 Entwicklungsprozesse bewerten (A.6.3)

In dieser Aktivität werden sämtliche im Projekt durchgeführten Prozesse der Softwareentwicklung eingehend analysiert und bewertet. Ziel und Zweck der Aktivität ist die Identifizierung von möglichen Problem- und Fehlerquellen. Die Analyse und Bewertung der Softwareentwicklungsprozesse sollte neben statistischen Werten (Quellcodezeilen, Anzahl Fehler im Komponententest, Anzahl der Inkonsistenzen zwischen Entwurf und Spezifikation etc.) Aufschluss darüber geben, wie und mit welchen Methoden und Werkzeugen die Softwareentwicklung durchgeführt wurde. Darin sollte die eingesetzte Softwareentwicklungsinfrastruktur ebenso kurz beschrieben werden wie Fehlerreporting und Fehlerkorrekturwege. Letztlich werden hier die tatsächlich angewandten Entwicklungsprozesse reflektiert.

Aus der Bewertung der Qualitätsmanagementprozesse können schlussendlich – wie beim Qualitäts- und Anforderungsmanagement – Prozessveränderungen abgeleitet werden. Das Vorgehen, um mögliche Prozessänderungen zu definieren, einzuführen und dauerhaft zu etablieren, wird in Abschnitt 8.6.1 detailliert beschrieben.

Prozessverwandtschaft im PMBOK Guide

- Knowlegde Area »Project Integration Management«
- Unterprozesse von »4.6 Close Project or Phase«

Eingangsartefakte

- Es werden keine besonderen Eingangsartefakte verwendet.

Methoden, Techniken, Werkzeuge

- Prozessanalyse, -bewertung und -änderung gemäß der dargestellten Vorgehensweise

Ergebnisartefakte

- Projektbericht (Teilbericht Entwicklung)

8.6.4 Abschließenden Projektbericht verfassen (A.6.4)

Dieser Prozess führt die in den Vorprozessen erstellten Teilberichte zusammen und ergänzt den Bericht um ein Projektprofil, das erläutert, was die Ziele im Projekt waren und ob und wie diese erreicht wurden. Das Profil kann dabei sowohl technische als auch fachliche Ausprägung haben.

Prozessverwandtschaft im PMBOK Guide

- Knowlegde Area »Project Integration Management«
- Unterprozesse von »4.6 Close Project or Phase«

Eingangsartefakte

- Projektbericht (verschiedene Teilberichte)

Methoden, Techniken, Werkzeuge

- Es werden keine besonderen Methoden eingesetzt.

Ergebnisartefakte

- Projektbericht

8.6.5 Kontrollpunkt 8: Projekt beendet

Das Projekt ist erst dann ordnungsgemäß beendet, wenn neben dem abgenommenen Liefergegenstand eine vollständige Dokumentation gemäß den Prozessspezifikationen vorliegt. Das Projekt wird letztlich vom Projektsteuerungsgremium beendet, erst dann ist auch der Projektmanager von seinen projektbezogenen Aufgaben entbunden.

Anschließend ist das Projekt vollständig beendet.

9 Implementierung eines Vorgehensmodells

Zielgruppe

Dieses Kapitel richtet sich an Berater, IT-Leiter oder Programm-Manager, die ein an PITPM ausgerichtetes oder eigenes Vorgehensmodell einführen möchten. Es beschreibt in fünf Phasen, wie die Umsetzung geplant, durchgeführt und kontrolliert werden kann. Dabei umreißt es den Rahmen nur grob, da die Einflussfaktoren aus dem mittelbaren und unmittelbaren Umfeld der Organisationseinheit den Verlauf vorrangig bestimmen werden.

Warum Vorgehensmodelle scheitern

Ein Vorgehensmodell ist nutzlos, wenn es nicht angewendet wird. Allzu häufig ist aber genau das der Fall: Fragt man die Mitarbeiter eines Softwarehauses, ob es ein internes Vorgehensmodell zum Projektmanagement gibt, so dürfte die Antwort in mittelständischen und größeren Unternehmen meist positiv ausfallen. Ein Großteil kennt sogar noch den firmeninternen Namen des Modells, und ein respektabler, wenn auch geringerer Teil hat in der Vergangenheit schon einmal mit ihm gearbeitet. Wird aber die Frage gestellt, ob das Vorgehen im laufenden Projekt eingesetzt wird und ob der Befragte selbst es einsetzen würde, so lauten die Antworten viel zu häufig »nein«.

Die Gründe dafür können vielfältig sein:

- In den meisten Fällen ist das Vorgehensmodell zu komplex. So dürften z.B. selbst geschulte Mitarbeiter Schwierigkeiten bekommen, wenn sie aus einer großen Zahl von Prozessen und Artefakten genau die richtige Kombination heraussuchen sollen. Oft ist eine solche Methode so ausgelegt, dass sie *alles* kann und in jeder noch so unwahrscheinlichen Situation anwendbar ist. Nur ist in den wenigsten Projekten *alles* gefordert (auch wenn häufig Situationen aufzutreten scheinen, mit denen nun wirklich *niemand* rechnen konnte). Die bedarfsgerechte Anpassung ist also ein wichtiges Arbeitspaket auf dem Weg zum passenden Vorgehensmodell.

- Hat ein Vorgehensmodell erst einmal einen schlechten Ruf, wird es ihn nur mit Mühe wieder los. Wenn gestandene Projektmanager das Verfahren nicht (mehr) anwenden, sollte das gesamte Konzept unter maßgeblicher Beteiligung der Kritiker den Vorstellungen entsprechend angepasst werden – natürlich immer nur im Rahmen der betrieblichen Möglichkeiten.
- Projektmanager ist für gewöhnlich nur, wer zuvor auf hohem Niveau die Fähigkeit zu verantwortlichem Denken und Handeln nachgewiesen hat. Nicht jeder ist in der Lage, das eigene Denkmuster zugunsten eines Vorgehensmodells hintenanzustellen.
- Letztlich ist auch die Art und Weise der Präsentation mit dafür verantwortlich, wie das Vorgehensmodell bei den Adressaten aufgenommen wird. Dabei geht es nicht darum, Tassen und Krawattennadeln bunt zu bedrucken, sondern das Verfahren mit seinen Prozessen und Artefakten zielgruppengerecht aufzubereiten und die Werkzeuge mit niedriger Einstiegshürde anzubieten. Es muss einfach und logisch sein, die Mittel einzusetzen.

CMMI kann bei der Positionierung helfen

Bei der eigenen Positionsbestimmung kann der Reifegrad des Capability Maturity Model Integration (CMMI) helfen. CMMI ist eine Familie von Referenzmodellen für unterschiedliche Anwendungsgebiete und definiert Fähigkeitsgrade für die Institutionalisierung von Prozessgebieten in einem Unternehmen. Aus den bewerteten Fähigkeiten einzelner Prozessgebiete wird der Reifegrad der Unternehmung ermittelt, der von »1 – Initial« bis »5 – Optimizing« reicht (s. Tab. 9–1).

Tab. 9–1
CMMI Reifegrade (vgl. [Kneuper 2007, S. 19])

CMMI Level	Beschreibung
1 – Initial	Diesen Reifegrad hat jede Organisation automatisch. Es bestehen keine spezifischen Anforderungen.
2 – Managed	Definierte Prozesse für Entwicklung und Management. Die Projekte werden geführt, wenn auch nicht unbedingt einheitlich. Ein vergleichbares Projekt kann mit gleichem Erfolg wiederholt werden.
3 – Defined	Die Projekte werden nach einem angepassten Standardprozess durchgeführt. Zudem ist eine organisationsweite kontinuierliche Prozessverbesserung implementiert, die von den Mitarbeitern angenommen und durchgeführt wird.
4 – Quantitatively Managed	Es wird zusätzlich eine statistische Prozesskontrolle durchgeführt.
5 – Optimizing	Die Anweisungen, Werkzeuge und Methoden werden mithilfe einer statistischen Prozesskontrolle laufend verbessert.

Ziel eines Unternehmens, das sich nach CMMI zertifizieren lassen möchte, ist zumindest die Erreichung von Level 2. Durch den erforderlichen Standardprozess lassen sich nachhaltige Vorteile erst durch die Einstufung auf Level 3 erreichen. Der Aufstieg zu Level 4 oder sogar Level 5 ist hingegen meist extrem kostspielig.

Die reine Existenz eines Vorgehensmodells ist für Level 3 zwar die notwendige, nicht jedoch die hinreichende Bedingung. Erst wenn die Projektmanager sie auch tatsächlich anwenden, sich das Verfahren also *zu eigen* machen, ist Level 3 erreicht. Auch wenn Sie keine Zertifizierung nach CMMI anstreben, sollten Sie im Kopf haben, mit der Implementierung die Voraussetzungen für Level 3 erreichen zu wollen.

Zur nachhaltigen Etablierung des Vorgehensmodells im Unternehmen wird daher ein betriebliches Umfeld benötigt, in dem

- die Vorgesetzten die Notwendigkeit eines Vorgehensmodells zum Projektmanagement an zentraler Stelle erkannt haben,
- Ressourcen für die Entwicklung und Anpassung der Prozesse bereit gestellt werden können,
- Mitarbeiter bereit sind, Änderungen anzunehmen,
- Mitarbeiter Kritik annehmen und selbst objektiv abgeben können.

Wenn Sie sich nicht sicher sind, ob in Ihrem Unternehmen die Kriterien erfüllt sind, sollten Sie zunächst eine entsprechende Akzeptanz schaffen. Die weiteren Schritte könnten sonst vergeblich sein oder deutlich komplexer ausfallen.

9.1 Vorgehensweise

PITPM lässt sich hervorragend »Stand alone« einsetzen, also ohne im betrieblichen Rahmen großflächig implementiert worden zu sein. Alleine mithilfe des Buches und der Vorlagen aus dem Internet können Sie Ihr Projekt gut steuern.

Der nächste, ungleich schwierigere Schritt ist die Implementierung der Prozesse im Unternehmen und deren Anwendung (also der Schritt von CMMI Level 1 oder 2 zu Level 3). An sich ist das Vorhaben nichts anderes als ein PITPM-Projekt, wenn auch mit besonderem Auftrag. Grob lassen sich dabei fünf Phasen wie in Abbildung 9–1 dargestellt gliedern.

Die Phasen orientieren sich am Ziel, das Vorgehensmodell mittelfristig im Unternehmen zu etablieren. Dazu kann es auch erforderlich sein, einzelne Phasen mehrfach zu durchlaufen. Folgende Schritte sollten berücksichtigt werden:

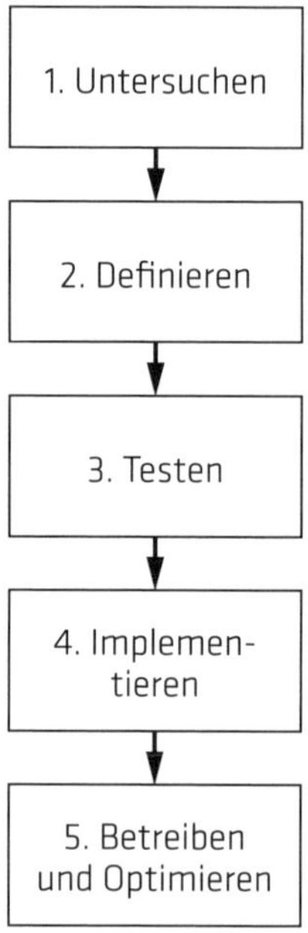

Abb. 9–1
Die fünf Phasen der Implementierung des Vorgehensmodells

1. Untersuchen: Laufende und beendete Projekte auf Optimierungsbedarf hin untersuchen
2. Definieren: Dokumentieren der Soll-Projektmanagementprozesse
3. Testen: Anwendung des (ggf. nur optimierten) Vorgehensmodells in einem Pilotprojekt
4. Implementieren: Kompetenz in der Anwendung des Vorgehensmodells im Unternehmen aufbauen und verbreitern, ggf. zentrale Anlaufstellen schaffen
5. Betreiben und Optimieren: Schwerpunktteam einrichten oder – wenn möglich – ein Project Management Office (PMO) aufbauen

Prüfen Sie, ob Sie möglicherweise die ersten Schritte überspringen können, weil z.B. erste Ergebnisse über Schwachstellenanalyse in Projektmanagementprozessen vorliegen.

Implementierungsdauer

Zur Dauer des Einführungsprojekts lässt sich keine allgemeingültige Aussage machen. Sie ist abhängig von den Umweltfaktoren, den zur Verfügung gestellten Ressourcen und der Zielsetzung. Sie sollten jedoch von der Idee bis zum reibungslosen Betrieb und damit der selbstverständlichen Anwendung durch alle Projektverantwortlichen zwischen sechs und 24 Monaten rechnen.

9.2 Phase 1: Untersuchen

Ziel der ersten Phase ist die Schaffung einer angemessenen Sicht auf aktuelle Problemfelder, die durch die Implementierung eines Vorgehensmodells bearbeitet werden sollen. Die Phase beantwortet also die Frage, warum *jetzt* gehandelt werden sollte. Sie schafft zudem Transparenz für den Status quo.

Ein Vorgehen ist kein Selbstzweck

Ein Vorgehensmodell zum Projektmanagement darf kein Selbstzweck sein, sondern muss sich »rechnen«. Nur dann hat es eine Existenzberechtigung und wird auch vom Management getragen. Werden die Vorteile eines Vorgehensmodells in der Geschäftsführung in Zweifel gezogen, so wird das Vorgehen naturgemäß einen schweren Stand haben. Es avanciert zum reinen Marketinginstrument, das als leere Hülle nach außen getragen, im Unternehmen jedoch nicht gelebt wird.

Argumentationsbasis schaffen

Es ist daher erforderlich, eine Argumentationsbasis für das Modell zu schaffen. Klare Fakten wiegen schwerer als die »gefühlte Notwendigkeit« für mehr Methode. Die Basis bildet daher eine ergebnisoffene Untersuchung einiger jüngst abgeschlossener und laufender Projekte, die für die Organisationseinheit beispielhaft sind. Die Untersuchung sollte ergebnisoffen sein, da sich unter Umständen herausstellen kann, dass die Projekte im Groben »doch ganz gut laufen«. Dann hätte das Unternehmen zwar nicht CMMI Level 3 erreicht, aber wenn der Projekterfolg ohne zusätzlichen Aufwand wiederholbar ist, kann das vor allem in kleinen Organisationen mit größtenteils gleichbleibenden Projektstrukturen günstiger sein. In diesem Fall wären die Projekte nahe an einem wiederkehrenden Produktionsprozess, der Regelfall ist das jedoch nicht.

Einsicht in abgeschlossene Projekte

Zur Untersuchung der Projekte benötigen Sie vor allem eins: deren Dokumentation. Scheitert es bereits an dieser Anforderung, so ist das aktuelle Vorgehen nicht nachhaltig. Es muss nachfolgenden Projektmanagern möglich sein, von und an vergangenen Projekten zu lernen. Das Mindeste ist ein kurzer Steckbrief mit den wichtigsten Eckdaten und Mitarbeitern, der nach jedem Projekt vom Projektmanager verfasst wird. Ist der Zugriff auf Projektarchive nicht möglich oder stehen sie nicht zur Verfügung, so müssen die Ansprechpartner auf anderem Wege identifiziert werden.

Beispielhafte Projekte finden

Je nach Größe und Organisationsform des zu untersuchenden Bereichs können möglicherweise nicht alle Projekte analysiert werden. Die Auswahl sollte aber nicht willkürlich getroffen werden, sondern einen möglichst repräsentativen Querschnitt über alle Projekte bilden. Dazu gehören also überaus erfolgreich abgeschlossene ebenso wie gescheiterte Projekte. Die Analyse letzterer wird besonders schwer fallen – niemand erinnert sich gerne an eine schwierige Zeit, wenn es nicht unbedingt erforderlich ist. Dabei lässt sich gerade von schwierigen oder fehlgeschlagenen Projekten meist mehr als von erfolgreichen lernen.

Projekte analysieren

Die Ziele der Analyse und damit die Vorgehensweise sollte daher allen Gesprächspartnern transparent gemacht werden:

- Es geht nicht um die Person des Projektmanagers, sondern nur um das Projekt und die eingesetzten Verfahren, Methoden und Werkzeuge.
- Das bedeutet auch, dass bei Projekten in Schieflage kein Schuldiger gesucht wird. Verhindern Sie unter allen Umständen, dass Mitarbeiter einen falschen Eindruck bekommen. Sie brauchen die Unterstützung der Kollegen, die zudem ja später die Anwender Ihres Vorgehensmodells werden sollen.
- Gleich ob es sich um ein mehr oder weniger erfolgreiches Projekt handelt: Wenn es der Projektmanager und die Mitarbeiter wünschen, werden die Inhalte vertraulich behandelt und nicht ohne Zustimmung betriebsintern zitiert. Die anonymisierte Verwendung der Ergebnisse sollte jedoch immer möglich sein.
- Der Beitrag der Gesprächspartner kann maßgeblich dazu beitragen, Projekte in Zukunft noch erfolgreicher zu gestalten.

Talk the Talk

Daneben gibt es noch ein Ziel, das Ihnen als Verantwortlichem bewusst sein sollte, das aber nicht kommuniziert wird, da es dem System inhärent ist: Durch die enge und vertrauensvolle Zusammenarbeit mit den Projektmanagern lernen Sie auch deren Strukturen, Verhaltensweisen und spezielle Terminologien kennen. Sofern diese Faktoren nicht einer nachhaltigen Projektarbeit widersprechen, sollten Sie sie aufgreifen und auch in der später zu entwickelnden Vorgehensweise berücksichtigen. Sie verschaffen Ihnen Zugang zu Ihrer Klientel.

Zudem benötigen Sie ein adäquates Werkzeug zur Analyse der Projekte, die außerdem als Dokumentation dienen sollte. Hier hat sich der Einsatz einfacher Tabellen bewährt, mit denen alle Projekte zumindest im Ansatz einheitlich bewertet werden können. Das Ergebnis bildet zum Abschluss der Untersuchungsphase auch die eingangs erwähnte Argumentationsbasis. Da auf ihr alle weiteren Entscheidungen fußen, sollte in der Analyse mit größtmöglicher Sorgfalt gearbeitet werden.

Einheitliche Bewertungskriterien aufstellen

Die Bewertungskriterien sollten einheitlich gewählt werden und einen sicheren Rückschluss auf das Projekt erlauben. Dazu werden auch die Kriterien der vorab definierten Kontrollpunkte abgefragt (s. dazu Tab. 9–2).

Kriterium	Bedingungen
Phasenmodell	Wurde das Projekt in Phasen gegliedert?
Kontrollpunkte	Wurde mit Kontrollpunkten gearbeitet? Welche Kontrollpunkte wurden eingesetzt?
Werkzeuge	Welche Werkzeuge wurden eingesetzt (MS Project, Teamräume, Excel usw.)?
Rollendefintionen	Wie ist die Rolle des Projektmanagers definiert? Sind die restlichen Rollen des Projekts benannt und bekannt? Wie ist das Projekt im Unternehmen organisatorisch etabliert?
K1: Projektauftrag erteilt	Folgende Artefakte sollten zumindest in verwandter Form vorliegen: Aufwandschätzung Projektumfangsbeschreibung Projektauftrag
K2: Projekt konfiguriert	Der Projektmanagementplan sollte zumindest in verwandter Form vorliegen
K3: Projektplanung abgenommen	Folgende Artefakte sollten zumindest in verwandter Form vorliegen: Risikoplanung Feinspezifikation Projektstrukturplan oder der daraus entwickelte ganzheitliche Projektplan (Gantt-Chart)
Performance	Wurde das Projekt in Zeit und Budget abgewickelt? War der Kunde mit dem Produkt zufrieden? Was wurde bemängelt, was wurde positiv bewertet?

Tab. 9–2
Beispiele für Bewertungskriterien

Letztlich wird das gesamte zuvor vorgestellte Vorgehensmodell lediglich »invertiert«. Es wäre jedoch nicht hilfreich, hier sämtliche Prozesse und Artefakte als Kriterium wiederzugeben. Im Sinne der Fokussierung, und um die Untersuchung nicht zu komplex werden zu lassen, sollten im Kriterienkatalog Schwerpunkte gesetzt werden.

Untersuchung gemeinschaftlich durchführen

Nach Möglichkeit sollte die Untersuchung im Team oder zumindest von zwei Personen durchgeführt werden. Zum einen ist es häufig hilfreich, die eigenen Entscheidungen durch einen »Gegenspieler« auf Stichhaltigkeit prüfen zu lassen. Ganz grundsätzlich kann so die Qualität der Ergebnisse verbessert werden. Zum anderen ist das gesamte Konzept tragfähiger, wenn bereits zu einem frühen Zeitpunkt verschiedene Personen beteiligt werden, die zu den verschiedenen Personengruppen möglicherweise unterschiedlich guten Zugang haben. Zu Beginn sollte sichergestellt werden, dass die Arbeitsweise im Team homogen ist, was zum Beispiel durch die gemeinsame Ausarbeitung der Bewertungsmatrix erreicht werden kann.

Istprozesse erfassen

Ziel der Untersuchung ist auch die Aufnahme der Ist-Projektmanagementprozesse, möglichst schon jetzt mit klarer Feststellung von

Schwachpunkten. Erst im nächsten Schritt wird definiert, wie die Prozesse optimiert werden sollten. Neben der reinen Bewertung in der entsprechenden Matrix sollten daher die aktuellen Prozesse dokumentiert werden. Dazu eignet sich hervorragend BPMN, da die Notation einfach anzuwenden und, anders als UML, auch von Außenstehenden auf einen Blick sehr leicht zu verstehen ist.

Macht sich ein Vorgehensmodell zum Projektmanagement bezahlt?

Ein Vorgehensmodell soll sich rechnen. Diese verständliche Forderung, die häufig aus der Geschäftsführung kommt, kann jedoch das gesamte Vorhaben zum Stoppen bringen. Versuchen Sie daher, die Motivation hinter dieser Forderung zu verstehen. Der Hintergrund ist: Ein Vorgehensmodell zum Projektmanagement ist eine Infrastrukturmaßnahme, deren Benefit langfristig erwirtschaftet wird und daher extrem schwierig zu ermitteln ist. Zwar gibt es gerade vom PMI aktuelle Literatur zur Ermittlung des Wertes von Projektmanagement (vgl. [Thomas & Mullaly 2008]), jedoch wird Sie der Business Case wertvolle Zeit kosten, ohne dass Sie wirklich produktiv geworden wären. Häufig steht hinter der Forderung die Befürchtung, dass man mit einem Vorgehensmodell in ein starres, aufwendiges Korsett gezwängt wird, das die Projektmanager von ihrer eigentlichen Aufgabe abhält. Hier müssen Sie Überzeugungsarbeit leisten und im folgenden Test des Vorgehens das Gegenteil beweisen.

Zudem können Sie durch die Bewertungsmatrix »gute« und »weniger gute« Projekte voneinander trennen. Mithilfe der Matrix sollte es zudem möglich sein, Gemeinsamkeiten gut gelaufener Projekte festzustellen. Vielleicht finden Sie sogar heraus, welche Faktoren zu unangenehmen Konsequenzen für das Unternehmen geführt haben (bspw. Mehraufwand oder Imageverlust). Möglicherweise erhalten Sie dadurch eine Argumentationsbasis für mehr Methode.

Die Untersuchungsergebnisse sollten abschließend in einem gesonderten Dokument kurz zusammengefasst werden. Das kann eine PowerPoint-Präsentation ebenso sein wie ein Word-Dokument. Es enthält in jedem Fall die wichtigsten Untersuchungsergebnisse.

Zusammengefasst noch einmal die wichtigsten Schritte in dieser Phase:

- Generische Bewertungsmatrix aufstellen
- Zu untersuchende Projekte auswählen
- Prozesse in den ausgewählten Projekten dokumentieren
- Parallel dazu Bewertungsmatrix bearbeiten
- Zusammenfassung der Ergebnisse erstellen

9.3 Phase 2: Definieren

Prozesse definieren

Ziel der zweiten Phase ist die Strukturierung jener Prozesse, die die Ziele und Richtung der Vorgehensweise festlegen. In ihr wird die Perspektive aufgezeichnet, mit der die in Phase 1 erkannten Schwachstellen behoben werden sollen.

Während die Untersuchungsphase meist noch durch großen Kooperationswillen gekennzeichnet ist, kann die Arbeit in der Definitionsphase etwas einsamer werden. Häufig dienen die Untersuchungen der ersten Phase auch als Ventil für gestresste Projektmanager, die sich in epischer Breite über die Missstände auslassen, gleich ob sie gerechtfertigt sind oder nicht. Geht es aber um die ganz konkrete Frage, wie sich die aufgeführten Hindernisse aus dem Weg räumen lassen, steht der Vorgehens-Implementierer häufig wieder allein auf weiter Flur. Es ist aber wichtig, auch in der Defintionsphase nicht allein zu arbeiten. Um eben nicht ein abgehobenes, theoretisches Modell zu schaffen, das in der Praxis nicht anwendbar ist, sondern ein pragmatisches Vorgehensmodell mit Mehrwert für alle Beteiligten, müssen die Prozesse immer wieder auf ihre Machbarkeit und ihr Ziel untersucht werden. Das kostet Zeit und manchmal auch Nerven. Erreichen lässt es sich durch die möglichst tiefe Einbindung derer, die später von der Vorgehensweise profitieren, also damit arbeiten sollen.

Aufwände planen

Die Definition eines Vorgehensmodells ist zwar ein kreativer Akt, der in seinem Aufwand im Vorhinein schwierig zu bewerten ist, dennoch sollte die Erstbeschreibung im Rahmen eines Kontingentes erfolgen. Somit wird der Aufgabe eine angemessene Wertigkeit verliehen, zudem handelt es sich dabei schlichtweg um die Anwendung definierter PMBOK-Guide-Prozesse. Es genügt an dieser Stelle, die reine Implementierung zu schätzen. Die Aufwände der verbleibenden Phasen sollten jeweils zu Beginn geschätzt werden.

Organizational Process Assets implementieren

Basis der Definition sind selbstverständlich die vorab vorgestellten Prozesse des Projektmanagements mit ihren Phasen. Es wäre aber in den meisten Fällen nicht richtig, diese ohne Änderung zu übernehmen. Der PMBOK Guide spricht in diesem Zusammenhang von »Organizational Process Assets«, die zu berücksichtigen sind. Das hier vorgestellte Projektmanagementvorgehen kann aber eben die spezifischen betrieblichen Belange in der Reinform gar nicht berücksichtigen. Beispiele dafür können sein:

- Spezielle Schätzverfahren, z.B. in reinen Customizing-Projekten durch einen kontinuierlichen Projektverlauf
- Verbuchungs- und Reporting-Plattformen, in denen Projektmanager und Mitarbeiter berichten müssen. Die Werkzeuge müssen im

Entwurf des Vorgehensmodells berücksichtigt werden, da sie einen Prozess nachhaltig beeinflussen können.
- Differenzierte Beschaffungswege, da zum Beispiel auch IT-Dienstleistungen über einen zentralen Einkauf bereitgestellt werden müssen.
- Die Verwendung bestimmter Werkzeuge in der Softwareentwicklung, wenn z.B. ausschließlich in einer bestimmten Programmiersprache entwickelt wird.

PITPM anpassen

Die Defintionsphase sollte sehr konkret gestaltet werden. Dazu sollten die PITPM-Prozesse so genau wie möglich an die betrieblichen Belange angepasst werden, denn je verbindlicher der Vorschlag ist, desto wahrscheinlicher lässt er sich in der Praxis umsetzen und desto eher findet er die nötige Anerkennung bei den Multiplikatoren. Dieses Ziel lässt sich am besten erreichen, wenn das Vorgehensmodell aus den eigenen Reihen kommt, also mit möglichst umfangreicher Unterstützung derer erstellt wird, die es später anwenden werden. Zudem wird das Modell im nächsten Schritt pilotiert, also erstmalig in einem Projekt angewandt. Das geht nur, wenn es von der abstrakten Ebene auf ein praktisch anwendbares Modell transferiert wurde.

Erst Prozessgrafiken, dann Beschreibungen

In der Praxis hat es sich als zielführend erwiesen, mit der grafischen Darstellung der Prozesse zu starten. Die Ausarbeitung der detaillierten Prozessinhalte mit textueller Ausgestaltung sollte zu einem späteren Zeitpunkt erfolgen, nachdem die groben Abläufe und Artefakte geklärt sind. Dabei sollte das Prozessdiagramm als Basis dienen, in dem die erforderlichen Anpassungen bereits berücksichtigt sind.

Wenn ein erster Prozessentwurf vorliegt, sollte der mit verantwortlichen Projektmanagern diskutiert werden. Erfahrungsgemäß wird zu diesem Zeitpunkt jedoch niemand auf die Details schauen (die Kollegen stecken ja in Projekten und sind dort oft schon mit über 100% involviert), sodass meist eine Vorstellung des Vorgehensmodells mit seinen wichtigsten Eckpunkten ausreicht. Dabei sollten mindestens folgende Faktoren berücksichtigt werden:

- Phasenmodell und Kontrollpunkte
- Trennung in grafische Darstellung der Prozesse, Prozesshandbuch und Werkzeuge
- Bereitstellung von Vorlagen (mit Entwicklungsstufen bzw. Releaseterminen, denn es werden zum Start meist nicht alle Vorlagen benötigt)

In den meisten Fällen ist die erste Definition der Prozesse nur »halbfertig«. Alles andere wäre auch gar nicht zielführend, da sich im Test bzw. Pilot für gewöhnlich Änderungsbedarfe ergeben, die andernfalls

Kundenbeispiel: Definition der Prozesse in einer Gruppe

Im Rahmen eines PITPM-Implementierungsprozesses hat der Kunde (ein Energieversorger) Wert darauf gelegt, die Prozesse und Artefakte gemeinsam mit Projektmanagern und Abteilungsleitern zu definieren. Die Forderung ist verständlich und sinnvoll: Zum einen ist so sichergestellt, dass sämtliche Belange der Anwender berücksichtigt werden, zum anderen werden so frühzeitig Berührungsängste ab- und Multiplikatoren aufgebaut – immer vorausgesetzt, dass das Vorgehensmodell funktioniert. Der Ansatz ist nachhaltig, hat jedoch einen gewaltigen Nachteil: Er ist extrem zeitaufwendig. Durch die vielen semidemokratischen Abstimmungsrunden hatten wir zwar eine breite Akzeptanz geschaffen, haben jedoch für die Einführung länger als geplant benötigt. Wenn Sie ähnlich »basisdemokratisch« vorgehen wollen, benötigen Sie einen verlässlichen Moderator, der die Arbeitsgruppe immer wieder fokussiert. Zudem wird die Definition nicht »an einem Stück« erstellt, sondern immer wieder daran gearbeitet. Es ist nicht unwahrscheinlich, dass zumindest ein Teil der Gruppenmitglieder im Laufe der Zeit das Interesse verliert und sich »ausklinkt«. Unsere Erfahrung ist, dass es einfacher ist, wenn Sie mit einem selbst erstellten (halb-) fertigen Vorschlag starten können.

schlussendlich zu Mehraufwänden in der Implementierung führen würden.

Ziel: Auftrag für Phase 3

Das Ziel der Definitionsphase ist die Beauftragung durch das Management, dieses Vorgehensmodell in einem Pilotprojekt zu testen. Zusammengefasst sollten folgende Schritte absolviert werden:

- PITPM-Prozesschart unter Berücksichtigung der Erkenntnisse aus der Untersuchungsphase anpassen
- PITPM-Handbuch mithilfe der Prozesscharts definieren
- Übersicht über die zu erstellenden Vorlagen anlegen, ggf. mit Releaseplan
- Anlage der ersten Schlüsselvorlagen, z.B. Projektumfangsbeschreibung oder Projektmanagementplan

9.4 Phase 3: Testen

Konkretisierung

Ziel der dritten Phase ist die Festlegung und Konkretisierung der Vorgehensweise anhand eines realen Praxisbeispiels. Es soll sichergestellt werden, dass sämtliche Bestandteile des Modells zueinander passen und sich ergänzen, um einen verlässlichen und belastbaren Gesamtprozess zu gestalten.

Pilotprojekt auswählen

Bevor Ihr Vorgehensmodell ausgerollt wird, sollte es in mindestens einem Pilotprojekt auf seine Praxistauglichkeit hin getestet werden.

Dazu ist es erforderlich, dass vorab im Rahmen der Definition zumindest die rudimentären Prozesse und Vorlagen erstellt wurden.

Die Auswahl des zu pilotierenden Projekts ist entscheidend für den weiteren Verlauf der Implementierung. Fehler in der Auswahl können sich bitter rächen, da in kritischen Situationen ein fehlgeschlagenes Projekt auch mit dem Einsatz des (neuen) Vorgehensmodells begründet werden könnte. Zwar lässt sich nicht generell festlegen, welche Projekte exakt geeignet sind. Dennoch lassen sich einige Kriterien bestimmen:

- Das Projekt sollte noch nicht gestartet sein. Ideal ist der Einstieg bereits zum Zeitpunkt der Schätzung, denn dann können Sie noch rechtzeitig Einfluss auf den Projektverlauf nehmen. Als problematisch könnte sich jedoch erweisen, dass nicht jedes geschriebene Angebot automatisch zu einem Projekt wird.
- Das Projekt sollte möglichst typisch für Ihr Unternehmen bzw. den einsetzenden Bereich sein. Sind Sie etwa für gewöhnlich in der Versicherungsbranche tätig, ist es keine gute Idee, das frisch akquirierte (aber erste) Projekt aus der Konsumgüterindustrie zum Piloten werden zu lassen.
- Das Gleiche gilt für das Volumen: Das Projekt sollte überschaubar sein und mit einem festen Team von etwa drei bis fünf Personen in maximal einem halben Jahr fertiggestellt werden können. In kürzeren Projekten können Sie das Vorgehen möglicherweise nicht zügig genug nachjustieren, in größeren Projekten dauert es zu lange, bis Sie zu einer endgültigen Bewertung kommen können.
- Das Risiko sollte überschaubar sein. Das erste Projekt, das eine neue Technologie einsetzen soll, ist ebenso unangebracht wie ein risikoarmer Auftrag. Außerdem sollte das Projekt nicht bereits jetzt unter Zeitdruck stehen.
- Der Projektmanager, den Sie coachen werden, sollte selbst ein kommunikationsfreudiger Multiplikator sein. Introvertierte Zweifler werden Sie nicht durch ein Pilotprojekt zu begeisterten Vorgehensverfechtern machen.

Von Krokodilen in der Tafelrunde

Nicht immer wird Ihr Gegenüber ein »kommunikationsfreudiger Multiplikator« sein. Denn in nahezu jedem Projekt gibt es ein Krokodil: Es taucht lange ab und beißt unerwartet und schmerzhaft zu. Nicht immer erkennen Sie Krokodile auf den ersten Blick – es ist aber umso wichtiger, sie einzubinden und ihre Bedürfnisse und Befürchtungen ernst zu nehmen. Es darf nicht andere Mitstreiter für sich gewinnen und so das Projekt gefährden. Erreichen können Sie die Zustimmung des Krokodils meist nur durch schonungslose Transparenz und dessen Zustimmung, selbst für einige Teile Verantwortung zu übernehmen.

Management involvieren

Das designierte Projekt sollte durch das Management ausgewählt werden. Zudem sollten Sie als Coach nicht selbst den Projektmanager darüber informieren müssen, dass sein Projekt der PITPM-Pilot werden wird. Sie benötigen den Rückhalt durch das Management, der sich auch dadurch zeigen sollte, dass die Integration über den Vorgesetzten erfolgt. Zudem sollten Sie auch für das Testen erneut ein Kontingent zugewiesen bekommen – den benötigten Umfang berechnen Sie zuvor selbst und reichen ihn als Vorschlag ein.

Vorgehens-Kick-off

Anschließend sollten Sie möglichst zügig zu einem Vorgehens-Kick-off einladen, in dem Sie die Zusammenarbeit im Detail vorstellen. Es ist wichtig, hier mit klaren Vorstellungen zu starten. Sie sind der Coach, die Erwartungshaltung ist groß und die Gestaltung obliegt Ihnen. Neben einer groben Einführung in das Vorgehensmodell sollten Sie auch einige Eckpunkte festzurren (also den »Scope« festlegen). Dazu gehören zum Beispiel einige Spielregeln. So ist der PITPM-Coach

- nicht der Projektmanager und tritt intern und extern nicht als solcher auf; das ist in reinen Innenverhältnissen häufig schwierig, dennoch sollte die Position allen Beteiligten klar sein,
- ohne Kundenkontakt, soweit das möglich und sinnvoll ist,
- Anbieter methodischer Unterstützung in der Planung und der Durchführung des Projekts,
- Initiator von Projektprozessen, wie z.B. das Reporting oder das Risikomanagement,
- in keiner Weise gegenüber dem Projektmanager weisungsbefugt, er gibt lediglich Empfehlungen ab,
- zur Verschwiegenheit verpflichtet. Er wird nicht ohne das Einverständnis des Projektmanagers Details aus dem Projekt an Projektexterne geben.

Allerdings sollten Sie dem Projektmanager auch einige Spielregeln auferlegen. Er

- bindet den PITPM-Coach aktiv ein und fordert seine Leistung ab,
- ist Vorschlägen gegenüber aufgeschlossen und äußert Bedenken und Kritik sofort,
- lässt sich auf Änderungen seiner gewohnten Arbeitsweise ein, sofern sie den Projektablauf auf Dauer fördern,
- gibt positives Feedback zum Vorgehen auch intern weiter und ist somit ein Multiplikator (tritt z.B. später auf internen Veranstaltungen auf, wo er als »Testimonial« dient).

Zudem sollten Sie bereits die nächsten Schritte im Rahmen der Vorgehensweise vorbereiten. Dazu gehört die detaillierte Vorstellung der folgenden Prozessschritte sowie die Vorbereitung der nächsten Artefakte.

Hilfe beim »Laufen lernen« leisten

Erwarten Sie nicht, dass der Projektmanager von nun an ohne Hilfe das Vorgehensmodell anwenden wird. Sie haben sich zwar intensiv mit den Inhalten befasst und kennen jedes Detail des Modells, Ihrem »Schützling« ist es aber komplett neu. Zudem wird er selbst gerade zu Projektbeginn einer Flut von Informationen ausgesetzt sein, die er selbst strukturieren muss. Wenn Sie nicht »dranbleiben«, wird der Projektmanager schnell wieder auf seine konventionelle Art der Projektleitung zurückkommen. Mit einigen kleinen Maßnahmen können Sie gegensteuern:

- Richten Sie ein regelmäßiges Treffen ein, etwa einmal pro Woche. Bereiten Sie die Inhalte sorgfältig vor. Lassen Sie sich kurz berichten, welche Prozesse in der Vorwoche entwickelt wurden, wo unter Umständen der Schuh drückt und welche Unterstützung in der kommenden Woche erwartet und benötigt wird.
- Unterstützen Sie möglichst frühzeitig bei planerischen Details. Arbeiten Sie methodisch an der Schätzung, dem Projektauftrag, dem Projektmanagementplan und dem ganzheitlichen Projektplan mit, wenn es Ihnen irgendwie möglich ist. Diese Schlüsselartefakte haben den größten Hebel und damit nachhaltige Wirkung auf das Projekt.
- Setzen Sie dem Projektmanager für die Erstellung von relevanten Artefakten einen Termin. Andernfalls werden diese Aufgaben beständig nach hinten geschoben – sie sind ja vermeintlich nicht auf dem kritischen Pfad.
- Einigen Sie sich frühzeitig über Projektkontrollpunkte und die Termine. Schaffen Sie rechtzeitig Transparenz.
- Stößt ein Prozess oder Artefakt auf Ablehnung, dann sollten Sie nachgiebig sein. Hinterfragen Sie den genauen Grund – dann kön-

nen Sie entscheiden, ob ein Fehler im Vorgehensmodell vorliegt oder ob sich der Projektmanager irrt. Irrt sich der Projektmanager, so müssen Sie ihm die Konsequenzen seines Handelns aufzeigen und ihn dadurch zum Umdenken bewegen.

Anpassungen ermöglichen

Gehen Sie nicht davon aus, dass das Vorgehensmodell zu diesem Zeitpunkt bereits perfekt ist. Planen Sie genügend Zeit ein, um Änderungen in Prozessen oder Artefakten einarbeiten zu können.

Spätestens nachdem das Projekt gänzlich abgeschlossen ist, sollten Sie eine dedizierte Feedbackrunde mit dem Projektmanager einberufen. Seine Erfahrungen und Hinweise sind für die Freigabe des Vorgehensmodells von Relevanz, sofern die Kritik berechtigt ist. Hier müssen Sie ggf. persönliche Präferenzen des Projektmanagers gegen sinnvolle Prozessvorgaben stellen. Letztlich muss das Modell nicht nur für den Piloten funktionieren, sondern für einen Großteil der Projekte Ihres Unternehmens.

Vorgehen konsolidieren

Nachdem Sie das erste PITPM-Pilotprojekt abgeschlossen haben, sollten die Prozesse und Artefakte noch einmal gründlich konsolidiert werden.

Zusammengefasst führen Sie in der Testphase folgende Schritte durch:

- Auswahl eines Projekts anhand sinnvoller Kriterien
- Kick-off-Veranstaltung mit dem Projektmanager zur Aufgabenklärung durchführen
- Methodische Unterstützung während der Projektlaufzeit leisten
- Spätestens zum Projektende Feedback einholen
- Beständig das Modell und die Artefakte anpassen, sofern erforderlich

9.5 Phase 4: Implementieren

Verankerung in der Organisation

Die vierte Phase hat zum Ziel, das Vorgehensmodell in den Prozessen der Organisation zu verankern. Dabei geschieht die Steuerung selbst in einer Balance zwischen klarer Führung und der »beobachtenden Selbstentfaltung« immer mit der Möglichkeit, korrigierend einzugreifen.

Implementierungsplan entwerfen

Wenn Sie die Testphase erfolgreich absolviert haben, gehen Sie nun in die Implementierung über. Für die vierte Phase sollten Sie einen gesonderten Plan entwerfen, da das Modell nun ausgerollt werden soll und Sie je nach Struktur und Größe Ihrer Einheit unter Umständen Verstärkung benötigen werden. Der Plan sollte mindestens folgende Themen adressieren:

- **Aufstellung des PITPM-Teams**, sofern Ihre Organisation eine kritische Größe überschreitet. Unabhängig von der Unternehmensgröße benötigen Sie einen Verantwortlichen, der sich um PITPM kümmert.
- **Meilensteinplan** bis zum Ende der Einführungsphase mit Zielterminen
- **Weiterbildungsplan** mit Inhalten und Zielgruppen
- Planung für den **Übergang in den operativen Betrieb** und Organisation der weiteren Betreuung
- Flankierende **Marketingmaßnahmen**

Die einzelnen Themengebiete werden im Folgenden im Detail vorgestellt.

Aufstellung des PITPM-Teams

In den seltensten Fällen kann die Implementierung durch eine Person allein erfolgen. Das wäre auch gar nicht zielführend, denn gerade die Verschiedenartigkeit von Teammitgliedern soll dazu beitragen, unterschiedliche Sichtweisen zu integrieren und zu konsolidieren. Idealerweise setzt sich das PITPM-Team in etwa zusammen wie in Abbildung 9–2 dargestellt.

Dabei sollten die Rollen etwa nach folgendem Schema besetzt werden:

- PITPM-Lenkungsausschuss, möglichst besetzt mit einem Vertreter der Führungsebene des Auftragnehmers, dem PITPM-Betriebsmanager und Vertretern der Geschäftsführung. Der Lenkungsausschuss gibt die Planungen und tiefgreifende Änderungen im Vorgehensmodell frei und beruft das PITPM-Betriebsteam inkl. des Leiters.
- Vertreter der Führungsebene des Auftragnehmers zur Verankerung des Teams im Management und für die Klärung aller Fragen, die nicht auf Projektebene geklärt werden sollen.
- Projektmanager für die PITPM-Implementierung und möglichst zugleich späterer PITPM-Betriebsmanager
- Prozessverantwortliche für verschiedene Teilbereiche, sofern sie erforderlich sind und sinnvoll besetzt werden können. Denkbar wäre jeweils ein Verantwortlicher für z.B. Anforderungs-, Qualitäts-, Softwareentwicklungs- und Projektmanagement.
- Hilfreich ist ein Assistent, der in der Anlage und Bearbeitung der Prozesse in BPMN erfahren ist und unterstützen kann. Zudem kann auch die rein textuelle Dokumentation ausgelagert werden.

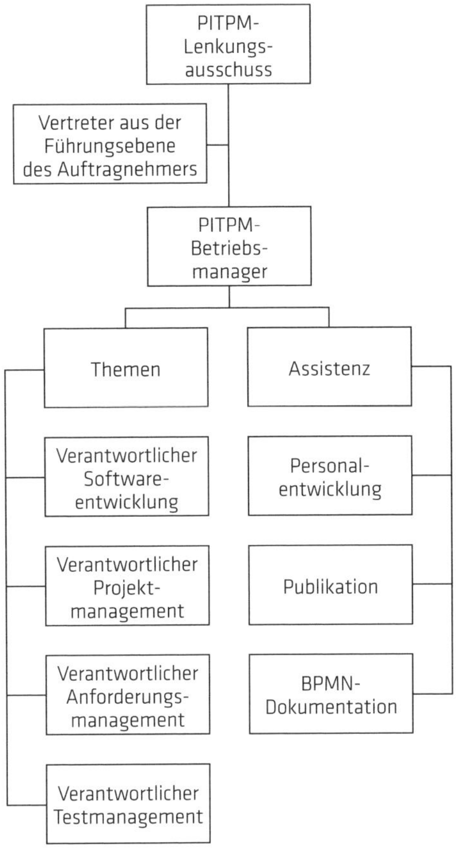

Abb. 9–2
Beispielhaftes PITPM-Organigramm

Die Verantwortung liegt jedoch letztlich immer beim Betriebsmanager – wir ziehen daher grundsätzlich vor, Änderungen selbst einzupflegen.

- Von entscheidender Bedeutung ist die Personalentwicklung, die bereits von Beginn an einzubinden ist. Sie kann in der Regel sehr gut beurteilen, wie die Veränderungsfähigkeit des Unternehmens aussieht.
- Möglicherweise sind externe Trainer für Grundlagentrainings hilfreich, die jedoch nur bei Bedarf hinzugekauft werden sollten.

Zusammengeführt wird das Team durch den Projektmanager (und späteren PITPM-Betriebsmanager), der letztlich auch für die Einhaltung der im Plan definierten Termine mit entsprechender Qualität verantwortlich ist.

Meilensteinplan

Zentrales Planungs- und Kommunikationsinstrument

Als grober Fahrplan bis zur abgeschlossenen Implementierung dient der Meilensteinplan, aus dem die wichtigsten Termine ersichtlich sind. Er beschreibt die Aufgaben bis zur Übergabe des Prozessmodells in den operativen Betrieb.

Der Plan dient mehreren Zwecken: Erstellt wird er gemeinsam im Projektteam, um so zu einer tragfähigen Planung zu kommen. Er kann die Belange Einzelner berücksichtigen, die für gewöhnlich in weitere Projekte eingebunden sind und dadurch nicht immer mit höchster Priorität an der PITPM-Implementierung arbeiten können. Außerdem ist der Meilensteinplan Bestandteil der Managementkommunikation und wird von dort abgenommen, sodass die Aufgaben mit ihren Zielterminen verbindlichen Charakter erhalten.

Bestandteile des Meilensteinplans sollten unter anderem sein:

- Fertigstellung der angepassten PITPM-Prozesse und -Vorlagen
- PITPM-Schulungsplanung
- Betriebsplanung mit Teamgröße und Organisationsmodell zur Unterstützung des Vorgehens im Produktivbetrieb
- Übergabe in den Betrieb
- Projektabschluss

Weiterbildungsplan

Der Schulungsplan hat in der Implementierungsphase eine besondere Bedeutung, da er die Grundlage für eine solide Ausbildung legt und somit besonderen Nachhaltigkeitscharakter hat. Basis kann eine Tabelle wie in Abbildung 9–3 sein.

Abb. 9–3
Beispielhafter Personalentwicklungsplan zum Thema Projektmanagement

	Anforderungsmanagement	Softwareentwicklungsmanagement	Qualitätsmanagement	Projektmanagement
Grundlagen	▸ Grundlagenkurs ▸ 2 Tage ▸ Trainer: BePo	▸ nicht erforderlich	▸ Einführungsveranstaltung QM bei ACME ▸ 2 Tage ▸ Diverse Trainer, verantwortlich: HaPe	▸ Projektmanagement nach HPI ▸ 2 Tage ▸ Externer Trainer
Spezialisierung	▸ Anforderungsmanagement bei ACME ▸ 0,5 Tage ▸ Trainer: KlPe	▸ Softwareentwicklung bei ACME ▸ 0,5 Tage ▸ Trainer: AnHa	▸ QS Java ▸ 1 Tag ▸ Trainer: SvJo ▸ Testmanagement ▸ 1 Tag ▸ Trainer: RoMü	▸ Projektmanagement bei ACME ▸ 1 Tag ▸ Trainer: NiSp

Zu Beginn werden weiterbildungsrelevante Themenfelder erfasst, hier Anforderungsmanagement, Softwareentwicklungsmanagement, Qualitätsmanagement und Projektmanagement. Andere Felder könnten Risikomanagement, in Einheiten mit umfangreicher externer Produktion Beschaffungsmanagement oder andere Gebiete sein.

Nicht alles lässt sich »schulen«

Nicht aufgeführt sind hier eher weiche, aber nicht minder bedeutende Themen der Projektführung, wie Entscheidungsfähigkeit, Konfliktkultur oder Eskalationsangst. Sie lassen sich meist nicht in Schulungen ausbilden, sondern sollten durch Coaching oder Mentoring unterstützt werden.

Auf Basis der Inhalte werden die verschiedenen Ebenen für den Schulungsplan definiert, auf denen geschult werden soll – hier der Einfachheit halber nur »Grundlagen« und »Spezialisierung«. Für jede so definierte Schulung wird genau ein Verantwortlicher festgelegt, der für die Erstellung der Schulungsunterlagen sowie in den meisten Fällen auch für deren Durchführung verantwortlich ist. Es ist daher darauf zu achten, dass die Person didaktisch in der Lage ist, zum Teil komplexes Wissen zielgruppengerecht zu vermitteln.

Schulungsunterlagen

Zentrales Element einer Schulung sind die Unterlagen, deren Erstellung von den designierten Trainern verantwortet wird. Wer nicht aus einem bestehenden Fundus schöpfen kann, sollte entsprechend viel Zeit für die Erstellung einplanen. Wichtig ist der richtige Mix aus Präsentation und Interaktion, der Trainer sollte sich also nicht auf eine reine Frontalpräsentation beschränken. Wer unsicher ist, sollte zuvor eine als solche ausgewiesene Testschulung halten.

Bedarfsermittlung

In einem zweiten Schritt sollte gemeinsam mit der Personalabteilung der Bedarf einer jeden Schulung ermittelt oder zumindest geschätzt werden. Nur so lassen sich die Implementierungsaufwände einigermaßen schätzen. Zudem sind möglicherweise spezielle Zuschnitte einzelner Schulungen notwendig, sofern eine Schulungsgruppe homogen über besondere Fähigkeiten verfügt (oder andersherum die Voraussetzungen fehlen).

Schulungskalender

Daraus abgeleitet wird ein detaillierter Schulungskalender, aus dem sämtliche Schulungstermine mit ihren Inhalten ablesbar sind. Der Kalender sollte nach Möglichkeit auch im Intranet an prominenter Stelle verlinkt werden.

Übergang in den operativen Betrieb

An die Implementierung sollte sich nahtlos der Betrieb des Vorgehensmodells anschließen. Der Betrieb muss – wie das Projekt – zuvor geplant werden, die Planung obliegt dem Projektteam der PITPM-Einführung. Zu klären ist unter anderem:

- **Was** für Aufgaben sind mit welcher Regelmäßigkeit künftig von den Betreibern des Vorgehensmodells wahrzunehmen?
- **Wer** wird in der Organisation das Vorgehensmodell operativ betreuen und es weiterentwickeln?
- **Wie** ist diese Position in der Organisation verankert?

Um einen nahtlosen Übergang aus der Projektphase in den Betrieb zu ermöglichen, sollte die Betriebsplanung bereits zu Anfang des Implementierungsprojekts aufgestellt werden. Die Aufgaben des Betriebsteams müssen definiert werden, da sie andernfalls eine enorme Bandbreite von der reinen Wartung der Vorlagen bis zum Betrieb eines Projektbüros (engl. *Project Management Office*, PMO) haben können (vgl. [Letavec 2006]). Denkbar wäre zum Beispiel folgende Definition:

- Unterstützt Projekte in sämtlichen Phasen mit Projektmanagement-Know-how
- Moderiert Projektabschlussmeetings und sammelt und konsolidiert Rückmeldungen zum Vorgehensmodell
- Wartet das Modell und entwickelt es weiter
- Optional: Gibt Kontrollpunkte in Projekten frei. Dieser Punkt stattet das Team mit besonderen Kompetenzen aus und erfordert eine sehr umsichtige Arbeitsweise, um nicht als »Projektverhinderer« abgestempelt zu werden.

Ausgehend von dieser Definition lassen sich die erforderlichen Rollen dann relativ leicht definieren – schwieriger dürfte die Frage zu beantworten sein, wie das Vorgehensmodell organisatorisch aufgehängt wird und welche Personen die Aufgaben genau übernehmen sollen.

Marketingmaßnahmen

Sowohl das Projekt als auch der anschließende Betrieb sollten durch Marketingmaßnahmen flankiert werden, da ein Vorgehensmodell nicht verordnet werden kann. Erst durch die Anwendung findet es Akzeptanz, und es ist durchaus opportun, dafür Werbung in eigener Sache zu machen.

PITPM-Roadshow

Nutzen Sie interne Meetings, um das Konzept und Ihre angepasste PITPM-Fassung vorzustellen – vergessen Sie aber nie den eigentlichen Auftrag hervorzuheben: Projekte sollen bei Ihnen besser laufen, dafür haben Sie ja in Phase 1 den grundsätzlichen Bedarf ermittelt. Sie sollten verhindern, dass der Eindruck entsteht, das Vorgehensmodell sei nur ein Selbstzweck. Dann kehren sich gut gedachte Marketingmaßnahmen gegen Sie. Und die mit dem Logo Ihres Vorgehensmodells bedruckten Tassen und Krawattennadeln sollten Sie auch erst dann in

Auftrag geben, wenn das Modell in einigen Projekten erfolgreich zum Einsatz kam.

Zusammengefasst führen Sie in der Implementierungsphase folgende Schritte duch:

- Erstellung eines Implementierungsplans für das Projektteam und das Management
- Erstellung eines Schulungsplans mit Inhalten, Verantwortlichkeiten und Terminen
- Planung des Übergangs in den operativen Betrieb
- Planung einfacher Marketingmaßnahmen

9.6 Phase 6: Betreiben und Optimieren

In der sechsten Phase wird das Modell an den »Betrieb« übergeben, wobei jedoch nicht auf eine nachhaltige Überprüfung der Implementierung der intendierten Veränderungen verzichtet werden sollte.

Betriebsteam wird verantwortlich

Das Betriebsteam übernimmt nach der Implementierung die Koordination aller Themen, die das Vorgehensmodell betreffen. Zu den Kernaufgaben gehören – je nach definierten Aufgaben – insbesondere:

- Interne Kontaktstelle für alle Fragen zum Vorgehensmodell
- Wartung des Vorgehensmodells (z.B. Prozessänderungen oder Anpassung von Vorlagen)
- Interne Abnahme von erbrachten Projektkontrollpunkten
- Moderation von Projektabschlussmeetings
- Statusberichte an das Management

Die einzelnen Arbeitsgebiete werden im Folgenden kurz erläutert.

Interne Kontaktstelle

Ein Vorgehensmodell sollte »leben«. Wenn Sie Ihre Anwender als Kunden betrachten, wird es Ihnen leicht fallen, Rückmeldungen positiv aufzunehmen und einzuarbeiten. Zwar wäre eine 24/7-Unterstützung aus Kundensicht hilfreich, jedoch wird sich der Einsatz kaum bezahlt machen.

Dienste zentralisieren

Dennoch benötigen Sie eine zentrale Kontaktstelle, die sich am einfachsten über eine zentrale E-Mail-Adresse (ggf. mit dahinter liegendem Verteiler) einrichten lässt. Zudem sollten die Vorlagen und Prozessbeschreibungen an zentraler Stelle für jeden zugänglich im Intranet liegen. Nutzen Sie dafür zum Beispiel MS Sharepoint oder eine vergleichbare Lösung, so können Sie zusätzlich Foren, Blogs oder andere

Applikationen einsetzen, um die wichtigsten Fragen mit ihren Antworten zu dokumentieren und so wiederkehrende Anfragen zu vermeiden. Das erhöht außerdem die Attraktivität Ihres Angebots.

Per E-Mail eingehende Anfragen sollten außerdem automatisch in ein Ticket-System wie Jira o.Ä. überführt werden. So ist sichergestellt, dass keine Anfrage verloren geht. Außerdem lassen sich damit recht einfach Berichte über Anzahl und Komplexität der Anfragen erstellen.

Wartung des Vorgehensmodells

Die Qualität des Vorgehensmodells zeigt sich auch darin, wie flexibel es einsetzbar ist und wie gut es sich den tatsächlichen Anforderungen Ihres Geschäfts anpassen lässt. Die wenigsten Modelle sind am Tag ihrer Einführung perfekt, meist müssen sie im Laufe der Zeit im Detail den Erfordernissen angepasst werden.

Neue Anforderungen aufnehmen

Über die interne Kontaktstelle oder andere Kanäle werden Ihnen neue Anforderungen mitgeteilt, die Sie nach einer Prüfung der Relevanz für alle Projekte einarbeiten oder ablehnen können. Nutzen Sie ein Ticket-System, so können Sie einzuarbeitende Änderungen direkt an das relevante Team weiterleiten.

Die Wartung umfasst sämtliche Komponenten, die auch bei der Erstellung relevant sind:

- Visualisierung der Projektmanagementprozesse in BPMN
- Handbuch zu den Projektmanagementprozessen
- Sämtliche Vorlagen

Änderungen sollten nur in Absprache mit allen Teams eingearbeitet werden. So wird auch sichergestellt, dass eine Änderungsfrage nicht lediglich aus einem Projekt kommt und nur dort Relevanz hat, sondern für ein möglichst breites Portfolio wichtig ist. Zudem sollten Änderungen, die in die innerbetrieblichen Prozesse wie Fakturierung oder Beschaffung eingreifen, mit den Verantwortlichen der jeweiligen Organisationseinheit abgesprochen werden.

Releases planen

Die Wartung ist in ihrem Aufwand nicht zu unterschätzen. Bei einem durchschnittlich betreuten Vorgehensmodell werden jedes Jahr etwa 10-20% der Prozesse angepasst. Da alle Änderungen zuvor abgestimmt werden müssen, kann eine kleine Anfrage umfassende Abstimmungsaufwände nach sich ziehen.

Interne Abnahme von erbrachten Projektkontrollpunkten

Je nach zugesprochener Kompetenz kann der Betrieb des PITPM-Vorgehensmodells auch die Freigabe der Projektkontrollpunkte von allen oder zumindest von bestimmten Projekten beinhalten. Es ist sinnvoll, diese Aufgabe im gleichen Team anzusiedeln, da im Unternehmen kaum eine andere Einheit ein vergleichbares Methodenwissen haben dürfte. Die Ausweitung der Kompetenz verlangt jedoch einen sehr umsichtigen PITPM-Betriebsmanager mit entsprechenden Themenverantwortlichen.

Kontrollinstanz

Es ist etwas völlig anderes, Empfehlungen zu Verfahrensweisen auszusprechen, als zum Beispiel einen gestandenen Projektmanager dazu aufzufordern, den Projektmanagementplan wegen gravierender Mängel neu aufzuarbeiten. Das verlangt nach starken, rücksichtsvollen und diplomatischen Charakteren in der PITPM-Führung.

Aber welchen Sinn haben Projektkontrollpunkte, wenn sie nicht kontrolliert werden? Es geht ja nicht darum, Projekte zu behindern, sondern sie frühzeitig auf ein Mindestmaß an Qualität zu bringen. Da kann es im Einzelfall durchaus sinnvoll sein, bei einem Kontrollpunkt »pragmatisch« zu entscheiden, dass bestimmte Anforderungen in diesem Projekt nicht erfüllt werden sollen. Erfüllt aber ein Großteil der Projekte die Anforderungen an bestimmte Kontrollpunkte nicht, so sind diese entweder falsch definiert oder das Vorgehensmodell wird nicht akzeptiert.

Deutlich mehr Aufwand

Die Einbeziehung der Prüfung von Kontrollpunkten bringt deutlich mehr Aufwand für den Betrieb mit sich, untermauert aber das Vorgehensmodell in idealer Weise. Allerdings ist für die Durchsetzung der Kontrollpunkte bei den Projektmanagern erfahrenes Personal erforderlich, da die Anforderungen der Kontrollpunkte »hart« definiert sind und u.U. durchgesetzt werden müssen.

Moderation von Projektabschlussmeetings

Auch die Moderation von Projektabschlussmeetings stellt eine Erweiterung der Kompetenzen gegenüber der reinen Bereitstellung des Vorgehensmodells dar. Sie sieht die bindende Einbeziehung eines PITPM-Teammitglieds in jedes Projektabschlussmeeting vor. Mit keinem anderen Werkzeug bekommen Sie so direkten Zugriff auf die Erkenntnisse nach der Durchführung eines Projekts. Sie können zudem sicherstellen, dass das Projekt alle Erfordernisse zum Projektabschluss erbracht hat und somit auch wirklich beendet werden kann. Das ist nicht immer selbstverständlich.

Zusätzliche Dienstleistung mit tiefen Einblicken

Die Moderation bringt Sie zudem in eine teilnehmende, aber nicht beteiligte Rolle. Sie dokumentieren, ohne selbst einer Partei zugehörig zu sein. Zudem bekommen Sie die Möglichkeit, direkt Rückmeldungen zum Vorgehensmodell einzufordern.

Häufig zeigt sich hier auch ein kleiner, aber hilfreicher Mehrwert des PITPM-Teams, das die Moderation von Projektabschlussmeetings als Zusatzdienst anbieten kann.

Status-Berichte an das Management

Je nach Aufgabenportfolio sollte vorab ein Bericht definiert werden, der dem Management periodisch einen Überblick über die erbrachten Leistungen und ggf. den Stand der Kontrollpunkte der einzelnen Projekte gibt. Ist die Abnahme der Kontrollpunkte nicht Bestandteil der Aufgaben des PITPM-Teams, so genügt meist eine kurze Meldung über die Änderungen. Werden die Kontrollpunkte einzelner Projekte berichtet, so kann es sinnvoll sein, ein eigenes System für das Berichten der Kontrollpunkte einzurichten.

In jedem Fall ist es in Ihrem Interesse, das Management über Ihre Vorgänge zu informieren. Letztlich ermöglicht es Ihnen, an so exponierter Stelle zu arbeiten.

> **Tipp:**
> **Unterstützung bei der Implementierung eines Vorgehensmodells**
>
> Wir als Autoren des Buches unterstützen Sie gerne in allen Phasen der Entwicklung und Implementierung eines Vorgehensmodells. Unser Angebot umfasst dabei sowohl die Beratung als auch die operative Unterstützung zu sämtlichen in diesem Kapitel beschriebenen Prozessen oder Auszügen davon. Sie erreichen uns über die E-Mail-Adresse: nspitczok@pitpm.net.

9.7 Weitere Aufgaben und Abgrenzung zum PMO

Die hier dargestellten Aufgaben dienen lediglich der Anregung und sind nur beispielhaft zu verstehen und keinesfalls vollständig. Die in Abbildung 9–1 vorgestellten Schritte zur Implementierung eines Vorgehensmodells haben wir aus mehreren Implementierungsprojekten abgeleitet. Allen gemein war vor allem, dass die innerbetriebliche Organisation häufig umfängliche Abweichungen vom vorgesehenen Standard erforderte.

So fürchtete ein Auftraggeber aus der Erstversicherung eine Kollision mit einer bestehenden Stabsstelle, die beantragte Projekte analysierte und anschließend freigab oder ablehnte. Diese Stelle war bei allen Abteilungsleitern gefürchtet – obwohl sie sich nach der Freigabe der Projekte nicht mehr im Geringsten für deren Verlauf interessierte. Es ging bei der Beantragung also vor allem darum, den Business Case möglichst gut aussehen zu lassen. Hatten die Verantwortlichen das Gate erst einmal hinter sich gebracht, konnten die Aufwände getrost aus dem Ruder laufen.

Das Problem war dem Management aber durchaus bewusst: Mit der Einführung eines »Vorgehensbüros« wollte man den ausufernden Kosten Herr werden. Die Prüfung der Projektkontrollpunkte war explizit in den Aufgaben vorgesehen, wenn auch nicht in aller Härte.

Zwar kam es anfänglich tatsächlich zu einem kurzen Kompetenzgerangel zwischen den beiden Stellen, dennoch ermöglichte die neue Einheit einen wesentlich besseren Überblick über den Zustand der Projekte. Mittlerweile wurden die beiden Einheiten zu einem Projektbüro oder »Project Management Office« (PMO) zusammengeführt.

Vorgehensmodell im PMO ansiedeln

Ein PMO ist mit wesentlich umfänglicheren Kompetenzen ausgestattet als ein reines Methodenteam. Neben der vorab erwähnten Bewertung von Projektanträgen sind Aufbau und Unterstützung des Vorgehensmodells nur Teilbereiche. Eine der Aufgaben ist die Konsolidierung und Aggregation aller Projektdaten aus finanzieller, inhaltlicher und terminlicher Sicht zum Zwecke des Controllings (vgl. [Letavec 2006]).

Das hier vorgestellte Vorgehen soll lediglich den Betrieb der Methodik sicherstellen. Es kann mit wenig Aufwand in ein PMO integriert werden.

Anhang

A Überblick über die bekanntesten Projektmanagementzertifikate mit IT-Relevanz

Im Folgenden werden die verbreitetesten Projektmanagementzertifikate kurz beschrieben, um ihre Ausrichtung und ihr Einsatzgebiet bewerten zu können.

A.1 IPMA

GPM-IPMA

Die »International Project Management Association« (IPMA), in Deutschland repräsentiert durch die Gesellschaft für Projektmanagement (GPM), bietet vier aufeinander aufbauende Zertifikate an. Allen Stufen ist gemein, dass die Selbstbewertung projektmanagementbezogener Kenntnisse und Fertigkeiten Bestandteil des Zertifizierungsverfahrens ist. In Deutschland wird dazu auf der Website der GPM eine Projektmanagement-Taxonomie angeboten, mit der die Selbsteinstufung relativ problemlos gelingt.

IPMA Competence Baseline

Das Pendant zum PMBOK Guide des PMI ist bei der IPMA die »IPMA Competence Baseline« (ICB), die in der Version 3.0 vorliegt (Stand Oktober 2009).

National Competence Baseline

Die Fassungen für einen Sprachraum nennen sich »National Competence Baseline« (NCB).

In Deutschland wird seit dem 1.1.2010 ausschließlich nach Version 3.0 geprüft, die im Verhältnis zur Vorversion noch mehr Gewicht auf die Persönlichkeit und die individuellen Fähigkeiten des Prüflings legt und sich damit wesentlich von der Systemzertifizierung des PMI unterscheidet.

Nach erfolgreicher Prüfung, die je nach Ziel zahlreiche Schritte umfassen kann, können folgende Zertifikate erreicht werden:

IPMA Level D

- *Zertifizierter Projektmanagement-Fachmann (IPMA Level D)*: Die Prüfung ist in erster Linie wissensbasiert. Zur Bewerbung gehört neben den üblichen Unterlagen die Selbstbewertung. Die anschließenden Prüfungen, sofern der Aspirant denn zugelassen wurde, umfassen einen schriftlichen und einen mündlichen Teil sowie die Erbringung eines Transfernachweises, in dem ein Beispielprojekt auf die Projektmanagementelemente des IPMA abgebildet wird. Allein die Menge der nach NCB 3.0 beizubringenden Ergebnisunterlagen dürfte reine »Titeljäger« abschrecken, denn jedes Dokument benötigt eine individuelle Adaption an die definierten Erfordernisse.

IPMA Level C

- *Zertifizierter Projektmanager (IPMA Level C)*: Ab Level C spielt neben dem reinen Wissen auch die Erfahrung eine Rolle – je höher die Zertifizierung ausfallen soll, desto erfahrener muss der Anwärter sein. Neben den Bewerbungsunterlagen aus Level D sind zusätzlich eine Projektliste und eine Projektkurzbeschreibung Bedingung für die Antragstellung. Die Prüfung für Level C besteht aus zwei schriftlichen Prüfungen, einem Workshop sowie nach Zulassung dem abschließenden Interview.

IPMA Level B

- *Zertifizierter Senior Projektmanager (IPMA Level B)*: Die beizubringenden Bewerbungsunterlagen sind identisch mit denen aus Level C. Es erfolgen ebenfalls zwei schriftliche Prüfungen, ein Workshop sowie zusätzlich die Erstellung einer umfangreichen Projektstudienarbeit.

IPMA Level A

- *Zertifizierter Projektdirektor (IPMA Level A)*: Die höchste Stufe der GPM-IPMA-Zertifizierungen ist äußerst umfangreich und verlangt vom Prüfling in allen Wissens- und Persönlichkeitsgebieten den Nachweis außerordentlicher Kompetenzen. Erfolgreiche Prüflinge bemessen den erforderlichen Aufwand in etwa so umfangreich wie den für eine Diplomarbeit.

Nach der Zertifizierung kann durch zusätzliche Prüfungen eine Höherzertifizierung in das nächste Level beantragt werden. Für den Level A ist eine komplette Neubewerbung erforderlich.

Die GPM-IPMA und die von ihr herausgegebenen Zertifikate haben eine gänzlich andere Ausrichtung als die des PMI. Die eher wissenschaftlich ausgelegten Prüfungen sind spätestens ab Level C komplex, personalintensiv und wesentlich individueller als es bei der Prüfung zum PMP möglich wäre.

Daher können beide Systeme sehr gut nebeneinander bestehen: Die eher persönlichkeitsbezogenen GPM-IPMA-Zertifikate haben eine andere »Mission« als das »systemisch« ausgelegte Zertifikat PMP.

A.2 PRINCE2

PRINCE2 steht für »Projects in Controlled Environments« und kann als britisches Pendant zum PMBOK Guide gesehen werden, wenn auch mit abweichender Mission. Denn herausgegeben wird PRINCE2 nicht wie der PMBOK Guide von einem Privatunternehmen, sondern vom britischen »Office of Government Commerce« (OGC) und damit ist er ein Regierungsstandard.

Office of Government Commerce

Vorrangiges Ziel des OGC ist es, einen hohen Qualitätsstandard bei Zulieferern der Regierung zu sichern. Dazu gehört auch, dass Projekte ausschließlich oder vorzugsweise an PRINCE2-zertifizierte Personenkreise vergeben werden.

PRINCE2:2009

Im Juni 2009 wurde PRINCE2:2009 veröffentlicht. Dabei handelt es sich um eine Aktualisierung der Methoden und Verfahren unter Beibehaltung des grundsätzlichen Ansatzes. Die acht Grundprozesse sind verwandt mit den Prozessen im PMBOK Guide, wenn auch bei Weitem nicht deckungsgleich. Ergänzt werden sie durch acht Hauptkonzepte, die mit den Knowledge Areas im PMBOK Guide vergleichbar sind. Darüber hinaus beinhaltet das Vorgehensmodell auch ein Phasenmodell, das im PMBOK Guide fehlt.

PRINCE2 kommt zudem mit einsatzfertigen Vorlagen, wodurch die britische Regierung einen zumindest nationalen Standard geschaffen hat. Zudem kann jeder PRINCE2 kostenlos einsetzen, auch wenn davon aufgrund der recht hohen Einstiegshürde wohl nur ein kleiner Personenkreis profitieren dürfte.

Nachteilig wirkt sich die sehr dokumentationslastige Vorgehensweise vor allem bei mittleren und kleinen Projekten aus, da die Gefahr besteht, dass zu viel Zeit in die Erstellung der Artefakte investiert wird. Im Bedarfsfall sollte eine Anpassung der Methodik an die Bedürfnisse des Unternehmens erfolgen. Zudem wird in PRINCE2 eine der wichtigsten Disziplinen nur am Rande behandelt: Das Anforderungsmanagement wird nicht als integraler Bestandteil gesehen, sondern als dem Projekt vorgelagertes Arbeitspaket. Instabile Anforderungen können ein PRINCE2-geführtes Projekt so schwerer als in anderen Methoden gefährden.

Die Beherrschung von PRINCE2:2009 kann mit zwei verschiedenen personengebundenen Zertifikaten dokumentiert werden:

Foundation Examination

- Die Foundation Examination besteht aus einem 90-minütigen Test, in dem aus 70 Fragen zur Methodik 35 richtig beantwortet werden müssen.

Practitioner Examination

- In der Practitioner Examination muss der Prüfling in 180 Minuten Fragen aus neun Kategorien beantworten. Dafür werden maximal

108 Punkte vergeben, von denen 59 für die Verleihung des Zertifikats erreicht werden müssen.

Innerhalb von drei bis fünf Jahren nach der Erlangung des Zertifikats muss der Inhaber eine Re-Zertifizierung absolvieren.

A.3 iSQI, ISTQB und IREB

International Software Quality Institute (iSQI)

Das »International Software Quality Institute« (iSQI) entwickelt Zertifizierungsstandards für die Weiterbildung im Bereich der Softwarequalität. iSQI selbst ist somit kein Zertifikat, das Institut bietet aber derzeit elf Zertifizierungen im Umfeld der Softwareentwicklung an (Stand Januar 2010). Wichtigste und bekannteste Zertifikate sind:

- iSQI Certified Professional for Project Management
- IREB Certified Professional for Requirements Engineering
- ISTQB Certified Tester

iSQI Certified Professional for Project Management

Folgt man der Beschreibung zum »iSQI Certified Professional for Project Management«, so sollen sich aus der derzeitigen »Foundation«-Prüfung mehrere Folgestufen entwickeln, die zunehmende Kompetenz verlangen. Der erste Baustein ist ein viertägiges Grundlagentraining mit Aufgaben, Methoden, Techniken und Technologien für das Projektmanagement. So gehören zum Beispiel Vorgehensmodelle der Softwareentwicklung, Aufwandschätzung für Softwareprojekte oder die iterativ-inkrementelle Planung von Softwareprojekten zu den vermittelten Inhalten. Das Zertifikat wurde 2003 aufgelegt und richtet sich vorrangig an erfahrene Softwareingenieure, die ihre Projektmanagementfähigkeiten ausbauen wollen. Folgezertifikate, wie im Internet angekündigt, werden derzeit noch nicht angeboten. Das liegt vermutlich auch daran, dass die Inhalte sich zu sehr mit den lange etablierten Projektmanagementzertifikaten überschneiden würden (Stand Januar 2010).

IREB Certified Professional for Requirements Engineering

Einen deutlich höheren Stellenwert in der Softwareentwicklung genießt das Zertifikat zum »IREB Certified Professional for Requirements Engineering« (CPRE), auch wenn es wie das iSQI-PM-Zertifikat bisher nur in der Foundation-Fassung vergeben wird. Die weiteren Level, »Advanced« und »Expert«, sind demnach »in Vorbereitung«. Es handelt sich beim CPRE um eine Zertifizierung zum Anforderungsmanagement. Träger und Initiator ist das »International Requirements Engineering Board« (IREB), das maßgeblich an der Internationalisierung des Programms arbeitet (vgl. [Pohl & Rupp 2009]). Das iSQI tritt hier vor allem als Prüfungspartner auf.

ISTQB Certified Tester

Wenn auch nicht direkt mit dem Projektmanagement verbunden, so ist eines der bekanntesten Zertifikate, das u.a. vom iSQI angeboten wird, der ISTQB Certified Tester, der bereits in Foundation Level und Advanced Level zertifiziert wird. Der Expert Level befindet sich derzeit noch in Vorbereitung (Stand Anfang 2010).

iSQI bietet zahlreiche weitere Zertifikate mit unterschiedlichen Ausrichtungen an.

A.4 Scrum: CSPO und CSM

Bei Scrum handelt es sich nicht um einen Prozess oder eine bestimmte Technik. Die Gründer um Ken Schwaber definieren es vielmehr als ein Rahmenwerk, in dem sich bestimmte Prozesse und Techniken ideal einsetzen lassen. So wird Scrum zwar größtenteils, jedoch nicht ausschließlich in IT-Projekten eingesetzt. Agilität basiert dabei im Wesentlichen auf drei Säulen:

- **Transparenz:** Alle am Prozessergebnis Beteiligten müssen ein einheitliches Verständnis der Erwartungshaltung und der damit verbundenen Lieferung entwickelt haben. Das setzt voraus, dass zweifelhafte oder unklare Punkte im Vorfeld einvernehmlich geklärt wurden.
- **Überprüfung:** Die Arbeitsergebnisse müssen regelmäßig in kurzen Abständen überprüft werden, was im Falle einer Abweichung die Änderung von Prozessen nach sich ziehen kann.
- **Anpassung:** Um Abweichungen so gering wie möglich zu halten, werden nach einer Überprüfung erforderliche Anpassungen zeitnah durchgeführt.

Sprints

Scrum lebt von kurzen Iterationen (zum Beispiel vier Wochen oder sogar kürzer), die Sprints genannt werden.

Timebox

Jede Iteration läuft in einer Timebox, sodass anstelle eines festen inhaltlichen Rahmens eine zeitliche Vorgabe gemacht wird.

Um den in den drei Säulen postulierten Ansprüchen gerecht zu werden, stehen neben anderen die folgenden Werkzeuge im Vordergrund:

- **Sprint Planning Meeting:** Detaillierte inhaltliche und zeitliche Planung für den folgenden Sprint in Bezug auf das Release Goal, also den zu erbringenden Liefergegenstand
- **Daily Scrum Meeting:** Täglich stattfindende, kurze Besprechung zur Klärung der seit dem letzten Meeting absolvierten Arbeit und zur Planung des aktuellen Tages

- **Sprint Review:** Zum Ende des Sprints präsentiert das Team dem Product Owner und allen interessierten Stakeholdern die Arbeitsergebnisse direkt am lauffähigen System
- **Sprint Retrospective:** Rückblickende Bewertung des Sprints und daraus resultierend die Anpassung für den Folgesprint

Daneben gibt es noch weitere Werkzeuge wie z.B. das Release Planning Meeting.

Backlogs und Burndowns

Zudem kommt Scrum mit vier Artefakttypen aus:

- **Product Backlog:** Sämtliche Features, über die das Produkt im Endstadium verfügen soll. Die Features sind bewertet und priorisiert und geben so die Umsetzungsreihenfolge vor.
- **Sprint Backlog:** Listet sämtliche Features aus dem Product Backlog auf, die in einem Sprint umgesetzt werden sollen.
- **Release Burndown:** Zeigt auf, welche Aufwände bereits für ein Release verbraucht wurden, und setzt sie ins Verhältnis zum Product Backlog.
- **Sprint Burndown:** Beschreibt den Aufwandsverbrauch für die laufende Iteration und setzt ihn ins Verhältnis zum Sprint Backlog.

Die Burndowns sind weitestgehend identisch mit den Charts der Earned-Value-Analyse, betrachten jedoch den erbrachten Aufwand als kritische Größe und stellen den geplanten Verbrauch gegenüber (s. dazu auch Abschnitt 6.8.2 und dort insbesondere Abbildung 6–12 zu den Größen der Earned-Value-Analyse).

Umgesetzt wird ein Scrum-Projekt von drei Rollen:

- **ScrumMaster:** Er ist der Hüter der Methodik und wird im Projekt als Coach verstanden. Er sorgt für die Einhaltung der Scrum-Regeln auf allen Ebenen und ist vornehmlich beratend tätig. Er ist nicht der Projektmanager im klassischen Sinne.
- **Product Owner:** Seine Hauptaufgabe ist die inhaltliche und fachliche Führung des Product Backlog. Er ist für die Priorisierung und Abstimmung verantwortlich. Möchte ein Außenstehender Features implementieren lassen, muss er zuerst den Product Owner überzeugen.
- **Team:** Die Entwicklung der Vorgaben aus dem Product Backlog obliegt dem Team. Wie es sich dabei organisiert, bleibt dabei dem Team selbst überlassen, weder der Product Owner noch der ScrumMaster greifen ein.

Die Scrum Alliance bietet auf dieser Basis derzeit zwei grundlegende Zertifikate an:

- Certified Scrum Product Owner (CSPO)
- Certified ScrumMaster (CSM)

Darüber hinaus besteht die Möglichkeit, sich auf Basis dieser Zertifikate zum Practitioner, Coach oder Trainer weiterbilden und zertifizieren zu lassen.

Certified Scrum Product Owner

Bis auf Weiteres wird das Zertifikat zum CSPO nach Besuch eines zweitägigen Seminars an die Teilnehmer ohne Prüfung verliehen, zusammen mit einer einjährigen Mitgliedschaft in der Scrum Alliance (die man indirekt über die Seminarteilnahme bezahlt hat). Bereits im Januar 2009 kündigte die Alliance an, künftig das Zertifikat erst nach erfolgreicher schriftlicher Prüfung zu erteilen.

Certified ScrumMaster

Seit Ende 2009 wird das Zertifikat für den CSM tatsächlich erst nach erfolgreicher Prüfung verliehen – allerdings nur, sofern man der englischen Sprache mächtig ist. Seminarteilnehmer, die kein Englisch verstehen, bekommen das Zertifikat nach »erfolgreicher Teilnahme« auch ohne Prüfung verliehen.

Die vergleichsweise einfache Vergabe von Zertifikaten passt zwar zum ergebnisorientierten Vorgehen von Scrum, schmälert jedoch auch den Wert der Zertifizierung. Was keinesfalls ein Widerspruch zum Selbstbild ist, denn Scrum soll sich schnell verbreiten, sodass die Scrum Alliance bewusst auf hohe Einstiegshürden verzichtet.

A.5 PMI®: CAPM®, PgMP® und andere

Neben dem PMP vergibt das PMI noch weitere Zertifikate:

- Certified Associate in Project Management (CAPM, der »kleine PMP«)
- Program Management Professional (PgMP)
- PMI Scheduling Professional (PMI-SP)
- PMI Risk Management Professional (PMI-RMP)

Die letzten beiden Zertifikate sind noch jung und haben bisher in der Praxis nur geringe Relevanz. Es gibt zudem keine belastbaren Zahlen zu erteilten Zertifikaten, und durch die sehr spezielle Ausrichtung dürfte sich der Einsatz nur in sehr großen Projekten lohnen.

Certified Associate in Project Management

Anders der CAPM, der zumindest in den USA häufig als Vorstufe zum PMP gesehen wird. Der »abgespeckte« PMP wird eher von Projektmitarbeitern mit wenig Praxiserfahrung absolviert und kommt vor allem in PMOs zum Einsatz, da dort für einige Aufgaben Methodik entscheidender als Domänenexpertise ist. Im europäischen Kulturraum wird der CAPM dennoch meist übersprungen, wohl auch um die

Kosten auf dem Weg zum PMP möglichst gering zu halten. Die größte Nachfrage kommt derzeit von Universitäten, die ihre Masterstudenten damit noch besser für ihren Berufseinstieg qualifizieren wollen.

Program Management Professional

Mit dem PgMP bietet das PMI eine Zertifizierung, die in Aufwand und Umfang etwa dem IPMA Level A gleichgestellt sein soll, wenn auch mit abweichendem Auftrag. Bei IPMA steht der erfahrene Mensch als Projektdirektor im Fokus, wohingegen beim PMI das System zum Programm-Management im Vordergrund steht. Spitzenreiter bleibt weiterhin der PMP, dennoch zielt das PMI mit den zusätzlichen Zertifikaten darauf, eine sinnvolle Diversifizierung zu erreichen.

A.6 Andere Zertifikate

Die Liste der Zertifikate ist nicht vollständig, zumal ständig neue Zertifizierungen erarbeitet und herausgegeben werden. Als gesichert kann man lediglich ansehen, dass auch künftig das PMI mit dem PMP und die IPMA mit ihren Zertifizierungen zum Projektmanagement den Ton angeben werden.

Wenn Sie selbst vor der Entscheidung stehen, welches Zertifikat das richtige für Sie sein könnte, sollten Sie sich eine eigene Entscheidungsmatrix erstellen. Neben ihren persönlichen Zielen werden dort die Dimensionen Dauer, zeitlicher Aufwand, Kosten und Nutzen eine Rolle spielen. Und auch wenn einzelne herausgebende Institute gelegentlich das Gegenteil behaupten: Nur aufgrund eines Zertifikats wird Ihnen kaum ein Unternehmen eine Gehaltserhöhung anbieten. Dafür müssen Sie auch weiter einfach einen guten Job machen.

B Glossar

ANSI American National Standards Institute

Änderungsanforderung *s. CR bzw. Change Request*

Arbeitspaket Unterste Ebene eines Projektstrukturplans (PSP)

Backward Pass Wird benötigt, um in einer Sequenz von Aktivitäten im Projektplan den spätesten Start und das späteste Ende jeder Aktivität zu berechnen. Wird nach dem Forward Pass durchgeführt.

Bereitstellung zur Abnahme Übergabe eines Release oder des Endprodukts an den Auftraggeber, der das Produkt in einem vorgegebenen Zeitraum abnehmen sollte. Erst nach der Erteilung der Abnahme ist das Produkt tatsächlich abgenommen.

BzA *s. Bereitstellung zur Abnahme*

BPMN Business Process Modeling Notation. Einfache Notation zur Darstellung von Geschäftsprozessen in Swimlanes.

CAPM Certified Associate in Project Management. Vorstufe zum PMP *(s. dort)*

CCR Continuing Certification Requirements. Inhaber des Zertifikats PMP müssen über einen vorgegebenen Zeitraum Punkte sammeln, um den Status des Zertifikats zu erhalten. Die Regeln sind in den CCR festgelegt.

CMMI Capability Maturity Model Integration, eine Familie von Referenzmodellen für unterschiedliche Anwendungsgebiete zur Ermittlung der Reifegrade bestimmter Prozesse innerhalb eines Unternehmens.

COTS Components off-the-shelf, Fertig- oder Halbfertigprodukte, die in Eigenentwicklungen integriert werden können. Ziel des Einsatzes von COTS ist vor allem die Kostensenkung, einhergehend mit der Verkürzung der Entwicklungsdauer.

CPRE Certified Professional for Requirements Engineering, Zertifikat des IREB

CR bzw. Change Request Eine Änderung gegenüber der ursprünglichen Planung, die eine inhaltliche, terminliche oder finanzielle Auswirkung hat. Ein CR kann sowohl vom Auftraggeber als auch vom Auftragnehmer initiiert werden und sollte durch das Projektsteuerungsgremium freigegeben werden.

Critical Path Kritischer Pfad im Projekt. Zeitliche Abweichung von Aktivitäten, die auf dem kritischen Pfad liegen, haben unmittelbar eine terminliche Auswirkung, da sie keinen Puffer haben.

CSM Certified ScrumMaster

CSPO Certified Scrum Product Owner

EVA Earned-Value-Analyse

EVT Earned-Value-Technik, *s. EVA*

Festpreisprojekt »Gegenstück« zum T&M. Der Auftragnehmer führt eine Leistung zu einem vorab fest vereinbarten Preis durch und übernimmt damit einen Großteil des Risikos. Setzt in der Theorie eine detaillierte Anforderungsspezifikation voraus.

Forward Pass Wird benötigt, um in einer Sequenz von Aktivitäten im Projektplan den frühesten Start und das früheste Ende jeder Aktivität zu berechnen. Anschließend wird der Backward Pass durchgeführt.

ICB IPMA Competence Baseline

IEEE Institute of Electrical and Electronics Engineers

IPMA International Project Management Association, s. auch Anhang A.1

IREB International Requirements Engineering Board, s. auch Anhang A.3

iSQI International Software Quality Institute, s. auch Anhang A.3

ISTQB International Software Testing Qualifications Board, s. auch Anhang A.3

Knowledge Areas *s. Wissensgebiete*

NCB National Competence Baseline, Länderanpassung der Competence Baseline der IPMA

PDU Professional Development Units, die ein PMP im Rahmen der CCR sammeln muss.

PERT Program Evaluation and Review Technique, ein Verfahren der Netzplantechnik, dessen Besonderheit drei Schätzungen je Aktivität sind. Die Schätzung wird jeweils auf pessimistischer, optimistischer und wahrscheinlicher Basis durchgeführt. Daraus lässt sich ein reeller Erwartungswert errechnen.

PMBOK Guide A Guide to the Project Management Body of Knowledge. ANSI Standard des PMI zum Projektmanagement, liegt seit Dezember 2008 in der vierten Ausgabe vor.

PMBOK Guide Extensions Erweiterungen des PMBOK Guide für Baugewerbe und Regierungsbehörden, vorrangig anwendbar im amerikanischen Kulturraum.

PMI Project Management Institute, s. auch *http://www.pmi.org*

PMI-RMP PMI Risk Management Professional, Zertifikat zum Risikomanagement in Projekten

PMO Project Management Office, bündelt die Aufgaben der Projektmanager und unterstützt diese. Je nach Auslegung reicht das Aufgabenspektrum von reinen Assistenztätigkeiten bis zum Programm-Management

PMP Project Management Professional, Projektmanagementzertifikat des PMI

PRINCE2 Projects in Controlled Environments, s. auch Anhang A.2

Projektstrukturplan Engl. Work Breakdown Structure, Dekomposition der einzelnen Aufgaben bzw. Inhalte des Projekts

Prototypen Ein Prototyp wird eingesetzt, um exemplarisch einen vielversprechenden Ansatz auf Anwendbarkeit für das gesamte Vorhaben zu prüfen. Es gibt verschiedene Typen des Prototyping, am bekanntesten ist die Unterscheidung in horizontale (decken eine komplette Anwendung ab, meist aber nur auf der Oberfläche) und vertikale Prototypen (decken eine Funktion vollständig durch alle Schichten ab).

PSP *s. Projektstrukturplan*

Release Vorab vertraglich vereinbarter, lauffähiger Zwischenstand als Ergebnis einer Iteration. Wird produktiv ausgerollt und unterliegt daher auch der Gewährleistung durch den Auftragnehmer.

RUP Rational Unified Process, Softwareprozess der IBM.

Schlotterbecksche Kristallkugel Benutzt Wachtmeister Alois Dimpfelmoser, um (voraus) zu schauen, wo Räuber Hotzenplotz wieder zuschlagen wird. Wünscht sich in leicht abgewandelter Form jeder Projektmanager für die Erstschätzung. In Ermangelung selbiger setzt er meist andere Schätzverfahren wie z.B. Dreipunktschätzung oder eine Schätzklausur ein.

Scrum Agiles Projektmanagementframework, s. auch Anhang A.4

SIG Special Interest Group, themenbezogene Gruppen des PMI

Softwarekomponente Eine Softwarekomponente beschreibt in der objektorientierten Softwareentwicklung inhaltlich eng zueinander in Beziehung stehende Klassen bzw. Objekte, durch deren spezifisches Zusammenspiel eine bestimmte Funktionalität bereitgestellt wird. Eine Softwarekomponente verfügt über eine wohldefinierte Schnittstelle und wird konform zu einem bestimmten Komponentenmodell implementiert.

Sprint Eine Iteration in Scrum, meist zwischen zwei und vier Wochen lang

T&M, auch T&M-Vertrag Time & Material. Vertragsform, in der der Auftragnehmer mit dem Auftraggeber nach erbrachter Leistung abrechnet. Gegenstück zum Festpreisprojekt.

Timebox Feste Zeitvorgabe für eine Iteration, in der die Inhalte nach Priorität abgearbeitet werden. Eine Iteration endet nicht nach Umsetzung einer zuvor bestimmten Liste von Anforderungen, sondern zu einem bestimmten Termin. Nicht umgesetzte Anforderungen werden nicht oder in einer folgenden Iteration umgesetzt.

UML Unified Modeling Language. Nutzt definierte Diagramme und Grafiken zur Darstellung von Abläufen und Prozessen.

Usability Englischer Begriff für die deutschen Wörter »Benutzbarkeit« bzw. »Benutzungsfreundlichkeit«

WBS Work Breakdown Structure, s. *Projektstrukturplan*

Wissensgebiete Der PMBOK Guide definiert neun Wissensgebiete, die ein Projektmanager beherrschen sollte.

Work Breakdown Structure s. *Projektstrukturplan*

Literaturverzeichnis

[Balzert 2008] Balzert, H.: *Lehrbuch der Software-Technik: Software-Management*. Heidelberg, Berlin: Spektrum Akademischer Verlag, 2008.

[Balzert 2009] Balzert, H.: *Lehrbuch der Software-Technik: Basiskonzepte und Requirements Engineering*. Heidelberg, Berlin: Spektrum Akademischer Verlag, 2009.

[Bleek & Wolf 2008] Bleek, W.-G.; Wolf, H.: *Agile Softwareentwicklung: Werte, Konzepte und Methoden*. Heidelberg: dpunkt.verlag, 2008.

[Boehm 1986] Boehm, B. W.: *A Spiral Model for Software Development and Enhancement*. In: ACM SIGSOFT Software Engi-neering Notes, 11(4): 14–24, 1986.

[Booch et al. 2005] Booch, G.; Jacobson, I.; Rumbaugh, J.: *The Unified Modeling Language User Guide*. 2nd Edition, Reading (MA): Addison-Wesley, 2005.

[Dillmann 1978] Dillman, D. A.: Mail and Telephone Surveys. *The Total Design Method*. New York (NY): John Wiley & Sons Inc., 1978.

[Erbslöh 1972] Erbslöh, E.: *Das Interview*, Stuttgart: B.G. Teubner, 1972.

[Floyd 1984] Floyd, C.: A Systematic Look at Prototyping. In: Budde, R.; Kuhlenkamp, K.; Mathiasen, L.; Züllighoven, H. (Hrsg.): *Approaches to Prototyping*. Berlin: Springer Verlag, S. 1–18, 1984.

[Gruhn & Thiel 2000] Gruhn, V.; Thiel, A.: *Komponentenmodelle*. München: Addsion-Wesley, 2000.

[Jeckle et al. 2004] Jeckle, M.; Rupp, C.; Hahn, J.; Zengler, B.; Queins, S.: *UML 2 glasklar*. München, Wien: Carl Hanser Verlag, 2004.

[Kerzner 2008] Kerzner, H.: *Projektmanagement: Ein systemorientierter Ansatz zur Planung und Steuerung*. Bonn: MITP-Verlag, 2008.

[Kneuper 2007] Kneuper, R.: *CMMI – Verbesserung von Software- und Systementwicklungsprozessen mit Capability Maturity Model Integration (CMMI-DEV)*. Heidelberg: dpunkt.verlag, 2007.

[Kubicek & Brückner 2010] Kubicek, H.; Brückner, S.: *Businesspläne für IT-basierte Geschäftsideen. Betriebswirtschaftliche Grundlagen anhand von Fallstudien*. Heidelberg: dpunkt.verlag, 2010.

[Letavec 2006] Letavec, C. J.: *The Program Management Office: establishing, managing and growing the value of a PMO*. Fort Lauderdale: J. Ross Publishing, 2006.

[Liggesmeyer 2002] Liggesmeyer, P.: *Software-Qualität. Testen, Analysieren und Verifizieren von Software*. Heidelberg: Spektrum Akademischer Verlag, 2002.

[Nielsen 2000] Nielsen, J.: *Erfolg des Einfachen*. München: Markt und Technik, 2000.

[Nievergelt & Ventura 1983] Nievergelt, J; Ventura, A.: *Die Gestaltung interaktiver Programme*. Stuttgart: Teubner, 1983.

[Oestereich 1998] Oestereich, B.: *Objektorientierte Softwareentwicklung*. 4. aktual. Auflage. München, Wien: R. Oldenbourg Verlag, 1998.

[Oestereich & Weiss 2007] Oestereich, B.; Weiss, C.: *APM – Agiles Projektmanagement: Erfolgreiches Timeboxing für IT-Projekte*. Heidelberg: dpunkt.verlag, 2007.

[Pichler 2007] Pichler, R.: *Scrum – Agiles Projektmanagement erfolgreich einsetzen*. Heidelberg: dpunkt.verlag, 2007.

[PMI 2004] Project Management Institute (Hrsg.): *A Guide to the Project Management Body of Knowledge: PMBOK Guide (PMBOK Guides)*, Third Edition. Philadelphia: Project Management Institute, 2004.

[PMI 2005] Project Management Institute (Hrsg.): *Project Management Professional (PMP) Examination Specification*. Philadelphia: Project Management Institute, 2005.

[PMI 2006] Project Management Institute (Hrsg.): *Government Extension to the PMBOK Guide*, Third Edition. Philadelphia: Project Management Institute, 2006.

[PMI 2007] Project Management Institute (Hrsg.): *Construction Extension to the PMBOK Guide*, Third Edition. Philadelphia: Project Management Institute, 2007.

[PMI 2008] Project Management Institute (Hrsg.): *A Guide to the Project Management Body of Knowledge*, Fourth Edition. Philadelphia: Project Management Institute, 2008. Material from this publication has been reproduced with the permission of PMI.

[Pohl & Rupp 2009] Pohl, K.; Rupp, C.: *Basiswissen Requirements Engineering: Aus- und Weiterbildung nach IREB-Standard zum Certified Professional for Requirements Engineering Foundation Level.* Heidelberg: dpunkt.verlag, 2009.

[Preußler 1962] Preußler, O.: *Der Räuber Hotzenplotz.* Stuttgart: Thienemann Verlag, 1962.

[Royce 1970] Royce, W. W.: *Managing the development of large software systems.* In: IEEE WESCON, 8:1–9, 1970.

[Schmied et al. 2008] Schmied, J.; Wentzel, P.-R.; Gerdom, M.; Hehn, U.: *Mit CMMI Prozesse verbessern! Umsetzungsstrategien am Beispiel Requirements Engineering.* Heidelberg: dpunkt.verlag, 2008.

[Schnell et al. 2005] Schnell, R.; Hill, P. B.; Esser, E.: *Methoden der empirischen Sozialforschung*, 7., völlig überarbeitete und erweiterte Auflage. München, Wien: R. Oldenbourg Verlag, 2005.

[Schwab 2008] Schwab, J.: *Projektplanung realisieren mit Project 2007. Das Praxisbuch für alle Project-Anwender.* München: Carl Hanser Verlag, 2008.

[Sommerville 2001] Sommerville, I.: *Software Engineering*, 6. Auflage. München: Pearson Studium, 2001.

[Sommerville 2008] Sommerville, I.: *Software Engineering*, 8. Auflage. München: Pearson Studium, 2008.

[Stackpole 2009] Stackpole, C. S.: *A Project Manager's Book of Forms.* Philadelphia: Project Management Institute, 2009.

[Thomas & Mullaly 2008] Thomas, J.; Mullaly, M.: *Researching the Value of Project Management.* Philadelphia: Project Management Institute, 2009.

[Vahs 2005] Vahs, D.: *Organisation – Einführung in die Organisationstheorie und -praxis*, 5.Auflage. Stuttgart: Schäffer-Poeschel, 2005.

[Vollmer 2001] Vollmer, G.: *Ein Vorgehensmodell zur Entwicklung oberflächenintensiver Web-Anwendungen.* Diplomarbeit am Lehrstuhl für Software-Technologie, Universität Dortmund, 2001.

[Vollmer 2007] Vollmer, G.: *Software-Lösungen zur Optimierung intraorganisationaler E-Mail-Kommunikation.* Lohmar: Josef Eul Verlag, 2007.

[Weilkiens et al. 2010] Weilkiens, T.; Weiss, C.; Grass, A.: *Basiswissen Geschäftsprozessmanagement.* Heidelberg: dpunkt-Verlag, 2010.

Index

A

A Guide to the Project Management Body of Knowledge *Siehe* PMBOK Guide
Aktivitätsdiagramm 146
Anforderungsanalyse 65
Anwendungsfälle 66
AP *Siehe* Arbeitspakete
Arbeitspakete 109
Artefakte
- Abnahmeerklärung 196
- Abnahmetestfälle 107
- Änderungsbedarf *Siehe* Change Request
- Anforderungsdokument 102
- Arbeitsauftrag 170
- Arbeitskalender 125
- Aufwandschätzung 48
- Bereitschaft zur Abnahme 196
- Bestätigung Produktverantwortung 204
- Bewertung des Dienstleisters 176
- Change Request 156
- Checkliste Projektinitialisierung 54
- Checkliste Projektmanagement 153
- Checkliste Risikomanagement 79
- Einführungsplan 201
- Entwurfsdokument 145
- Ganzheitlicher Projektplan 123
- GUI-Modell 143
- Kick-off-Feedback 60
- Kostenplan 135
- Leistungsnachweis 173
- Leistungsreport 177
- Mängelliste 195
- Mitarbeiterbewertung 169
- Offene-Punkte-Liste 154
- Projektauftrag 53, 55
- Projektbericht 217
- Projektmanagementplan 61
- Projektorganisation 58
- Projektstatusbericht 163
- Projektstrukturplan 108
- Projektumfangsbeschreibung 45, 46
- Prozessmodell 83
- PSP *Siehe* Projektstrukturplan
- Qualitäts-Checkliste 76
- Risikoregister 111
- Rollen- und Aktivitätenmatrix 121
- Testdokumentation 161
- Testfälle 106
- Testkonzept 77
- Testplan 158
- Testprotokoll 160
- Vertragsdokumentation 176

B

Backward Pass 122
Bereitstellung zur Abnahme 192
BPMN *Siehe* Business Process Modeling Notation
Business Process Modeling Notation 4
BzA *Siehe* Bereitstellung zur Abnahme

C

Capability Maturity Model Integration 220
CAPM *Siehe* Certified Associate in Project Management 253
CCR *Siehe* Continuing Certification Requirements
Certified Associate in Project Management 253
CMMI *Siehe* Capability Maturity Model Integration
Continuing Certification Requirements 10
CPRE *Siehe* IREB Certified Professional for Requirements Engineering
Critical Path *Siehe* Kritischer Pfad

D

Dreipunktschätzung 49

E

Earned-Value-Analyse 180
Eingangsartefakte (Definition) 24
EMV *Siehe* Expected Monetary Value Analysis
Ergebnisartefakte (Definition) 24
EVA *Siehe* Earned-Value-Analyse
Expected Monetary Value Analysis 48, 116
Extreme Programming 85

F

Fachliche Architektur 142
Forward Pass 122
Fragebogen
  geschlossene Fragen 90
  Hybridfragen 90

G

Gesellschaft für Projektmanagement 247
GPM *Siehe* Gesellschaft für Projektmanagement

I

ICB *Siehe* IPMA Competence Baseline
International Project Management Association 247
International Requirements Engineering Board 250
IPMA Competence Baseline 247
IPMA *Siehe* International Project Management Association
IREB Certified Professional for Requirements Engineering 250
IREB *Siehe* International Requirements Engineering Board
iSQI Certified Professional for Project Management 250
ISTQB Certified Tester 250

K

Klassenmodell 146
Komponentenschnitt 145
Kontrollpunkte 31
Kritischer Pfad 122
Krokodile (in der Tafelrunde) 231

L

Longlist 132

N

National Competence Baseline 247
NCB *Siehe* National Competence Baseline

O

Objective-C 245

P

Pair Programming 85
PDU *Siehe* Professional Development Units
PERT *Siehe* Program Evaluation and Review Technique
PITPM *Siehe* Pragmatisches IT-Projektmanagement
PMBOK Guide 8
PMBOK Guide Extensions 14

PMI Communities of Practice 10
PMI *Siehe* Project Management Institute
PMO *Siehe* Project Management Office
PMP *Siehe* Project Management Professional
Pragmatisches IT-Projektmanagement 21
PRINCE2 *Siehe* Projects in Controlled Environments
Professional Development Units 9
Program Evaluation and Review Technique 49
Project Management Institute 7
Project Management Knowledge Areas *Siehe* Projektmanagement-Knowledge-Areas
Project Management Office 222
Project Management Professional 9
Project Scope *Siehe* Artefakte/Projektumfangsbeschreibung
Projects in Controlled Environments 249
Projektkontrollpunkte 31
Projektmanagement-Knowledge-Areas 25
Projektstrukturplan 49
Prototyping
  evolutionäres 69
  experimentelles 69
  exploratives 69
  GUI 103
  horizontales 68
  vertikales 68
PSP *Siehe* Projektstrukturplan

Q

Quality Gates *Siehe* Projektkontrollpunkte

R

Rational Unified Process 14
Release 34
Requirements Engineering *Siehe* Anforderungsanalyse
RUP *Siehe* Rational Unified Process

S

Schlotterbecksche Kristallkugel 48
Scrum
  Daily Scrum Meeting 251
  Definition 251
  Product Backlog 252
  Product Owner 252
  Release Burndown 252
  ScrumMaster 252
  Sprint 251
  Sprint Backlog 252
  Sprint Burndown 252
  Sprint Planning 251
  Sprint Retrospective 252
  Sprint Review 252
  Timebox 251
Shortlist 132
SIG *Siehe* Special Interest Group
Special Interest Group 10
Stakeholder 162

T

Time and Material 133
T&M *Siehe* Time and Material

U

UML *Siehe* Unified Modeling Language
Unified Modeling Language 66

V

Verhaltensdiagramm 66
Vertragsformen (nach PMBOK Guide) 132

W

WBS *Siehe* Work Breakdown Structure
Work Breakdown Structure 120